성격리폼

성격리폼

발행일	2017년 2월 27일

지은이	황 동 규		
펴낸이	손 형 국		
펴낸곳	(주)북랩		
편집인	선일영	편집	이종무, 권유선, 송재병, 최예은
디자인	이현수, 이정아, 김민하, 한수희	제작	박기성, 황동현, 구성우
마케팅	김회란, 박진관		
출판등록	2004. 12. 1(제2012-000051호)		
주소	서울시 금천구 가산디지털 1로 168, 우림라이온스밸리 B동 B113, 114호		
홈페이지	www.book.co.kr		
전화번호	(02)2026-5777	팩스	(02)2026-5747

ISBN   979-11-5987-447-5 03320 (종이책) 979-11-5987-448-2 05320 (전자책)

이 도서의 국립중앙도서관 출판예정도서목록(CIP)은 서지정보유통지원시스템 홈페이지(http://seoji.nl.go.kr)와
국가자료공동목록시스템(http://www.nl.go.kr/kolisnet)에서 이용하실 수 있습니다.
(CIP제어번호 : CIP2017004523)

(주)북랩 성공출판의 파트너

북랩 홈페이지와 패밀리 사이트에서 다양한 출판 솔루션을 만나 보세요!

홈페이지 book.co.kr	1인출판 플랫폼 해피소드 happisode.com
블로그 blog.naver.com/essaybook	원고모집 book@book.co.kr

성격리폼

내 삶을 변화시키는 자기긍정의 기술
진지한 자세로 자기 자신과 마주하면
인생이 달라진다

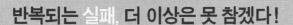

반복되는 실패, 더 이상은 못 참겠다!

√ '이번 생애는 망했다.' 생각되면 읽는 책

√ '주변사람과 잘 어울리지 못할 때' 생각되면 읽는 책

√ '한숨을 쉬고 있는 나를 발견할 때' 생각되면 읽는 책

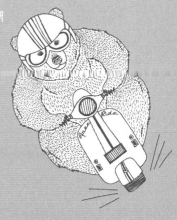

북랩 book Lab

행복하지 않다는 오해, 이제 그만

성공한 사람들의 특징 중, 대다수는 자신이 무엇을 원하는지 생각한다. "어떻게 하면 그것을 이룰 수 있을까?" 이 생각에 집중한다.

반 면, 실패한 사람은 자신의 입장을 대변 할 수 있는 불평불만하기 바쁘다. "어떻게 하면 이 상황을 피해 갈수 있을까?" 이 생각에 집중한다.

100세 시대, 점점 어려워지는 대한민국 경제난 속, 하루가 다르게 트렌드는 빠르게 변화하고 있다. 오늘의 상식이 내일이면 비상식적인 내용이 될 정도다. 많은 사람들은 아직도 과거에 집착한다. 과거의 상처를 못 잊어, 과거의 영광을 잊지 못 한 채, 앞으로 전진 하려고 하지 않는다. 왜냐하면 모든 생각이 과거에 초점이 되어 있기 때문이다.

직장인으로는 더 이상 '나다운 삶'을 살아가지 못할 것 같다고 판단했다. 위기의식을 느꼈고, 창업의 길로 들어왔다. 기분전환 겸 새로운 아이디어를 얻기 위해 호주로 날아갔다. 많은 청년들과 대화를 했고, "왜 호주까지 오게 되었냐?"라는 질문을 했다. 결과는 충격적이다. 기회가 된다면 한국에서 살고 싶지 않다는 의견이 대다수였다. 과연 무엇이 문제일까? "희망이 없어서"

이것은 단순히 열정문제로 취급해서는 안 된다. 어린 나이 탓으로 넘길 문제 또한 결코 아니다. 현실을 직시해야 할 필요가 있다. 상식이 비상식으로 변하는 세상이라면, 비상식적으로 상식을 만드는 '생각의 전환'이 무엇보다 필요하다.

성공은 자취를 남긴다. 책을 통해서, 희망이 있다는 사실을 알게 되었다. 희망이 있으면 포기 하지 않는다. 희망은 도전 할 수 있는 용기를 주며, 실패하더라도 포기하지 않고 다시 도전 할 수 있는 원동력을 만들어 준다. 이 책을 통해, 힘들어 하는 청년들에게 희망이란 메시지를 전해 주기 위해 이 책을 썼다.

첫 사회에서, 첫 직장에서 배운 것이 있다. 그것은 '책임회피'다. 첫째, 업무 내용을 상대방과 전화로 할 경우, 반드시 이메일로 전화 통화내용을 증거로 남기라는 것을 배웠다. 나중에 다른 말을 할 수 있을지 모르기 때문이다. 둘째, 이메일로 업무내용을 전할 때도 마찬가지다. ~일 것 같다. ~예상된다. 추측성의 어투를 사용할 것, 항상 여지를 남기는 것이 핵심이다.

몇 년 전 TV 예능에서 "나만 아니면 돼"라는 말이 유행할 정도로 우리 사회에서 많은 사람들이 이기적이고, 개인주의적 성향을 나타내는 것을 쉽게 볼 수 있다. 여러 명이 모여 한사람을 욕하는 것, 그것이 어쩌면 소통이라고 착각했는지 모른다. 결국 그 생각들은 점차적으로 편견을 만든다. 세상에서 어느 누구도 쉽게 믿을 사람이 없게 만들어 버린다. 상대방에 칭찬을 들어도 형식상의 인사, 또는 거짓으로 느껴지기 시작할지 모른다. 개인의 목표달성을 위해, 대인관계를 기피하는 현상까지 발생했다. 이 문제를 개선 할 수 있는 방법은 없을까?

기러기는 V자 대열로 이동한다. 각자의 기러기가 날개 짓을 할 때마다 공기의 부양력을 얻어 뒤에 따르는 동료들의 힘듦을 덜어 준다. V자 대열을 하면 저항을 줄일 수 있다. 혼자 날 때 보다 거리를 약 71% 더 날 수가 있다. 선두 기러기의 속도가 떨어지면 뒤쪽에서 고음을 질러 서로 응원도 해 주고, 상황에 따라 위치를 변경해 피로를 줄여가며, 최종 목적지까지 날아간다. 어느 한 기러기가 아프거나 부상 등의 이유로 낙오가 되면 두 마리의 기러기가 함께 동반 하강을 해, 회복 할 때까지 같이 있거나 죽음을 확인 한 후에야 다시 대열에 합류한다.

사람도 마찬가지다. 혼자가면 편할지 모르지만, 오랫동안 멀리가지 못한다. 사랑과 행복의 키워드는 '솔직함'이다. 솔직함을 통해 사랑을 받아들이고, 행복을 느낄 수 있는 방법을 제시한다. 그 핵심은 '상대방에게 부탁하고 감사하기'

성공한 사람은 꿈(미래)을 생각한다. 자신은 어떤 것을 원하며, 자신이 어느 위치에서 어떤 재능을 발휘 할 것인지 구체적으로 미리 상상한다. 한편 실패한 사람은 과거를 생각한다. 꿈이 없으면 사람을 방황하게 만든다. 우리는 보통 '아직 실현 되지 않는 미래'를 전제로 생각하기 때문에 불안하다.

하지만 꿈에 대한 정확한 목표의식은 우리가 그렇게 될 것이라는 생각의 전제로 다가간다. 순간의 고통이나 고난이 오더라도 이겨 낼 수 있는 힘을 얻을 수 있다.

꿈을 크게 가져라. 무더운 여름 치킨과 시원한 탄산음료를 상상하면 행복해진다. 그리고 그 상상을 목표로 정한다. 목욕탕에서 목욕을 마치고 마시는 이온음료를 생각하면 행복해진다. 그리고 그 생각을 목표로 정한다. 꿈을 목표로 만드는 것이 이 책에 소개하는 핵심이다.

이 책은 총 7개의 Chapter로 이루어져 있다.

Chapter 1. "위기인가, 기회인가"는 자기진단이다. 우리는 아픈 곳이 있으면 병원에 간다. 이와 같이 우리가 무엇이 잘못되었는지 되짚어 보는 장이다. 원인을 알아야 개선 할 수 있다.

Chapter 2. "'솔직함'으로 전 세계인과 쉽게 대화하는 법"에서는 인간관계의 해법은 솔직함을 제시한다. 사회에서는 하는 일보다 인간관계에서 고통을 더 많이 겪는다. 정중한 이미지, 성실한 이미지와 같이 자신과 맞지 않는 가짜 이미지 때문에 점점 자신의 정체성을 잊어간다. '나는 누구인가' 이 정체성을 찾을 수 있는 힌트를 소개한다.

Chapter 3. "집착을 멈추면 해가 서쪽에서 뜬다"에서는 집착은 곧 믿음이며, 긍정적인 믿음은 행복과 성장을 가져다주는 반면, 부정적인 믿음은 사람의 자아를 파괴한다고 제시하고 있다. 밥까지 떠 먹여줘도 거절을 하는 셈이다. 그 집착의 진실을 파헤치고 있다.

Chapter 4. "성격리폼으로 나를 변화 시킨다"는 '삶은 고달프다'고 생각하는 당신, "요즘 웃는 일 없다"라고 무심코 말하는 당신에게 행복 토털 솔루션을 제시한다.

Chapter 5. "너무 쉽게 일어난 기적"에서는 기적이란 별것 없으며, 기적이라고 생각할 수 있으면 기적임을 말하고 있다. 이것이 긍정의 본질이며, 이 Chapter에서는 긍정의 출처는 어디인지를 소개한다.

Chapter 6. "선택이 곧 행동이다"에서는 모든 것이 갖춰진 조건 그리고 타이밍을 찾는 당신, 신이 아닌 이상 맞출 수 없음을 이야기 한다. 그렇지만 성공 확률을 높인 수는 있다. 신개시계를 톡해 구체적인 방법을 개시한다.

Chapter 7. "존경받아 행복한 나의 5가지 습관" 역사는 반복된다. 인생도 반복된다. 한번 용기 낼 수 있다면, 두 번째부터는 쉽다. 성공도 한번이 어렵지 두 번째부터는 쉽다. 한번 익힌 습관은 평생 자신의 무기가 된다. 실제사례를 통해, 그 구체적인 방법을 제시한다.

할 일이 너무 많은 세상이다. 그러나 정작 내가 하고 싶은 일이 무엇인지, 삶의 의미를 발견하지 못하고 마치 소 끌리듯 끌려가는 청춘들에게 이 책을 바친다. 부디 성격리폼에 성공하기를 바란다.

좌충우돌 젊은 청춘을 사랑하는

- 성격리폼연구소 황동규 소장

목차

Chapter 6.

선택이 곧 행동이다

Chapter 7.

존경받아 행복한 나의 5가지 습관

Chapter 1.

위기인가, 기회인가

두루마리 휴지처럼 술술 풀리는 인생비결

"반드시 깨어 있어야만 하는 유일한 시간이 있다. 그 시간은 바로 지금이다."

-붓다-

'인생은 불공평하다' 이 사실을 인정하는 것이 성격리폼의 첫 시작이다. "왜 나만 이렇게 불행한 걸까?"라고 더 이상 변명하지 않게 된다. 우리 인생의 궁극적인 목표는 언제까지나 '행복'이다.

행복은 인간이 갖고 있는 특권이다. 인간은 태어나면 모두 죽는다는 사실을 아는 것처럼, 인생을 살아가면서 고난을 겪어 보지 않은 사람은 없다. 이와 같은 고난을 어떻게 이겨내고 극복해 나아 갈 것인가는 종이 한 장 차이의 생각, 그에 상응하는 올바른 사고를 할 수 있는지에 따라 삶은 달라진다. 이것이 많은 자기계발서에서 이야기 되고 있는 '긍정적인 힘'이다. 마음가짐에 따라 누구나 행복 해 질 수 있다. 행복은 최고의 성공방법이다.

인생은 괴로움이 따르기 마련이다

우리 모두의 인생에 있어서 고난과 괴로움은 극히 자연스러운 것이다. 희로애락과 함께 하는 삶이 진정으로 행복한 삶이다. 지금 겪는 고통 또한 행복이다. 학창시절 과목별 공부를 할 때 도저히 이해 할 수 없는 내용, 아무리 복습해도 익히지 못하는 단원이 있다. 하지만 포기하지 않고 막상 배워놓으면 살아가는데 유용한 지식들이 많다. 우리가 음식점에 가서 음식을 주문 할 수 있는 것도, 버스를 탈 수 있는 것도, 이처럼 알게 모르게 학습했기 때문이다.

인생 또한 한 단원 그리고 한 단계씩 배워가면서 모든 과정을 수료해야 한다. "이번 단원은 시련단계이구나", "이 단원에는 무엇을 배울 수 있을까?" 스스로 생각하고 학습해야한다. 이것이 긍정의 본질이다. 하지만 배우기 싫다고 피하고 도망치면 나중에 방과 후 남아서 보충수업을 해야 한다. 남들이 숙제를 다 하고 밖에서 놀 때, 몇 배의 노력과 시간을 들여가며 배워야 한다. 언젠가는 겪어야 하는 과정이라면, 매도 빨리 맞는 것이 낫다.

모든 문제에는 그 문제를 해결하는 방법이 있다. 발생하게 된 원인이 있으면, 그 해결책도 반드시 따라오는 법이다. 이 두 개는 한 쌍이다. "어떤 상황 속에서도 어떻게든 된다"라고 마음먹는 것이 긍정의 첫 단계이다. 지금까지 수 없이 겪었던 고통 그리고 걱정, 갈등 속에서 자신이 어떻게 해결 해 왔는지 생각해보면 쉽게 이해 할 수 있다. 지금부터 1년 전에 지금 이 시간에 어떤 생각과 고민을 했는지 떠올려봐라. 자의든 타의든 해결 되어 왔다. 이것이 삶의 이치다.

부정적인 생각은 끊임없이 문제를 생산한다. 예를 들어, 업무나 인간관계 등에서 어떤 불합리한 경험을 당했을 때 우리는 긍정적인 생각을 하기 앞서, '어떻게 하지?'라는 걱정스러운 생각이 먼저 들기 마련이다. 그 걱정은 곧 현실이 되며 문제는 확산되어 간다.

말로는 쉽다. '말로는 쉽지 그걸 누가 못해'라고 의문을 갖는 사람들이 있다. 하지만 당장이라도 변화를 진정 원하는 당신이라면 우선 첫 번째로 행동해보자. 손해 볼 것이 없는 장사이기에 꼭 실천 해보길 바란다.

"방법은 있다. 어떻게든 된다" 어쩌면 막연한 소리로 들릴 수도 있지만, 그렇지 않다. 말에는 힘이 있다. 당신은 말을 통해 입 밖으로 표현함으로써 방법을 찾으려고 집중하게 되기 때문이다. "방법은 있다" 여전히 불안하고, 여전히 걱정스럽다 하더라도 반복적으로 말해보자. 왜냐하면 우리의 뇌는 문제가 발생했다는 신호에 바로 혼란이라는 반응을 한다. 우리 스스로가 방법은 있다고 지시를 하는 순간부터는 방법을 찾는데 집중하게 된다. 생각하는 뇌가 혼란을 겪지 못하게 선택지를 줄여주는 역할을 하는 것이다.

선택은 곧 행동이다. 이 전까지는 '어떻게 하면 좋을까?' 하며 도망갈지 말지를 고민 하는데 많은 에너지를 소비했던 반면에, 선택한 순간 그 다음 단계로 넘어간다. "방법을 찾자"

생각과 현실 그 사이에는 명확히 차이가 있다. 말로 표현 하는 것 또한 행동이다. 전자의 경우는 방법을 찾는데 생각이 집중되는 반면, 후자는 일시적으로 이 상황을 피할 수 있는 방법이 없는지에 집중되기 마련이다. 문제발생은 사람에게 '불안'이라는 감정을 갖게 하는 원인이기 때문이다.

아무리 유용한 정보라 할지라도, 써먹지 못하면 아무 의미가 없다. 행동으로 옮기지 않으면, 그것은 죽은 지식이나 다름없다. 『반응하지 않는 연습』의 저자 구사나기 류슌은 현실을 다음과 같이 표현한다. 첫째, 현실은 괴로운 것이다. 둘째, 그러나 그 괴로움 속에는 모두 원인이 있다. 셋째, 그 괴로움의 원인은 해소 할 수 있다. 넷째, 원인을 해소하는 구체적인 방법, 순서가 있다.

틀림없는 목표를 목적지로 삼는다

'당신 인생의 목표가 무엇인가?' 대부분이 우리는 직장에 한해서 무엇이 되고 싶다고 말을 한다. '소방관이 되고 싶다'라고 말이다. 어렸을 때는 하고 싶은 것 많고, 되고 싶은 것이 많았던 꿈 많은 어린이였는데, 어른이 되고나서부터 이제는 꿈이 없다.

꿈이 바뀐다. 처해진 상황에 따라 목표가 갑작스럽게 변하는 경우도 있다. 학업을 이어나지 못할 사정이 생겼거나, 자신의 적성과 맞지 않았거나 등 다양한 이유가 있다.

상황은 시시각각 빠르게 변하고 있다. 오늘의 상식이 내일이면 비상식적인 이야기 될지 모를 정도로 빠르다. 구체적인 목적지를 정하지 않으면 흔들릴 수밖에 없다. '어딘가에 여행을 가고 싶다'와 '제주도에 여행을 가고 싶다'는 똑같은 여행이지만 목적지가 달라진다. 전자는 어디라도 괜찮은 반면에 후자에 경우에는 반드시 제주도에 가야지만 그 의미가 성립된다.

공부에 취미가 없이 게임에만 열중했다. 공부의 중요성도 뒤늦게 깨달았다. 고등학교 3학년 때 담임선생님의 조언으로 우역곡절 끝에 전문대학에 입학을 하게 된다. 그 전까지는 주위에서 '열심히 노력해라', '예의범절을 잘 지켜라' 등과 같은 말을 자주 들었지만, 인생을 어떤 마음가짐으로 살아야 하는지를 가르쳐 주는 사람이 없었다. 그래서 일까? 하고 싶은 목표가 없었다. 내가 무엇을 좋아하고, 또 내게 어떤 장점이 있는지 조자 몰랐다. 그저 하루하루를 아무 생각 없이 즐기며 살았던 것 같다.

대학교에 들어 갈 당시에도 아무 생각이 없었다. 남들이 다 가니까 대학입학에 대한 목표가 생겼을 뿐이다. 선택을 하지 않으면 안 되는 상황이기에 고민을 했다. 대학졸업 후 취업까지 고려 해 결정한 것이 환경보건과다. 지구의 온난화가 점점 심해져 가는 상황 속에서, 환경관련 학과를 나온다면 향후 취업을 잘 될 것이라는 막연한 환상 속 입학하게 된다.

생각과 현실은 다르다. 입학 이후 고난의 연속이었다. 왜 배워야 하는지 모르는 대기오염, 수질오염, 토양오염에 대한 지식을 배워야했다. 공부를 강요받는 느낌을 받았다.

지금까지 경쟁을 회피해 왔었기에 고등학교 때까지 못 느꼈던 경쟁 또한 대학에 와서 알게 된다. 경쟁에서 이길 수 없다 생각한 나는 포기하는 방향으로 생각이 바뀐다. 대학교 1학년을 마치고 군대에 입대, 그리고 나와는 다른 삶을 살았던 여러 사람들을 처음 만나게 되었고, 그 때 처음으로 하고 싶은 목표가 생긴다. 일본어 공부다.

경험이 곧 삶의 지혜다. 그 당시 일본어를 선택했던 이유는 대부분의 사람들이 전공과는 전혀 상관없는 분야에 취업을 하는 것을 많이 보았기 때문이다. 한 선배는 유아교육학과를 나왔음에도 불구하고 지금 현재 사무직 일을 다니고 있다. 4년 동안 배운 전공 공부는 활용하지 못한 채 전혀 무관한 곳에서 말이다. 금전적으로, 또 시간적으로 너무 아깝다. 대학이란 곳이 학업의 연장과 토론의 장소가 아닌 취업준비소로 변해버린 것이다.

외국어공부는 장소와 직업에 구애받지 않는다. 아직도 구체적으로 무슨 일을 해야 할지 망설였다. 언어는 하나의 수단이지 인생의 목표가 될 수 없었다.

선택은 이르다. 내가 알고 있는 지식과 많지 않는 경험으로 판단하기에는 어려움이 있다. 생각만으로 정했던 환경보건과 진학과 같은 실패를 두 번 다시 겪지 않기 위해서라도 충분한 시간의 필요성을 인지했다. 나는 일본어공부를 첫 번째 목표를 정했다. 외국어는 언제든지 사용 할 수 있는 부분이 있다. 그래서 외국어 공부를 하면서 잠시 인생의 목표를 보류하기로 결정한다. 우리가 갈고 닦아서 터득한 능력은 평생의 무기가 된다.

평생직업 시대는 이미 지난 과거의 이야기이다. 하나의 직업을 인생의 목표로 정하지 않아도 된다. 지금 우리가 필요한 것은 마음가짐이다. 결코 빗나가지 않을 목표다. 내 인생에서 어떤 상황에서라도 끝까지 포기 하지 않을 목표를 정할 필요가 있다.

"나는 반드시 흥미 있고 좋아하는 일만 하겠다", "스트레스를 받지 않는 삶을 살겠다"와 같은 것은 인생의 방향성을 정하는 것이다. 직업은 달라질 수 있으나, 이 조건이 성립되지 않으면 지속할 이유가 없다. 판단의 기준이 생기는 것이다. 바로 '인생의 원칙'을 말이다.

지금 하는 행동들이 과연 무엇을 위해 취미를 갖는 것이며, 무엇을 위해 취업을 원하는 것이며, 무엇을 위해 연애를 하는 것일까? 나 자신과 진실 되게 마주해야 한다.

인생의 키워드는 행복이다. 이 목표를 분명히 하지 않으면 흔들릴 수밖에 없다. 행복하기 위해 시작한 일들이 집착으로 바뀌어 안 좋은 결과를 불러온다. 행복 하려고 했던 일들이 오히려 불행을 가져다주는 일까지 발생한다.

결코 빗겨 나갈 일 없는 커다란 목표를 마음에 설정하면 아무리 헤매더라도 곧 방향을 잡을 수 있다. 그리고 목표를 향해 작은 실천을 매일 해나가는 것이다. 아무리 거센 파도가 몰아쳐도, 순간에는 흔들릴지 모르나, 가고자 하는 방향이 명확하다면 반드시 목적지에 도달 할 것이다.

1-2

흔들리는 청춘, 차라리 바보가 되라

.
.
.

"과거를 기억하지 못하는 사람들은 과거를 반복하기 마련이다."

-조지 산타야나-

사회생활에서 인간관계문제가 제일 고달프다. 주변에서 유독 남 일에 신경을 많이 쓰는 사람들이 한두 명씩 꼭 있기 마련이다. 누가 아무 말 하지 않았음에도 불구하고 이들은 한 발 더 나아가서 자신의 비하인드 스토리를 소개한다. 자신이 이렇게 했어야, 저렇게 했어야 한다며 스스로가 자신을 한탄한다. "내가 어제 말이야…"라며 상대방과 공감을 얻기 위해 안 좋았던 일, 억울했던 일을 토로한다. 대개 사람은 남의 불행이 곧 자신의 행복이라는 것을 잘 알고 있듯, 인간관계에서 자신을 낮추는 것을 꼭 필요한 과정이라 믿는다. 이것은 '잘못된 솔직함'이다. 자신의 성격을 부정적으로 만들고 있을 뿐이다.

당신이 남의 일에 유독 신경을 많이 쓴다면, 그 행동의 원인은 바로 당신이 주변의 평가에 과하게 신경 쓴다는 것이다. 물론 도와주고 싶다는 생각이 들면 도와줘도 무관하다. 친절을 베풀고 싶다면 그렇게 행동하면 된다. 단, 도와주고 친절을 베풀었다면, 누가 어떤 말을 해도 다음과 같이 말하자. '내가 좋아서 한 일이다'라고 말이다. 친절은 대가를 바라고하면 금방 들통 나기 마련이고 오히려 역효과를 가져 오기 때문이다. 나의 의도를 안 보고 있고 눈치 채지 못할 것 같지만 다 보인다. 눈치 채지 못한 것이라 생각하는 사람은 본인뿐이다.

주변을 신경 쓰는 사람은 남의 문제로 항상 자기의 마음을 소모한다. 혹시 당신도 이런 유형의 사람이라면, 한번 이렇게 해보자. '내 알바가 아니다'라고 말하는 것이다. 그렇게 하면, 굳이 떠안지 않아도 되는 타인의 문제에서 벗어 날 수 있다.

해도 괜찮아

기쁨은 혼자가 아닌 함께 나눠야 2배가 된다. 친구들과의 캠핑여행, 그 메인인 바비큐파티가 빠질 수 없다. 오랜만에 만난 동창들과 맛있는 음식과 추억 보따리, 그 때 그 시절을 떠올리며 과거의 추억들을 회상해 본다. 이야기는 어느덧 막바지가 되고 서로 눈치를 보며 누군가 제안한다. "'가위, 바위, 보' 게임에서 진 사람이 혼자서 다 설거지다."

그런데 내기를 제안 사람이 꼭 그 벌칙에 걸리는 경우가 생긴다. "나는 안 걸 릴 거야, 나는 럭키가이다" 스스로에게 주문을 걸 듯, 이만큼 간절할 때도 없을 정도로 기도를 해 보지만 결과는 꼭 자신이 걸린다.

생각과 현실은 반대다. 어떤 것을 하면 안 된다고 생각하면 할수록 그 방향으로 일이 진행되는 경우가 발생한다. 우리 일상 속에서도 수많은 금지목록을 만들며 살아가고 있는지 모른다. 이것은 예의에 어긋나는 일이라면서 말이다.

"해도 괜찮아"라고 자기선언을 할 필요가 있다. '안 된다'는 말은 무언가에 두려워하고 있다는 증거다. 두려움이 생긴 이유는 무엇인지 모른 채 말이다.

금지목록은 내 자신이 만든 단순한 생각에 지나지 않다. 어쩌면 타인의 해서 조작된 사실인지도 모른다. 좋은 정보이기에 자신 혼자서 독차지하기 위해서 지어낸 이야기일 확률도 있다. 하면 안 된다고 생각했던 일들도 하고 즐겁게 살아가는 사람이 분명히 있다. 그러므로 우리 모두 "해도 괜찮아"라고 말해 보자. 그 곳에 진짜 보물이, 힌트가 있기 마련이다.

마지막 퍼즐 조각

좋은 성격은 기준은 무엇일까? 성격은 퍼즐 조각을 맞추는 게임과도 같다. 여러 개의 퍼즐의 조각들이 모여 하나의 완성된 그림이 되듯, 여러 성격이 모여 자신을 만든다. 자신의 우유부단한 성격이 싫다고 말하는 사람은 퍼즐 중 단 몇 개의 조각을 싫어하는 것이다. 하지만 우리는 이 한 조각을 전체의 나의 성격으로 보는 경향이 크다.

완벽한 사람은 없다. 자신이 싫어하는 조각을 버리고 단점을 보완하면 완벽한 사람이 될 수 있다고 믿는다. 이론적으로 성격도 바르고, 머리도 똑똑한 다재다능한 인재가 될 수 있는 자격조건이 된다. 하지만 버려진 조각, 쓸모없는 조각까지 포함해 모든 조각이 제자리에 있을 때 비로소 '나다움'이 완성된다.

각자의 퍼즐은 자신의 임무가 있다. 우유부단한 성격은 단점이 아니다. 판단을 늦춤으로써 좀 더 신중하게 판단 할 수 있게 도와준다. 때로는 자신의 위험을 피할 수 있게 해준다. 성격이 급하다는 것은 단점이 아니다.

신중함이 부족한 나머지 많은 실패를 할 수 도 있다. 하지만 빠른 판단으로 더 많은 기회를 얻기도 한다. 그만큼 성공의 확률도 높아지는 법이다. 왜냐하면 실패는 성공의 어머니이기 때문이다.

성격은 장점과 단점을 적재적소 조절하면 된다. 복식호흡을 통해 나의 모든 의식을 집중하자. 마음이 한결 차분해 질 것이다. 긴장하거나 초조하거나 괴로울 때는 호흡이 빨라진다. 이때는 호흡을 집중하기만 해도 마음이 진정되는 효과를 얻을 수 있다. 흡연자들은 담배를 피우면 마음이 편해진다고 말한다. 그것은 그저 변명이 아니라 바로 이 호흡과 관련되어 있기 때문이다. 우리는 평소 의식적으로 하지 않으면, 심호흡을 거의 하지 않는다. 산소가 부족해서 무의식적으로 하는 경우는 하품뿐이다. 하지만 흡연자는 하루에도 몇 번이고 담배를 피울 때마다 심호흡을 한다. 물론 니코틴 효과도 있겠지만 담배의 진정효과는 심호흡이다. 이와 같은 방법으로 불쾌한 감정을 조절 할 수 있다.

타고난 개성은 바꾸기 어렵다. 반대로 성격은 바꿀 수 있다. 자신의 몸과 마음이 지쳤을 때 크게 심호흡을 한번 해보면 어떨까? 자신의 성격 탓, 남 탓 할 시간에 주어진 재능을 어떻게 활용할지 생각하는 것이 중요하다. 주어진 시간을 활용하는 법을 배워라.

성격은 주관적 생각일 뿐

성격은 스스로가 정한다. '나는 성격 급하다'고 생각하게 되면 마치 그 성격을 증명이라도 하듯이 자신의 행동도 동일시한다. "자리가 사람을 만든다"는 말은 그 지위에 맞게 사람을 변화시킨다. 빠른 판단과 결단력, 적극적인 성격으로 변한다. 우리의 성격은 다양한 상황에서 나를 그런 성격으로 몰아간다. 자기암시는 결국 자신이 원하는 방향으로 집중할 수 있도록 도움을 주기 때문에 문제해결이나 변화를 위해 적극적으로 활용하는 게 좋다.

개성은 애당초 좋고 나쁨이 없다. 단점이란 어떤 일이 있어서 단점이 될 수 있지만, 상황이 바뀌면 그 성격은 장점이 된다. 자신이 가진 개성과 성격에서 이 부분을 살리고 저 부분을 버려야지 하는 생각은 앞서 말한 것처럼 옳지 않다.

누구나 '착한 성격'을 흉내 내는 데에는 크게 어려움이 없다. 상대방에게 모든 책임을 전과하면 된다. 배려라는 가면을 덮어씌우기만 하면 그만이다. 하지만 '나다움'을 감추게 되면 한동안 친절함의 가면을 쓰고 지내야 한다. 많은 시간을 내 개성과 맞지 않는 데서 오는 위화감 때문에 숨이 막히고 초초한 날들을 보내야만 한다.

사람들에게 착하고 배려심 있게 보이고 싶다는 욕심에 자신의 내면과 다른 거짓의 가면을 쓰는 행동은 역효과를 가져온다. 결국 진실은 밝혀지게 되어있다. "너 사람이 변했어?"라는 오해가 생긴다. 숨기지 않고 솔직해져야 자신의 매력이 발산되는 것이다. 성격은 노력으로 손에 넣을 수 있는 게 아니라 알아차리고 결심 하는 것이 가장 중요하다.

노력을 멈춰야만 알 수 있는 것들

가족의 행복이 최우선이다. 가족의 행복을 위해서라면 어떠한 노력도 할 수 있다. 행복을 위해 모든 수단을 동원해서 노력했다고 가정하자. 그런데 일이 잘 풀리지 않는 이유는 무엇일까? 우리는 보통 일이 잘 안 풀리면 단순히 '노력 부족'으로 책임을 전가한다. '이번에는 시간이 부족했다', '업무방식이 효율적이지 못했다'처럼 말이다.

성공스토리는 다양하다. 하지만 실패하는 이유는 오직 하나 '변명' 밖에 없다. 빨리 성공하다고 싶다는 생각은 욕심을 부른다. 노력하기도 전에 '반드시 성공해야 한다'라는 생각이 먼저 내 머릿속에 침투한다. '아자! 아자!' 용기를 내 보지만, 외면에서 말하는 나와 내면에서 생각하는 나 사이에 생각의 격차가 발생하고 원하지 않는 전혀 다른 결과를 가져온다.

내면과 외면의 생각을 일치해야 한다. "성공할 거야", "무조건 성공 할 거야"라는 강한집념은 성공으로 이어진다. 성공에 대한 의지와 생각이 일치했기 때문이다. 하지만 우리가 지금까지 노력한 것은 성격이 조금 다르다. 외면의 생각만 긍정적일뿐 내면에는 그렇게 받아들이지 못하고 있었던 것이다. 이와 같은 노력은 더 이상 필요 없다.

멈춰야 한다. 노력을 멈추는 순간부터 진정한 성장이 시작된다. 성장하려는 욕심을 그리고 노력을 멈춘다는 것은 곧 결과에 대한 집착을 내려놓는다는 의미이다.

한 회사에 매일매일 성과를 내기 위해 열심히 노력하는 사람(성과)과 성과도 중요하지만, 우선순위를 회사 내 인간관계에 집중하는 사람(인간관계)이 있다고 가정하자. 두 사람은 동기이며, 회사 기여도를 채점해서 진급여부를 회사에서 결정하려 한다.

둘 중 전자(성과)가 반영되어 진급이 되었을 때는 우리는 당연한 논리라고 생각한다. "열심히 노력했으니까"라며 친절한 피드백과 함께 말이다. 그런데 후자(인간관계)가 진급이 되었을 때면 우리는 부정적 시선이 따라온다. 상식적으로, 논리적으로 생각해 보아도 전자(성과)가 승진해야 하는 것이 당연하다. 왜냐하면 노력을 해야 하는 그 이유의 논리가 성립되기 때문이다.

『힘빼고 행복』의 저자 고코로야 진노스케는 "매력은 성과를 넘어 선다"고 했다. 결국 진급심사를 결정하는 것은 어디까지나 사람이 하는 일이다. 과거부터 현재까지 사람들이 어떤 생각을 해왔는지에 따라 사회는 그 방향으로 변화하고 발전 해 왔다는 사실은 잊지 말아야한다.

우리가 살고 있는 사회는 반드시 성과만으로 판단되지 않는다. 회사입장에서는 전체의 조화를 고려해야 한다. 팀워크를 통해 팀의 결속력을 이끌어 줄 인재인지를 판단을 한다. 독불장군처럼 한 가지 생각만 하는 사람은 높이 평가 할 수가 없다.

직장을 다니고 있어도 출근 전에 아침 수업을 받으면서까지 스펙 쌓기에 노력하는 사람이 많다. 향후 진급시험을 위해서, 더 많은 연봉을 받기 위해서, 우리는 사회의 시스템을 이해하지 못한 채 노력하고 있는 것은 아닐까? 진지하게 생각해봐야 한다.

전자의 진급 실패의 원인은 '노력부족' 때문이 아니다. 우리는 취업준비를 위해서, 더 많은 연봉을 받기 위해서 무차별적으로 스펙 쌓기에 열을 올리고 있다. "예쁘고, 잘생기고, 첫인상이 좋아야 취업 그리고 진급에 도움이 될 거야", "영어 점수를 더 높게 받아야 취업 그리고 진급하는데 유리하다"라고 생각하고 자기 스스로를 다그친다. 여기서 우리의 생각을 현실에 반영해보자. 영어점수가 이전보다 높아졌다고 하더라고 진급은 보장되지 않는다. 지금보다 영어실력이 능숙해졌음에 불구하고 이번에도 똑같이 진급이 안 된다면 어떨까? 상식과 논리적으로 이해가 되지 않는다. 이 현상을 반영하면 우리는 남보다 매력이 부족하다는 것이다.

'매력이 부족했다' VS '노력이 부족했다'를 비교하자. 매력이 뒤처지는 것은 인정 하기 싫다. 하지만 노력이 부족 했다는 전제는 책임회피성이다. '노력 부족'의 의미는 본래 내 능력 하에 가능했지만, 내 스스로가 노력하지 않았다는 뉘앙스가 강하다. 반면, 매력이 부족했다는 전제는 자기부정이다. 나라는 사람은 개성이 없다고 인정하는 꼴이다.

매력이 부족하다는 사실을 숨기기 위해서 노력이 부족했다고 변명하고 있는 것은 아닐까? "언젠가 그렇게 될 거야!" 하고 말이다. 그 언젠가를 바라는 사람의 그 언젠가는 영원이 찾아오지 않는다. 시간은 지금 밖에 없기 때문이다. 지금 못하면 나중에도 못한다. 내가 정말 노력이 부족한 것인지? 아니면 매력이 부족한 것인지? 그 차이를 구별해라. 노력을 멈추는 순간이 당신의 매력이 발산되는 순간이다. '노력이 부족했다'는 변명은 내기억 속에서 삭제해라. 정면승부를 두려워하지 마라. 당신은 이미 충분이 매력적이다.

1-3

두근두근 "내가 좋아하는 일만 할래"

.
.
.

"자신에게 충실한 사람만이 다른 사람들에게도 충실 할 수 있다."

-에리히 프롬-

행복은 인간의 권리다. 사람은 자신이 좋아하는 일을 할 때 가장 큰 행복감을 느낀다. 누구의 간섭도 누구의 지시에 의해서 결정된 일이 아니기 때문에 자신에 있어 큰 의미를 차지한다. 좋아하는 일을 단 한 번에 찾기란 어렵다. 잘하는 것과 좋아하는 것이 다르듯, 직접 해 보지 않으면 그 생각과 해결해야 할 현실의 문제의 차이를 이해 할 수 없다. 자신과 적성에 맞을 것 같았던 일들이 실제로 해봄으로써, 잘 맞지 않는 경우가 있다. 그 정답을 찾기 위해서는 많은 도전 그리고 시행착오를 통해 얻은 경험을 쌓아야 하며, 이를 통해 '나'라는 존재가 완성되어 간다.

"오늘 할 일을, 내일로 미루면 안 된다" 이 말은 우리 인생에서 상식이 되었다. 하지만 머리로는 이해하지만 좀처럼 잘 실행에 옮겨지지 않는다.

"좋아하는 일을 하면서 돈을 벌고 싶다" 누구나 원하는 소망이다. 여기서 자신의 소망을 단순히 생각에서 끝낼지 아닐지는, 또 그 성공여부는 행동 여부에 달려있다.

사람의 끈기와 열정은 생각한다고 해서 간단히 생기는 것이 아니다. 목표를 위해 하루하루 성실히 임했는가에 따라 달라지기 마련이다. 좋아하는 일을 하게 되면 누가 시키지 않아도, 남들이 말리지 않아도 한 적 있지 않는가? '나는 좋아 하는 일은 끈기가 있는데, 하기 싫은 일에는 끈기가 부족하다'고 말하지 않았던가? 그럼 그 일을 찾아 나서라.

'자신이 좋아하는 일이 무엇인지?', '왜 그 일을 하고 싶은지?' 이 두 질문에 해답을 찾기 위해 도전해라. 아무리 미루는 것을 좋아하는 우리지만, 우리들의 행복마저도 내일로 미루고 싶지 않을 것이다. 지금 당장 오늘부터 행복한 내가 될 수 있다. 행복은 그리 멀리 있지 않다.

남의 눈치를 계속 보는 나

좋아하는 일을 하면 남의 눈치를 볼 필요가 없다. 꿈이 있으면 지속 할 수 있다. 지금 하는 일이 단순히 이익만을 보고 하지 않는 일이라면 지속 가능하다. 대한민국의 발전, 많은 사람들에게 도움이 된다는 생각만으로 행복해 질수 있다. 이처럼 가슴이 벅차고 보람찬 일, 좋아하는 일을 발견할 수 있다면 지금까지 알고 있던 노력의 의미를 다르게 해석 할 수 있다.

노력의 의미는 'NO + 力'이다. 즉 "힘이 소비되지 않다"라는 뜻이다. 우리가 지금까지 알고 있던 노력의 의미는 '고통'이다. 고통을 참고 인내하는 사람만이 진정 원하는 것을 얻을 수 있다고 생각해 왔는지 모른다. 고통은 당연히 겪어야할 하나의 관문이라 생각했다.

'기쁨'이란 감정은 한 순간이다. 노력하는 사람은 대개 남의 눈치와 남의 평가를 우선시 한다. 물론 누구나 칭찬 받으면 기쁘다. 인간의 당연의 습성이기 때문이다. 그 칭찬은 '나'라는 주체를 다른 사람에게 어필하게 만든다. 왜냐하면 나의 가치를 많은 사람에 알아 줬으면 하는 바람 때문이다. 더 많은 칭찬과 기쁨을 얻기 위해서 말이다. 우리는 하나의 감정을 얻기 위해, 그 기쁨을 만끽하기 애써 참아오면서 많은 시간을 노력을 해온 사람이다.

시간이 경과함에 따라 감정은 바뀐다. 사람은 우울할 때 기분 좋았던 일, 즐거웠던 일들을 떠올린다. 그 즐거움을 한 번 맛 본 사람은 좀처럼 잊을 수가 없다. 그래서 그 기쁨을 다시 쟁취하기 위해서 또 다시 노력하게 만든다. '나'라는 평가를 또는 쌓아왔던 이미지를 유지하기 위해서는 지속적인 노력이 필요하기 마련이다. 이와 같은 노력에는 고통이 동반된다. 사람들은 또 다시 그 기쁨을 누리고 싶기에, 노력하기를 그만 둘 수가 없다.

손해를 감수하더라도 좋아하는 일을 찾아야 한다

어른이 되면 어린이보다 더 쉽게 포기한다. 어렸을 때와는 달리, 현실을 깨달았기 때문이라고 사람들은 말한다. "좋아하는 일이 뭐냐?"고 질문하면, 자신이 무엇을 좋아하는지 잘 모르는 경우가 허다하다. 지금까지 시간을 들여서 생각해 보지 않았거니와 있다하더라도, 현실과 거리감이 느껴지는 순간 포기한다. 해야 할 일은 많고 이처럼 포기하면 마음이 편하다.

넓은 들판에 양치기 개가 오른쪽으로 유도하면 그 방향으로 도망갔던 '양'들처럼 우리는 계속 지시 받아왔기 때문인지 모른다. 생각하는 것은 사치요, 빨리 도망가기 위해서 다리근육만 키워왔다. 양치기 개가 왼쪽으로 유도하면 왼쪽으로 갈 수밖에 없었고, 아래쪽으로 가라고 지시를 하면 그의 지시에 따라 시키는 대로 성실하게 도망쳤다. 도망치는 것에 너무 익숙한 나머지, 양치기 개가 잠자고 있는 상황에서도 양들은 도망가지 못한다.

어쩌면 우리도 울타리에 갇힌 양들처럼 양치기 개가 언제 깨어날지 모른다는 불안감에 이러지도 저러지도 못하며 마냥 도망치고만 있는 것은 아닐까? 마음만 먹으면, 단 한 번의 용기를 낼 수 있다면, 울타리 밖으로 나가 자신이 원하는 장소를 갈 수도 있다.

좋아하는 일은 누구나 있다. 좋아하는 일을 하자고 스스로 다짐하지 않았을 뿐이다. 평소 일상생활에서 친구와의 대화나 가족과의 대화에서도 무의식적으로 말하는 자신을 쉽게 마주하게 된다. "책을 쓰고 싶다. 하지만 시간도 없고, 난 성공하지도 않았는데? 스토리가 없잖아", "여행가고 싶다. 하지만 시간과 돈이 없다"와 같이 '하지만' 뒤에는 변명이 대부분이다. '하지만' 앞에 문장을 유심히 생각해봐라. 방법은 한 가지만 있는 것이 아니다. 찾으려고 하면 얼마든지 찾을 수 있다. 하늘에도 방법이 있고, 땅에도 방법이 있다. 지금까지 찾으려 하지 않았던 것뿐이다.

변명은 금지다. 내 안에 이미 답은 있다. 우리가 아무 생각 없이 별 생각 없이 말하는 것 같지만, 그것은 우리 잠재의식 속에 깊게 내재된 생각이다. 순간적으로 나온 이야기가 아니다. 그것이 평소 자신이 정말 하고 싶었던 일이다.

나와의 진실과 마주 할 필요가 있다. 사실은 지금 하는 일을 하고 싶지 않다는 것이나 스스로가 만들어놓은 울타리(착각)에서 그것을 불가능하다고 판단하는 것은 본인이다. 이제부터는 자신에게 조금만 더 솔직해 보면 어떨까?

인간의 유전자는 자연스럽게 성장되도록 설계되어 있다. 인간은 건강과 행복을 지향한다. 그 중간에 누군가로부터 얻은 부정적인 생각들이 당신의 건강과 행복을 방해하고 있다. 정도가 심해질수록 건강을 잃기도 하고, 스스로 행복하지 않다고 생각하게 만든다. 그 중간 사이에서 무엇인가에 의해 올바르지 않는 사고와 생각들이 당신의 성장에 제동을 걸고 있다.

"실패하면 어떡하지?", "다른 방법으로 해 볼까?"와 같은 고민 할 때가 아니다. 마치 세차하려고 마음을 먹지만 "내일 비오는 것은 아닐까?"하고 생각하는 것과 같이 계속 할 일을 미루고 있는 것은 아닌지 진지하게 생각해봐야 한다. 자신을 믿고 마음껏 도전하고 마음껏 시행착오를 맛보라. 지금 당장의 실패는 올바른 길로 가고 있다는 증거다.

과거의 자신과 지금의 자신을 모두 긍정하라

과거는 실수투성이다. 누구나 처음 사는 인생이다. 이처럼 실수는 극히 자연스러운 일이다. 하지만 한 번 실수 한 것에 대해 극심한 스트레스와 죄책감을 느끼는 사람이 많다. 완벽주의자다. 과거의 나를 용서하지 못하는 경우는 그 실수가 가져다 준 창피한 기억들을 현재에도 잊지 못하고 있을 가능성이 크다. 두 번 다시 그 창피함을 겪고 싶지 않다는 자신의 강한 보호본능이 발동한다. 보호본능은 많은 포기자를 생산한다. '행동하지 않는 나', '불평불만만 하는 나'라는 캐릭터가 탄생하는 순간이다. 자신의 잘못을 인정하고 싶지 않은 마음이 강한 나머지, 상대방에게 거짓말을 하거나 도리어 화를 내버린다. 그리고 '이상한 나'라는 캐릭터가 추가된다. 이처럼 실수는 또 다른 실수를 낳는 격으로 나를 점점 안 좋은 상황으로 몰아가는 셈이다.

과거는 현재에 영향을 끼친다. 과거와의 확실한 이별을 하지 않게 되면 현재의 모든 관점이 과거에 집중되기 마련이다. 모든 판단과 생각을 과거와 비교하여 선택하기 때문에 빠른 판단을 하기 어렵다. 자신에게 찾아온 기회조차 의심하게 만든다. 이와 같은 경험은 또 안 좋은 과거의 추억을 하나 더 추가할 뿐이다. 부정적인 생각이 쌓이면 사람을 우울하게 만든다.

과거는 교훈이다. 긍정적인 생각으로 모든 일에 임할지라도 실패는 할 수 있다. 처음부터 모든 것이 완벽 할 수 없다. 때로는 그 감정은 실의에 빠지게 한다. 긍정적인 사람조차 우울하게 만든다. 하지만 부정적인 사람과 긍정적인 사람의 차이는 분명히 있다.

긍정적인 사람이 진심으로 실의에 빠지게 된 이유는 감정에 솔직하게 반응한 것뿐이다. 실의에 빠졌다는 것은 그만큼 몰두했다는 증거이다. 진심으로 일하기 때문에 우울증에 빠지기도 하는 것이다. 그러나 긍정적인 사람은 포기 하지 않는다. 삶에 있어 돈은 중요하다. 하지만 돈 버는 방법을 먼저 찾기에 앞서, 무엇보다 중요한 나 자신에 대해서 조금 더 진지하게 생각 해 볼 필요가 있다. 내가 존재하지 않는 세상은 사는 의미가 없다고 느끼게 만든다. 나는 어떤 사람인지 과거 속으로 들어가 보자. 내가 부정적으로 변하게 된 이유에 대해서 알 필요가 있다. 실제로는 쓸모없는 '나'가 아니라 '쓸모없다'고 여기는 '나'가 존재 할 뿐이다. 중요한 것은 진짜 행복해지기 위한 성장은 자기 긍정에서 시작한다는 사실이다.

지금의 나 "매력 넘치잖아. 왜?"

"인생은 자전거를 타는 것과 같아서 균형을 잡으려면 계속 움직여야 한다."
-아인슈타인-

한 번 사는 인생 누구나 행복하고 성공한 삶을 꿈꾼다. 오늘 하루도 끊임없이 꿈을 향해 고군분투하는 사람들은 이미 성공한 삶이나 마찬가지다.

하지만 인간의 욕심은 끝이 없다. 자신의 욕망을 채우기 위해 끊임없이 고군분투하는 사람은 지금의 나의 모습을 만족하지 못한다. 상대방에 추월당할까 두려워한다. 지금 누리고 있는 행복이 빼앗기지는 않을까 하루하루 조바심을 느낀다. 경쟁에서 앞서기 위해서 끊임없이 노하우를 배우려 노력한다. 만족하는 순간 끝이라는 집착에서 벗어나지 못하고 있다.

멘토의 역할에 대해 재조명해보자. '멘토'란 그리스 시인 호머가 쓴 서사시 『오디세이』에서 출발했다. 어원에서 살펴보면 멘토는 현명하고 신뢰할 수 있는 상담 상대라는 뜻이다. 정의는 '멘토의 경험'과 '가치관'을 배우고 모방하도록 하는 관습이다. 그 분야에서 성공한 멘토의 조언을 얻는 것은 중요하다. 시행착오를 줄일 수 있는 큰 역할을 해주는 것은 사실이다.

멘토가 매번 바뀌는 경우도 있다. 욕심이 과해서 일까? 누구를 멘토로 해야 할지 모르는 경우가 생긴다. 긍정적으로 보면 인생에 할 것도 많고, 가고 싶은 곳도 많다는 의미이지 않을까 생각한다. 부정적인 의미로 '박쥐'라는 표현을 한다. 이것도 저것도 아니라며 하나의 끈질기게 집중 못하는 사람으로 전락한다.

'멘토'나 '롤 모델'이 없는 경우, 매번 상황 바뀔 때 마다 조언을 얻는 인물이 바뀐다면 정말 이상한 것일까? 성공의 필요조건으로 '멘토'가 재조명 받는 가운데, 도움을 받기 위해 일부러 가상의 인물이라도 만들어야 할 필요성이 있는지 함께 고민해보자.

성장을 위해서 멘토의 역할은 필요한 부분이지만, 존경심이 없는 멘토와 롤 모델은 크게 도움이 되지 않는다. 롤 모델이 생기면 그와 조금이라도 닮고 싶어 하는 목표가 생기는 것은 분명하다. 좋아질수록 그 사람을 똑같이 흉내 내기위해 노력할 것이다. 더나아가 그 사람이 한 경험들을 똑같이 하려고 노력한다. 우리가 그 사람처럼 되고 싶어 하는 이유가 무엇일까? '그 사람이 한 경험이니깐 이유 불문 당연히 해야지'라고 생각하면 안 된다는 것이다.

많은 사람들에게 존경 받는 모습이 부러워서? 방송을 통해 보이는 모습이 마치 '걱정 하나 없는 사람'처럼 행복해 보여서? 자유로운 시간과 많은 돈을 활용해 호화로운 여행을 즐기는 것이 부러워서? 그 이유를 분명히 할 필요가 있다. 여기서 명확히 알아야 할 점은 우리가 알고 있는 성공한 사람들의 모습은 대부분 그들이 '가장 빛날 때의 모습'이 비춰졌을 확률이 크다.

행복의 정의를 다른 사람의 삶과 비교하고, 그 사람보다 경제적으로 여유롭다면 '행복', 그 사람보다 경제적 여건이 안 좋다면 '불행'이라고 생각한다면 지금부터라도 생각을 달리해야한다. 가장 중요한 핵심은 "저런 성과를 내면 남들한테 인정받는구나"라는 '타인의 부러움'의 감정을 단순히 시기질투의 대상으로 받아들이면 안 된다. '나는 왜 저 사람처럼 되지 않을까?' 하는 죄책감을 느낄 수 있다.

어떤 파도에도 흔들리지 않는 나로 살기 위해서는 타인중심적 생각에서 자기중심적 생각으로 바꿔야 한다. 멘토를 찾아다니지 않아도, 남과 비교하지 않아도, 행복한 삶을 살아 갈 수 있다. 나라는 존재는 그 어떠한 사람보다 매력 넘친다는 사실을 인정하면 끝이다.

"이기적인 나" 되는 방법

지쳤을 때 재충전해라. 스트레스를 풀기위해 친구와 주말에 등산을 간다. 인생에 대해서 열심히 한탄을 해보지만, 결국 "로또만이 답이다"라는 결론이 나온다. 호기심으로 산 로또다. 자신은 꽝인데, 친구는 로또 2등에 당첨되었다면 어떤 기분일까?

기쁨의 축하메시지에 앞서, 시기와 질투의 감정이 하늘을 찌를 것이 분명하다. 위 이야기는 정말 극단적인 하나의 예 일지 모른다. 하지만 위와 비슷한 사례들은 우리의 일상 속에 실제로 많이 일어나고 있다. "왜 내 인생만 꼬이는 걸까?", "왜 하필 그 많은 사람 중에 '나'일까?" 하며 부정적으로 생각하게 된다. 노력해도 노력으로 이룰 수 없는 것들이 점점 많아질 때쯤 우리는 그것을 '어른'이 되었다고 표현을 한다. 세상의 실체를 깨달았다며, 소주 한 잔으로 또 하루를 보낸다.

현실은 불공평하다. 이 사실은 인정하는 것으로부터 당신의 삶에 변화가 찾아온다. 지금까지 모든 비난과 책임을 세상 탓으로, 그리고 남 탓으로 회피했던 변명거리가 현저히 감소한다는 사실을 깨닫는다. 왜냐하면 현실은 본래부터 불공평했다.

나 자신을 운 좋은 사람이라 정의해라. 현실의 불공평함을 깨달았다는 사실만으로 당신은 이미 행운아다. 당신이 처한 불공평한 현실은 당신의 배울 점을 일깨워주는 역할을 했다. 이 또한 얼마나 큰 행운인가?

남의 기쁨을 함께 축복해라. 기쁨이란 감정은 전염성이 강하다. 남이 그 일을 해낼 수 있다는 사실은, 나 또한 그렇게 할 수 있다는 사실을 배운다. 이 또한 행운이다. 과거와 다르게 성과를 냈을 때의 모습들 자신 스스로가 타인에 대해서 시기질투 했던 장면들의 주인공에 '나'를 넣어 보는 것이다. 기분이 어떤가? 미리 상상해 보는 것이다. 행복감을 느낄 수 있다.

행복도 하나의 감정이다. "지금의 나 정도면 괜찮지!"라고 입 밖으로 표현하는 것이다. 생각은 말로 표현 될 것이고, 그 말은 행동으로 옮겨간다. 그리고 행동은 현실이 된다. 이것이 행운아로 변해가는 과정이다. 현실과 결과를 근거로 자신을 긍정하는 것은 아니다. 현재의 자신을 인정하면 미래는 좋아질 일만 기다리고 있다.

근거 없는 자신감을 갖는 법

이 세상에서 우리는 "자신감만 있으면 못할 것이 없다"라고 이야기를 한다. 이놈의 자신감 하나로 사람을 울리기도 하고, 웃게 만들기도 한다. 도대체 어느 학원을 가야 그 근거 없는 자신감을 배울 수 있는 것일까?

자신감은 이미 나에게 있다. 하지만 자신감은 성과를 이루었을 때 생기는 것이라 비유한다. 성과가 많아질수록, 경험이 많아질수록 자신감이 붙었다고 표현을 한다. 한 번 잘 하는 사람은 두 번째도 잘 할 것이라는 믿음이 생긴다.

확률은 언제나 같다. 잘 될 확률도 50%이고, 잘 되지 않을 확률도 50%이다. 하지만 우리는 복권에 당첨 된 곳에 뭔가 있을 것이라 추측한다. 그곳에는 비밀이 숨겨있을 것이라 믿는다. 이것은 어디까지나 사람이 만들어 낸 집착이자 착각이다.

성과라는 것이 매번 똑같은 수는 없다. 어제 일어난 일이 오늘과 완전히 똑같을 수 없는 것처럼 말이다. 상황은 매번 바뀌고 있다. 근거가 있어야 비로소 자신감이 생긴다고 믿는 사람은 성장을 위한 노력을 끊임없이 해야만 한다. 고통이 지속될 수밖에 없는 상황을 만드는 것이다.

자! 우리가 말하는 그 자신감이란 모양새는 어떻게 생겼고, 도대체 언제 찾아오는 것일까?

자신감을 찾기 위해 우리는 근거(성과)를 모은다. 하지만 남들과의 경쟁에서 살아남기 위해 가족과의 시간을 반납하면서까지 노력했음에도 불구하고 성과를 이루지 못하지 않는 경우가 생긴다. 반대로 그토록 찾았던 자신감인데 막상 그 결과에 도달해보니, 아무 느낌을 갖지 못하는 경우도 있다. 성과를 이루기 위해 참아왔던, 포기했던 희생이 더 커서이지 않을까? 이와 같은 상황이 반복되면 내면적으로는 점점 외로움을 느낀다. 자신감을 잃게 만드는 절차를 밟고 있다.

근거 없는 자신감을 무엇일까? 『힘 빼고 행복』의 저자 고코로야 진노스케는 "'100만 부 이상 책이 팔릴 경우 대단히 성공을 이루었다'라며 우리는 보통 이야기를 한다. 하지만 이 기준이 과연 변하지 않고 계속 유지될까? 또 어느 시점이 되면 누구라도 어떤 책을 내도 100만 부 이상 팔리는 시대가 온다면 그 평가 기준이 바뀌기 마련이다. 작가의 차기작이 전작의 반 밖에 안 팔린다면 어떨까? 이것은 굉장한 일임에도 불구하고 기준에 맞추지 못했다며 작가는 실망을 한다."

근거 없는 자신감은 지금 있는 그대로의 나 자신을 믿는 믿음(마음가짐)으로부터 시작된다. 주어진 일을 전부 다 해내지 못한다 해도 상관없다. 조금 서툴러도 상관없다. 일 처리 속도가 늦어도 상관없다. 마음가짐을 바꾸는 것만으로 많은 변화가 찾아온다. 결과 때문에 이러쿵저러쿵 좌우 될 필요가 없다. 남의 눈치 볼 필요가 없다. 나는 대단한 사람이라고 남에게 굳이 자랑 할 필요도 없다. 지금 이대로의 내 모습에 만족하면 된다.

"나는 지금 있는 그대로도 충분히 대단하다" 이 말을 인정하면, 마음에서 우러나는 믿음이 축척될수록, 내 마음 속 깊숙이 자리매김한 순간부터 비로소 근거 없는 자신감이 생긴다.

하고 싶지 않은 일들을 하나하나 그만 두세요

자신이 하고 싶지 않는 일을 거절하라. 거절이란 상대편의 요구, 제안, 선물, 부탁 따위를 받아들이지 않고 물리침이라는 의미다. 거절을 하면 먼저 상대편과의 관계가 악화 될 것이라 생각하기 쉽다. 남들은 인내하며 자신의 성장을 위해서 지금 이 시간에 노력하고 있는데, 나만 외톨이가 된 느낌까지 들게 한다. 남과 다른 길을 가야하기에 응원과 공감은커녕 비판까지 감수해야한다. 안 좋은 일이 벌어 질 것이라 예상되는 가운데, 과감히 행동하는 사람은 극소수 일 것이다. 성공한 사람이 극소수인 것처럼 말이다.

거절하면 하고 싶은 일을 할 수 있다. 지금까지 그토록 바라더라도 생기지 않던 여유시간까지 생긴다. "안 돼"라는 말을 "해도 돼"라고 바꿔 생각해자. 정말 되는지 안 되는지는 직접 해봐야 깨달을 수 있다. 다른 사람이 그것은 '불가능'이라고 정의하면 우리는 그것을 곧이곧대로 인정한다. 검토하는 과정은 시간낭비라고 생각하기 때문이다. 상대방이 말하는 이유에는 당연히 근거가 있을 거야 추측하지만, 사실은 그렇지 못한 경우가 많다. 내 눈으로 직접 확인 한 것만 믿어라.

　세상은 생각보다 안전하다. 롤러코스터를 타면 무서운 것을 알면서도 우리는 그것을 즐기려 시간과 돈까지 들여가면서 놀이 공원에 간다. 무서운 것을 알지만, 안전하다는 전제가 있기에 우리는 기꺼이 도전을 한다. 우리 인생도 마찬가지다. 믿는 순간, 생각 외로 모든 일이 잘 해결 된다. 믿는 순간, 정말 대단한 사람이 된다. 이것이 진짜 긍정적인 마음가짐이다. 지금까지 우리는 항상 제약과 전제를 생각 해왔다. "어떤 상황에 어떤 마음가짐을 가져야만 성공 할 수 있다", "어떤 시점에 어떤 것을 해야만, 행복 할 수 있다"라고 말이다. 진짜 긍정의 힘은 타인의 평가로 판단하는 것이 아니다. 긍정이라는 말이 좋다기에 나를 좋은 이미지로 포장하는 단순한 도구가 아니다. 긍정의 본질은 나 자신을 믿는 힘이다.

1-5

쓸모없는 감정은 쓰레기통에 버려라

　•
　•
　•

"삶은 불충분한 가정에서 충분한 결론을 이끌어내는 예술이다."

-새뮤얼 버틀러-

　행복한 삶이란 타인에게 구애받지 않는 것이다. '남들보다 시간적 여유를 갖고 풍요롭게 사는 것', '남들보다 돈을 더 많이 갖고 있는 것', '남들 일할 때, 더 많이 먹고 더 많이 즐기는 경험' 하지만 이 모든 것이 자기 자신이 아닌 타인과 비교에 초점을 맞추어져 있다.

　행복한 삶은 역경을 딛고 성장하는 모습이라 정의한다. 한 단계 한 단계 실력을 쌓아가는 것만이 유일한 방법이라 생각한다. 시간과 고통은 당연한 절차다.

　역경에 딛지 못한 사람을 실패자라고 정의된다. 실패자기 되기 않기 위해서는 더 많은 노력을 해야 한다고 자신을 무릎을 치며, 입술을 꽉 깨물고 다짐한다. "난 다른 사람처럼 실패한 인생을 살고 싶지 않다"

놀지 않고 미래를 위해 무엇을 한다는 것에 감사했다. 모르는 것을 알게 되었을 때의 기쁨에 감사했다. 이처럼 지금까지 쌓아온 경험을 통해 얻은 지혜를 차곡차곡 배워간다면, 멀지 않아 만나게 될 자신의 모습, '더 성장된 나'와의 만남을 고대하고 있다. 희망이 있기에 지금의 고생은 견딜 수 있다. "오늘도 더 노력해야 돼", "오늘 하루도 헛되이 보낼 수 없어!"라고 다짐해 본다. 그러나 내 마음 한구석에 숨어있는 '불안'은 왜 사라지지 않는 것일까? 이렇게 남들보다 고통을 참아가며 노력하고 있는 나인데 말이다.

'10대에 알았더라면 20대에는 달라졌을 몇 가지 조언'이라는 책들이 유행이다. 성공의 공식이 있는 것처럼 사람들을 유혹하기도, 또 그렇게 믿도록 강요하기도 한다. 그런데 책 내용대로 아무리 노력해도 바뀌는 것이 하나 없다고 느끼는 당신이라면, 모든 것을 잠시 멈춰라.

누구나 고민이 있을 때면 누군가에게 이런저런 자신의 속마음을 말하고 싶은 게 사람의 심리다. 나는 현재 이러한 생각과 저러한 고민이 있다고 말이다. 마치 "저기요! 저 여기서 정말 열심히 하고 있거든요!"라고 내 입장을 이해해주었으면 하는 바람이 무엇보다 절실하다는 생각이 들기도 한다.

나의 본심은 잠깐 쉬었다 가고 싶지만, 무엇의 홀린 듯 무작정 달려가고 있는 것은 아닌지? 옆에 사람이 보면 휴식은 사치다. 나 또한 전력질주하지 않으면 안 될 것만 같고, 지금 나의 상태가 어떤지? 전혀 고려하지 않은 채, 일단 하는 척해야 안심이 되는 당신이라면, 잠시 멈춰라. 이와 같은 현실은 눈앞이 가려진 채 달리는 경주마와 같다. '말'들은 달리면서도 항상 두려움을 갖는다. 언제 나올지 모르는 벌을 피하기 위해서는 달려야한다. 채찍이 두렵기 때문이다. 채찍을 맞지 않기 위해서라도, 보너스로 받을 '당근'을 받기 위해서라도 열심히 한다. 살아남기 위해서 말이다.

성장을 위한 노력은 원래 갖고 있는 능력을 발휘하는 데 방해가 될 뿐이다. 힘들 때는 "힘들다. 쉬고 싶다"고 조금 더 내 감정에 솔직할 필요가 충분히 있다.

사과나무 한 그루를 키우려면, 이를 위한 여건과 토양, 기후 조건이 무엇인지 먼저 확인을 한다. 나무가 자랄 때 토양의 영향을 빼앗기지 않기 위해 잡초를 제거해야 한다. 잡초제거에 효과적인 것이 농약인데, 빨리 자라길 바라는 욕심에 농약을 너무 뿌려 버리는 것과 같은 꼴인지 모른다.

과연 그 나무는 튼튼하게 잘 자라 날 수 있을까? 얼마가지 못한다. 인생은 길게 봐야한다.

행복은 노력과 무관하다

모든 일은 성과가 있게 해야 한다. 사회는 이처럼 성과를 중요시한다. 성과가 좋아야 진급을 할 수도 있고, 성과가 있어야 그 평가에 맞는 대우를 받을 수 있다. 우리 현실은 과정 따위는 중요하지 않다. 결과만 좋으면 그만이다. 여기서 그 결과는 도대체 무엇을 위한 것인가? 도대체 누구를 위해서? 그렇게 성과를 내기위해 노력하고 있는지? 이것이 질문이다.

고코로야 진노스케의 『힘 빼고 행복』 중에 실린 하나의 이야기를 소개한다.

"
제목 : 어부와 도시 사람들
한 호숫가에 어부가 살고 있다. 어부는 오전 중에는 고기를 잡고, 오후에는 기타를 치며 노래를 하거나 낮잠을 자는 등 여유

롭게 생활 하고 있다. 어느 날 휴가를 즐기기 위해 도시에서 내려온 사람들이 그의 상황을 보고 말을 건다.

"왜 좀 더 큰 배를 만들지 않나요? 하다못해 그물이라도 더 크게 만들면 좋을 텐데"

"그럼 고기를 더 많이 잡을 수 있잖아요." 의아하게 생각한 어부는 반대로 묻는다.

"그렇게 하면 뭐가 달라지나요?"

도시에서 온 사람들은 자신만만하게 대답한다. "고기를 많이 잡으면 돈을 많이 벌죠. 그 돈으로 유유자적 편안하게 살 수 있어요."

여전히 그들의 말을 이해하지 못한 어부가 다시 한 번 묻는다.

"유유자적하게 산다는 건 어떤 뜻이죠?"

도시 사람들이 대답한다.

"남들 일할 때 노래를 하거나 늦잠을 자면서 여유롭게 시간을 보내는 거지, 뭐겠어요?"

그 이야기를 들은 어부가 이렇게 말한다.

"그런 거라면 굳이 배를 바꿀 필요가 없네요. 지금 내 생활이 바로 그렇거든요."

이 내용의 도시인들은 성장하기 위해 노력하는 우리들의 모습과 비슷하다.

"

우리들은 자신이 이미 갖고 있는 능력은 안중에 없다. 아직도 부족하다며 자신을 다그친다. 잠자는 시간을 아껴가며, 쉬는 주말시간을 기꺼이 반납하며, 성장을 위해 노력한다. "나는 열심히 사는 사람이다"라고 스스로 의기양양 사람들에게 말한다.

반대로 설렁설렁 노는 사람들을 보면 비난을 한다. "저러면 안 될 텐데?", "아직도 정신을 못 차렸네?"라며 다른 사람을 멋대로 평가한다. 그러고 나면 마음에 안정이 찾아온다. "내가 저사람 보다 앞서 있다"라는 말이다.

노력하지 않는 사람들을 보면 왠지 화가 난다. 노력하지 않는 사람의 말은 변명으로 밖에 들리지 않는다. 이처럼 결과를 얻어야만 그것이 기쁨이고 그것이 곧 행복다고 생각 하는 사람이 많다. 과연 무엇이 진실일까?

행복은 마음가짐이다. 지금 당장 행복하다고 말 할 수 있다면, 그것이 행복이지 않을까? 잠자기 전 눈을 감고 '지금 당장 행복하다'라고 스스로에게 말해 보자. '행복'이란 말을 떠 올리는 순간, 당신이 생각했던 모습들이 그림처럼 나타날지 모른다. 마치 언제나 그토록 원했던 것들이 이미 내 손안에 있는 것처럼 상상해보자. 그리고 그 느낌을 잊지 말자. "아하 이게 행복이란 감정이구나"라고 말이다. 행복은 노력과 무관하다.

성공을 위해서라면 오늘부터 '불효자'가 되리라

효도는 자식된 도리다. 꼭 성공해서 부모님께 효도하고 싶다는 것은 우리 모두가 간절히 바라는 바람이다. 지금 당장이라도 고급스러운 식당에서 맛있는 음식을, 경치가 좋은 곳에서 여유 있게 관광 시켜드리고 싶지만, 현실은 냉혹하기만 하다.

억울한 심정, 분한 심정 이것을 세상 탓으로 돌린다. 고민이 있을 때 대개 주변사람에 의견을 듣기도 한다. "내 탓도 아니다, 너 탓도 아니다. 이것은 모두 세상 탓이다"로 돌리면 잠시나마 마음에 안심을 얻는다. 이 때 친구들은 말한다. "야 원래 인생이 이런 거지 뭐"

인생에 원래부터인 것은 어느 하나 없다. 조언을 얻기 위해서 시작한 토론은 결국 내가 원하는 답이 나오질 않는다. 공감대가 형성되어서 일시적 효과가 있는 것처럼 느껴지지만, 결국 답을 찾아야 하는 것은 바로 '나' 자신이다.

세상 탓으로 책임을 돌리면 원인을 찾기 힘들다. 이와 같은 생각들은 무엇이 근본적인 원인인지 혼란을 가져 올 뿐이다. "노력이 부족한 걸일까?", "집착을 너무 했나?" 답을 모른다.

노력의 양으로 모든 것을 책정한다는 것은 주관적이다. 합격자로부터 "하루에 몇 시간씩 노력을 해야만 해"라는 의견을 들으면, 그것이 곧 정답이라 생각하는 사람이 많다. 말 하는 사람의 의도는 그 정도의 노력이 필요하다는 표현이다. 하지만 불합격하면 사람들은 말한다. "거봐, 더 열심히 노력하니깐", "노력이 부족했어", "더 열심히 해"

이와 같은 현상은 노력의 양이 성공여부를 결정한다는 믿음이 생기도록 한다. 우리는 언제부터 노력이 곧 성공이라 믿게 된 것일까? 그 영향은 바로 부모님이다.

부모님은 어렸을 때부터 말 잘 듣는 어린이를 "착한어린이"라고 말씀하셨다. 말을 잘 들으면 과자를 사주셨고, 말 듣지 않으면 "없다"고 단호히 말을 한다. 학교시험에서 100점 맞으면, 우리들은 부모님에게 '자랑스러운 아이'가 된다. 칭찬도 받고, 그에 따른 성과로 갖고 싶었던 선물까지 받았다. 우리는 항상 착한아이, 성실한 아이가 되고 싶다는 마음을 굳게 다짐하게 만든다.

그런데 최선을 다했지만, 최고성적을 얻지 못했다. 그 결과는 부모님의 얼굴에 바로 나타난다. 결국 '조금은 실망스러운 모습'을 보게 된다. 이제 나는 "실망시킨 아이"가 되고 말았다.

『힘 빼고 행복』의 저자 고코로야 진노스케는 어렸을 때 부모님이 어느 수준까지 기뻐했나를 살펴보던 경험은 어른이 된 현재에도 크게 영향을 끼친다고 말한다. 우리는 합격점을 100점으로 정했기 때문에 그 결과가 만족스럽지 못할 때는 자기부정에 빠져 버리기 쉽다.

사람에게는 인정욕구가 존재한다. 칭찬을 받는 것은 기쁜 일이다. 그래서 일까? 우리는 조건부 칭찬법에 익숙해져 있다. 나라는 사람은 무엇을 해야만 비로소 '가치'를 얻는 존재, 인정받는 사람이 된다는 믿음이 생겨 버린 것이다. 자식 된 도리에 부모님을 행복하게 하지 못했다는 사실에 죄책감을 갖는다. 이 생각은 곧 자기부정에 빠진다.

습관은 반복된다. 지금까지 자기 자신의 본연의 가치, 위대함과 대단함을 숨기고 살아가고 있는지 모른다. 현재 자기부정에서 빠져나가기 위해서는 '긍정적인 마음가짐'을 갖는 것이 중요하다. '부모님에게 꼭 효도해야 한다'는 생각은 자기부정에 빠지게 만드는 큰 요인이다. '부모님에 효도도 못하는 나'라는 존재가 되어 버린다.

"부모님에게 효도 하지 않아도 돼"라는 다짐이 필요하다. 이 말의 핵심은 나는 '아무것도 하지 않아도 꽤 괜찮은 사람'이 되어야 한다. 지금까지 부모를 행복하게 만들기 위해 착한아이, 공부 잘하는 아이, 자랑스러운 아이라는 틀에서 벗어나야 한다.

"자식 이기는 부모 없다"라는 말이 괜히 생긴 말이 아니다. 자신이 지금 어떤 모습이든 부모님은 불행하지 않다. 건강하게 있기만을 바라는 마음, 행복한 자식의 모습을 기대하고 있다. "나는 불효해도 괜찮아"라고 스스로에게 말해라. "부모님을 만족시키려고 너무 애쓰지 않아도 돼" 부모님의 기대에 부응 하지 않아도 된다고 마음을 먹게 되면, 자신이 진짜 하고 싶은 일들이 의외로 많다는 것을 깨닫게 될 것이다.

Chapter 2.

'솔직함'으로
전 세계인과 쉽게 대화하는 법

내가 나를 봤을 때 "넌 누구냐?"

"인생이란 당신이 다른 계획을 세우느라 바쁠 때, 뜻밖에 일어나는 무엇이다."

-존 레논-

지금까지 만들어진 생각과 습관은 한 순간에 만들어 진 것이 아니다. 과거의 데이터가 차곡차곡 쌓여, 좋고 나쁨을 구분한다. '해야만 하는 일'을 한다는 것은 나쁨이라 판단한다. 하고 싶지 않지만 어쩔 수 없이 한다는 생각이 내재되어 있기 때문이다. 어쩔 수 없이 하는 노력은 고통이 동반되기 마련이다.

건강을 위해 술을 끊겠다고 다짐을 한다고 가정하자. 마음만 가지고는 실패 할 확률이 크다. 왜냐하면 주변에서 끊임없이 연락이 온다. 성실한 사람이 거절 한다는 의미는, 예의가 어긋난다고 판단을 한다. 이것은 내 기억 속에 '나쁨'이다. 또한 지금까지 여가시간을 지인과의 술자리로 보냈던 사람이라면 더욱 쉽지 않다. 생각과 다르게 습관은 익숙한 것을 좋아한다.

성공하고 싶은 사람일수록 하기 싫어도 해야만 하는 일을 가장 최우선 순위에 놓는다. 내 느끼는 감정은 나쁨인데, 그 감정을 무시한 채, 목표를 이루기 위해서 해야만 하는 일에 집중하려고 노력을 한다. "인내는 쓰고 열매는 달다"는 말이 있다. 그래서 일까? '인내의 시간'이라는 감옥을 스스로가 만든다. 그리고 이유의 타당성을 증명하려 한다. 성공에 목마른 사람은 스스로 이런 말을 자주 한다. "당장 눈앞에 있는 일도 산더미다. 그럴 여유는 없다"

우리가 인내의 시간이라고 정하는 이유는 '지금 해야 할 일들을 하지 않으면 안 된다'라는 두려움이 내재되어 있다. 이렇게까지 열심히 노력했는데 불구하고, 투자 대비 성과가 좋지 못한 이유는 무엇일까?

억지로 한 노력은 혼란을 일으킨다. 실제로 일어나지 않을 두려움까지 모두 흡수하고 무리하게 노력했기 때문이다. 우리 일상생활에서도 생각보다 허무하게 끝나는 경우가 종종 발생한다. 이정도로 노력 할 필요가 없었는데 말이다. 그 시간에 자신이 하고 싶었던 일을 할 걸 하고 후회를 한다. 이 생각은 또 다른 혼란을 가져오게 만든다. 무엇이 진실이고 무엇이 망상인지 사람에게 혼란을 가져온다. 혼란이 심해지면, 행동을 멈추게 되며 의욕상실을 불러일으키는 원인이 된다.

평소 하고 싶었던 일

평소 하고 싶었던 일을 해라. "지금은 때가 아니다"라며 하고 싶었지만 미루고 있었던 일, 성공하고 난 이후에 하고 싶었던 일을 직접 해보는 것이다. 지금해도 전혀 무관할 정도로, 지금 당장 할 수 있는 일이 많다고 느낄 것이다.

일본 유학시절 2년을 스스로가 '인내의 시간'으로 정의를 한 적이 있다. 왜냐하면 남들보다 더 빨리 성장하고 싶어서, 빨리 성공해서 남들에게 인정받고 싶고, 존경받고 싶고 좀 더 매력적인 사람이 되고 싶었다. 남들보다 열심히 노력해서 지금 이 자리에 오를 수 있었다는 그 한마디의 말을 자신 있게 가족에게 그리고 친구들에게 당당히 말하고 싶었다. 나는 대단한 사람이라고 말이다.

인내의 시간 중에는 주변 교류모임이 있으면, 대부분 거절을 했다. '인내의 시간' 프로젝트를 수행하고 있는 중이기에 내 감정을 억누를 수밖에 없었다. 참는 것은 당연한 과제라고 생각을 했다. 목표를 달성하기 위해서는 돈도 필요했다. 교류모임에 나간다면 평균 3만 원 이상 지출이 예상되는 상황 속에서 '바쁘다'는 말 한 마디에 3만 원은 절약될 뿐 아니라, 내 자신의 꿈에 한 발자국 더 가까워진다고 생각했다. 이 얼마나 효율적인 방법인가? 스스로 위로하며 칭찬한다. "난 잘 하고 있어"

하지만 억지로 하는 일에는, 해야만 하는 일에는 항상 고통이 따르는 법이다. 어느 날 지속적으로 감정을 억누르다보니 뭔가 내 생각을, 스트레스를 해소하고 싶다는 생각이 강하게 들었다. 아이러니하게도 내가 필요할 때는 주변에 아무도 없었다. 의도치 않게 나라는 사람은 항상 '바쁜 사람' 그리고 '사람 만나는 것을 꺼리는 사람'이라는 이미지가 돼버린 것이다.

이러기 위해서 그토록 참아 온 것이 아니다. 뜻과 다르게 세상이 돌아가고 있었다. '지금'이라는 이 소중한 시간을 그 언젠가 찾아올 그 날을 위해서 많은 것은 포기해 왔던 것이다.

우리는 상처가 곪기 전에 치료를 해야 하는데, 곪은 후 상처가 악화된 뒤 어쩔 수 없는 상황이 돼서야 병원을 찾는다. 그 중요성은 누구보다 알지만, "괜찮아지겠지"라며 불안하지만 불안하지 않은 척 해왔는지 모른다. 스스로가 자기합리화 시킨 것뿐인 것이다.

순간 하고 싶다는 생각이 들었다면 그 시간은 "한번 해볼까?"다. 지금 할 수 있는 일이라 판단된다면, 당장 행동에 옮기자. 무엇을 할지 모르겠다면, 평소에 시간이 아깝다는 생각이 들었던 일들을 하면 된다. 이 시간은 오직 지금까지 의무적으로 열심히 했던 당신 그리고 목표를 위해 묵묵히 참아왔고 애써왔던 당신을 위한 보상이다. 그렇게 생각하면 한결 마음이 편할 것이다. 지금의 나라면 상상하지 하지 못한 일들을 실행에 옮김으로써 알게 된다. '지금'이라는 시간이 얼마나 소중한지를 말이다.

나를 발견해 가는 모험

개성은 태어날 때부터 정해지지만, 성격은 특성이 다르다. 우리가 생각하고 판단하는 근본의 주체가 되는 것은 무엇일까? 그것은 바로 우리의 경험들이다. 어떤 경험을 했는지? 어떤 환경 속에서 성장해 왔는지에 따라 한 사람 한 사람 성격이 달라진다. 당신은 그 동안 쌓아왔던 신뢰를 지키기 위해, 또 지속하기 위해 노력해왔는지 모른다. 우리는 다른 사람이 만들어 놓은 틀 속에서 그 이미지를 지키기 위해 지속적으로 노력을 계속해왔다. "당신은 착한 사람이네요"라는 말을 듣는 순간 그 사람은 착한 사람이 된다. 남이 만들어 놓은 착한 이미지대로 생각하고 행동하게 된다. 내 감정을 안중에도 없이 말이다.

이토록 우리가 괴로웠던 원인이 남들이 만들어 놓은 틀이라면 어떨까? 어느 한 남자 대학생이 있다. 모든 일에 성실하게 임하고, 사교성도 좋다. 일명 착한 선배 이미지다. 지인들과 밥을 먹을 때나 공동과제를 할 때도, 심지어 여행을 갈 때도 늘 상대방의 입장에서 의견을 존중하고 들어주는 인물이다. 그런데 정작 착한 선배는 좋아하는 사람이 생길 때면 상대방에게 퇴짜 맞기 일쑤다. 왜냐하면 모든 사람에게 친절하다는 이유와 함께 어떤 생각을 갖고 있는지 그 정체를 알 수 없다는 이유다. 무엇을 좋아하는지, 무엇을 싫어하는지 상대방의 입장을 고려할 뿐 전혀 말을 하지 않으니, 모르는 것도 어쩌면 당연하다.

이와 같이 우리 주변에서는 일명 '선택장애'라는 말이 나올 정도의 이런 사람들을 쉽게 볼 수 있다. 그 사람 입장에서 생각해보자. 둘 다 모두 나름대로의 특색이 있기 때문에, 어느 쪽도 좋다고 생각했는지 모른다.

하지만 모든 사람에게는 좋고 나쁨이 분명하다. 혼자 TV를 볼 때를 생각해보자. 보기 싫고 재미없으면 다른 곳을 돌린다. 당신이 선택하고 판단하고 있다는 증거다. 착한 선배의 이미지를 지키기 위해서 선택을 하지 않는 것일지 모른다. 이와 같은 현상이 지속되면 우리는 타인이 만들어 놓은 정답지대로 행동 할 수밖에 없어진다. 인생의 주인공은 어디까지나 '나'다. 나라는 존재가 없다면 아무런 의미가 없다.

인생을 살다보면 수도 없이 많은 고민이 생긴다. "늘 현명한 결정을 하고 싶다", "건강 하고 싶다", "결혼 하고 싶다", "취업을 하고 싶다" 등 이와 같은 바람과 함께 언제나 함께 따라 다니는 그림자가 있다. 바로 '고민'이다. 잠시나마 이것을 떨쳐버리기 위해 우리는 음식이나 여행 등을 통해 일상탈출을 한다. 그러나 그것은 임시방편일 뿐, 어느새 또 내 옆에 다가와 나를 괴롭힌다. 원하는 것들을 절실히 바라면 이뤄진다고 한다는데, 왜 이렇게 괴로운 걸까? 영원히 고민하지 않는 방법은 없는 것일까?

행복이라는 것이 상대적이다. 우리의 뇌는 상대적으로 인지를 한다. 상대방의 이익에 불행함을 느끼곤 한다. "남 잘되는 꼴을 못 본다"라는 말이 있는 것처럼 말이다.

예를 들어 아르바이트로 당신은 5만 원을 받지만 다른 사람은 10만 원을 받는다. 왜 같은 일, 같은 시간을 일하는데, 상대방은 10만 원을 받는 것인지 불만을 품기 쉽다. 다른 곳에서 당신은 5만 원을 받는다. 다른 사람은 3만 원을 받는다. 이와 같은 경우 적어도 시급에 대한 불만은 갖지 않을 것이다. 전자 또는 후자, 당신은 어떤 선택을 할 것인가? 사람은 손해 보는 것에 더 민감하게 반응한다. 타인과의 비교는 불행으로 가는 가장 빠른 지름길이다. 행복은 상대적일 수밖에 없다. 도저히 비교를 멈출 수 없을 때는 '과거의 나'와 '현재의 나'를 비교해 보자. 한 달 전의 나와 한 달 후의 자신을 비교해 보면 어떨까?

꿈과 현실의 차이는 무엇일까? 핵심적인 차이는 현실은 지속적으로 연결된다는 점이다. 반대로 꿈은 연결이 되지 않는다. 우리가 잠을 잘 때면 의식, 무의식적으로 평균 꿈을 5~6회 꾼다고 한다. 우리는 행복하기 위해서는, 또는 성공하기 위해서는 '큰 꿈을 가져라'라는 말을 자주 듣는다. 여기서 우리는 의심이 많은 편이다. '꿈은 꿈일 뿐이지' 반론하는 사람도 있다. 현실은 연속되는 것이라고 했고, 꿈은 연결이 되지 않는 것이라 했다.

만약 꿈을 연결시킬 수만 있다면 그것이 현실이 된다는 결론이 나온다. 론다 번의 『시크릿』에 나오는 "생각이 현실이 된다"는 말처럼 말이다. 꿈을 가져라. 그렇기 하기 위해서 먼저 나는 누구인가를 알아야 할 필요가 있다. 그런 다음 자신이 무엇을 원하고, 무엇을 할지, 그 계획과 목표를 정해야 한다. 목표가 있어야 행동할지 말지도 결정할 수 있는 것이다.

일본에 '갠지스 강에서 (수영)버터플라이'라는 드라마가 있다. 이 드라마에 나오는 여자 주인공은 취업 활동을 하는 대학교 4학년생이다. 면접관은 뭔가 하나에 열중하고 있는 것은 없는지? 질문하지만, 주인공은 대답을 하지 못한다. 왜냐하면 그녀는 항상 늘 남들처럼 평범하게 살아 왔기 때문에 자신에 대해서 아는 것이 하나도 없었다. 그냥 남들처럼 학교가고, 공부하고, 대학가고… 우리가 잘 아는 일반적인 수순을 밟고 있었던 것이다. 면접관이 수고했다는 말과 함께 급하게 면접을 마무리 하려고 할 때, 주인공은 말한다. "갠지스 강에서 (수영)버터플라이를 했다"고, 하지 않았던 일을 했다고 거짓말을 한다.

결국 내세울 것 하나 없는 그녀는 동기부여를 찾기 위해 실제로 인도에 간다. 자신이 누구인지 알기 위해서다. 그녀는 인도에 도착한 순간부터 극심하게 두려움에 떤 나머지 곤란을 겪게 된다. 현지 인도사람에게 의지하게 되면서, 과잉 택시비 지불과 함께 원하지 않는 숙소에 비싼 돈을 지불하는 사기를 당한다. 안심하던 찰나 설상가상으로 같은 일본인에게 가방을 도둑맞는 사기를 당한다. 결국 나 자신과 마주하지 않으면 안 된다는 마음을 먹고 입는 것, 먹는 것, 행동하는 것 전부를 자기 자신이 결정해야 한다는 사실을 깨닫는다. 여러 감정들이 뒤섞인 가운데 마지막으로 이 말과 함께 갠지스 강에서 수영을 한다. '어디에 있어도 나', '결국 과거의 내가 지금의 자신을 만들고, 지금의 내가 미래를 만든다', '그냥 나여도 되는구나. 왜냐하면 평생 나는 나로 살아야 하니까요', I believe myself.

"나는 누구인가?" 나라는 존재는 내가 생각하는, 있는 그 자체다. 부족한 나의 모습도 나다. 불행한 나의 모습도 나다. 운이 좋은 자신도 나다. 행복한 나도 나다. 그 경험을 어떻게 생각하는지 판단하는 것조차 나의 몫이다. 그 모든 시작은 나의 생각부터 시작된다.

나라는 존재는 이미 대단하다. 당신만 모르고 깨닫지 못하고 있을 뿐이다.

당신에게 지금 10억 원이 있다. 무엇부터 관둘래?

⬤
⬤
⬤

"어제와 똑같이 살면서 다른 미래를 기대하는 것은 정신병 초기증세이다."
-아인슈타인-

현실은 냉혹하기만 하다. 생각대로 되는 일이 하나 없는 삶을 살아가고 있는 당신, 우리는 지금 로또가 꿈인 대한민국에 살고 있다. '합리적 효율성'을 강조하는 당신, 원리원칙 속에서 열심히 노력하는 당신은 지금 책을 읽는 당신일지 모른다.

상식적이고 과도한 논리적인 사고는 의지를 꺾는 행동이다. 모험심 강하고 스마트한 당신인데, 왜 당첨 될 확률 814만분의 1에 인생을 배팅하는 걸까? 불경기 일수록, 우리는 한 가닥의 희망으로 복권을 구매하고 있는지 모른다.

"로또 1등 되면 무엇을 할래?" 농담 반 진담 반으로 지인들과 이야기해 본 적 누구나 한 번쯤 있을 것이다. 하지만 당첨되더라도 구체적인 계획을 갖고 있지 못한 경우가 많다. 당첨 안 될 것이라고 믿기 때문인지 모른다. 그래도 '설마' 하는 마음에 미련을 놓지 못한다.

현재 먹고 살 만큼 충분한 돈이 있다고 가정 해보자. "지금 하는 일을 계속 하고 싶은지? 그 다음에는 무엇을 그만두고 싶은지?" 먼저 생각해 봐야 한다.

물론 현재 직업이 좋아하는 일이고 만족하는 사람은 괜찮다. 하지만 우리는 생존을 위해서 어쩔 수 없이 직장을 다니는 경우가 대부분이다. 이유야 당연히 먹고 살기 위함일 것이다. "어쩔 수 없이 일을 하는 거지 뭐"라고 말하면서 말이다.

생각은 현실이 된다. 사회의 생태계를 거스르는 일은 절대 있을 수 없는 일이다. 상사의 부탁이나 동료 부탁을 들어 주지 않으면 큰일 날 것만 같은 기분이 든다. 남에게 미운 털 박히지 않기 위해서는 또 다시 "어쩔 수 없다"며 스스로 사회의 어려움을 인정한다.

"어쩔 수 없다"는 말은 변명이다. 많은 사람들이 내키지 않는 부탁까지 끌어안으면서 일하는 이유는 뭘까? 단순히 '돈' 때문이라고 말하지 말고, 조금만 더 곰곰이 생각해 볼 필요가 있다. 혹시 '남들에게 한심하다. 이기적인 인간으로 보이면 안 돼'라는 불안감이 오히려 더 큰 경우는 아닌지? 그 불안감 때문에 회사를 그만두고 싶은 이유가 된 것은 아닌지? 만약 그 원인이 맞다고 한다면, 그것은 인간관계의 문제일 확률이 크다.

용기 한 번으로 운이 좋은 사람이 돼라

사람은 자고로 좋아하는 일을 해야 한다. 내키지 않는 일, 하고 싶지 않을 일을 거절하면, 그 나머지가 남게 된다. 즉, 하고 싶은 일만 할 수 있게 된다. 그러나 말처럼 쉽지 않는 것이 사실이다.

그렇지만 왜 해야 하는지 그 이유가 명확해지면, 사람은 변한다. 거절하기 위해서는 두려움을 이겨낼 수 있는 용기가 필요하다. 하지만 언제 찾아올지 모르는 로또 1등 당첨의 운을 기다리는 것 보다는 훨씬 확률적으로 높다. 합리적이고 효율성을 좋아하는 당신이라면 충분히 할 수 있다.

열심히 하는 사람은 즐기는 사람을 이길 수 없다. → 즐기는 사람은 절실한 사람을 이길 수 없다. → 그 다음은 어떤 사람일까? 바로 '어찌 운 좋게 얻어 걸린 사람'이다. 우리가 꿈꾸는 바로 그 사람인 것이다. 월요일 아침이 되면 검색순위 1위가 오늘의 날씨이다. 2위는 오늘의 운세다. 우리는 이처럼 운세에 대해서 무의식적으로 알게 모르게 관심이 많다. 하지만 운이 나빴다는 것은 핑계로 들리기 쉽다. 올림픽 경기에 나간 선수가 경기에서 졌다. 그 원인이 무엇인가 라는 질문에 선수가 운이 나빴다고 대답 했다고 가정하자. 그래서 바꿔 말한다. "노력이 부족했다"라고 말이다.

눈에 보이지 않지만 운은 존재한다. 운이 좋아지게 하려면 어떻게 해야 할까? 그 정답은 바로 '하기 싫은 일을 그만두는 일'이다. 다른 표현으로 '하고 싶은 일만 하는 것'이다. 우리가 지금까지 운이 없었던 이유는 어쩔 수 없이 생존을 위해서만 일을 해왔기 때문이다. "어쩔 수 없이"라는 말에 숨어 있는 표현은 불만이다. 불만을 갖고 있는데 일이 잘 되는 것은 욕심이다.

자신이 좋아하는 것을 하면 우선 즐겁다. 시간이 어떻게 가는지 모를 정도로 시간은 빠르게 지나간다. 하기 싫은 일을 거절하니 그 시간을 활용할 수 있는 여유시간까지 생겼다. 이것이 본질의 선택과 집중인 것이다.

내가 원하는 일을 할 때, 그 누구에게도 방해 받지 않고 몰두 할 수 있다. 성과가 저절로 향상된다. 결국은 좋은 결과로 이어져 인정까지 받는다. 인간관계를 개선하려고 하지 않아도 주변에서 사람들이 몰려들기까지 한다. 이 현상은 무슨 의미일까? 사람들은 즐겁게 일하는 사람이랑 같이 일하고 싶어지기 마련이다. 그렇게 되면 돈의 대한 문제 또한 저절로 해결된다. 성과를 냈으니, 그에 대한 대가는 저절로 따라 오는 법이다.

"이론적으로는 완벽한데 말이야… 실행하기에는 어렵지 않겠어?" 이론은 이론이다. 내용은 좋으나 과연 현실에도 적용될까 의문이 드는 것은 당연하다. 운을 딱히 과학적으로 설명하기에는 어려움이 있다. 우리가 평소 이론까지만 이해하고 넘어가는 것과 행동으로 옮기는 것은 엄연히 차이가 있다. 우리가 가장 좋아하는 바로 '효율성' 때문이다.

우리 무의식 속에는 잠재되어 있는 '나'라는 존재의 안전을 중시한다. 두려움을 거부한다. 예를 들어 회사나 일상생활에서도 '새로운 마케팅 프로젝트'를 진행하자고 누군가 말한다. 기존의 방법이 아닌 새로운 방법을 도입한다는 주장에 엄청난 비난과 안 되는 이유가 쏟아진다.

이유불문하고 처음에 거부반응을 일으키는 원인은 우리의 잠재의식이 당신을 위험에 빠뜨리고 싶어 하지 않는다는 것이다. 새로운 것을 도전한다는 것은 '실패 할 확률이 높다'는 생각이 깊숙이 잠재되어 있기 때문이다. 또한 새로운 것을 배워야 한다. 이제까지와 별개로 또 다른 노력이 필요한 순간이다. 억지로 하는 노력은 고통의 이미지가 강하게 잠재되어 이다.

용기가 필요한 것은 처음 한번뿐이다. 한번하기가 어렵지 그 뒤에는 훨씬 쉽고 잘 잊어버리지 않는다. 두발 자전거를 처음부터 타기는 두렵다. 그러나 네발 자전거부터 처음 시작 해 세발 자전거로, 마침내 두발 자전거로 천천히 자신을 바꿔 나가면 성공이다. 아주 약간의 용기면 된다. 하나의 용기 있는 행동으로 인생이 바뀐다면, 그것은 굉장히 이득 아닌가?

남녀사이에서도 용기 한 번에 의해 하루아침에 연인관계로 발전 하는 모습이 우리주변에도 일어나고 있다. '나'라는 사람은 별 볼일 없다고 생각하는 사람은 당신밖에 없다. 앞으로 어떤 미래를 맞이할 것인가 선택해 볼 만한 가치는 충분하다. 내가 할 수 있다고 생각하니 가능한 것이다. 두 가지 일만 기억하자.

첫째 별로 하고 싶지 않는 일은 하지 않는다.

둘째 하고 싶은 일만 하면 운이 좋아진다.

인생의 정답은 다방면

인생은 다양하다. "착하게 살아라, 그리고 남들에게 피해 주지 마라" 우리는 이 말들이 인생의 정답인 것처럼, 인생의 공식이 있는 것처럼 살아왔는지 모른다. "열심히 노력 하면 잘 살 수 있다", "남에게 베풀수록 복이 온다", "남에게 피해를 주면 안 된다" 등 마치 수학처럼 단 하나의 답을 찾기 위해, 우리 모두 똑같이 노력하고 있었는지 모른다. 단연코 인생의 정답은 푸는 방법이 다양하고, 정답 또한 한 가지만은 아니다.

공무원이 되면 비록 많은 돈은 벌지 못하지만 안정적으로 살 수 있다. 취업을 하려면 "토익이 최소 800점 이상이여야만 해", "어떤 회사에서는 면접을 중요시한대"와 같이 그 정답에 가장 근접한 답을 낼 수 있어야만 가능하다고 생각해 왔다.

리처드 파인먼 노벨 물리학 수상자가 '현실'에 대해서 한 이야기이다. "미국과 일본의 태평양 전쟁 때 일이다. 미국은 남태평양의 한 섬에 미군 기지와 비행장 건설을 하게 되는데, 활주로와 공군기지를 만들기 시작했다. 문명을 접하지 못한 그곳의 원주민이 살고 있던 마을이다. 그 원주민들은 2~3년간 몰래 비행기 만드는 모습을 정글에서 관찰했다. 그리고 생각을 한다. 하늘에서 내려온 거대한 새(비행기) 뱃속에는 음식이랑 물건이 가득 차있었다. 나아가 사람들은 이상한 안경까지 쓰고 돌아다닌다. 원주민들은 막대를 흔들면 거대한 새에서 식량을 준다고 믿기 시작했고, 그래서 원주민들은 흉내 내기 시작했다. 새=비행기를 나무로 똑같이 만들었다. 여기서 전하는 메시지는 진정한 의미를 모르고 한 행위는 흉내일 뿐이라는 것이다. 원주민이 만든 나무 비행기는 생긴 건 같으나 날지 못한다."

왠지 이야기가 대한민국 교육의 현실을 보여주는 것 같아 참 안타까운 모습이다. 진짜 문제의 의미를 모른 채 빨리 푸는 방법으로, 외우는 방식을 교육하는 모습은 마치 남보다 빨리 날지 못하는 나무 비행기를 만드는 것과 같은 논리다.

정보의 다양화로 인하여 혼자서 할 수 있는 것이 과거보다 훨씬 많아졌다. 예전엔 무엇이 궁금할 때면 옆 사람에게 물어 보곤 했지만, 요즘은 아니다. 오히려 물어 보면 그것이 민폐일 정도이다. "인터넷에 찾아봐 안 나오는 것이 없다" 그래서 언제부터인가 혼자 생각하고 혼자 판단하는 경향이 높아져 버렸다.

그런데 폐를 끼치는 사람보다 폐를 끼치지 않으려고 노력하는 쪽이 더 민폐형 인간이다. 폐를 끼치지 않으려고 노력하다보면, 내가 해준 만큼 남들도 나에게 똑같이 해줘야 생각한다. 일명 '평등', '합리적'이라는 말과 함께 말이다.

그러나 세상은 서로가 서로에게 의지해야만 돌아간다. 혼자서는 결코 성장하기 어렵다. 관계를 맺고 서로에게 영향을 주며 함께 살아가는 것이다. 주변 사람들에게 의지하지 않기 위해 혼자서만 하려는 사람 속마음은 사실 언제부터 타인에 대한 믿음이 사라지기 시작한 것은 아닐까? 이 때문인지 상대방에게 의지하기란 두렵게 된지 모른다. 그래서 믿지 않기로 했는지 모른다. 그런데 상대방 입장에서는 오히려 그것이 더 기분이 나쁘고 더 민폐일 수 있다.

반대로 남이 자신에게 부탁하거나 귀찮게 한다면 못마땅해 한다. 투덜투덜 불평뿐이지만, 자신은 '어쩔 수 없이' 일을 맡는다. 이런 사람들일수록 단 한 번의 계기로 지금까지 말 안했던 이야기를 한꺼번에 폭로하는 경우가 발생한다. 주변 사람은 갑자기 일어난 일이 어리둥절 할 것이 분명하다. 자신만의 세계에 갇혀서 아무도 의지하려 하지 않는 태도는 주변 사람들에 대해서 마치 "당신에게는 믿음이 안 간다", "도움이 안 돼"라고 말하는 것과 같다.

혼자서 노력하는 사람은 자신도 모르는 사이 주변 사람들에게 이렇게 뭔가 말로 표현하기 어려운 불만의 감정을 갖게 된다. 사회에서는 이와 같은 사람들에게 거리감이 생기기 마련이다. 무엇인가 숨기고 있는 것만 같고, 언제 배신을 당할지 모르는 불안감이 맴돌기까지 한다. 함께 논의해서 생각하면 금방 끝날 일인데, 혼자서 궁시렁 거리며 혼자 할 수 있다고 고집까지 피운다. 지금 당장 생각을 바꾸지 않으면 사람들 기억 속에 점점 사라져 가는 투명인간 신세가 될지 모른다. 점점 힘든 상황으로 자신을 절벽의 낭떠러지로 몰아가는 것은 그 누구도 아닌 바로 당신이다.

"어쩔 수 없었다"라는 말은 내 기억 속에서 삭제해라. 어떤 원인 때문에 문제가 발생한 것뿐이다. 도움을 청하는 것은 민폐가 아니다. 상대방의 재능을 발휘 할 수 있는 기회를 주는 것이다. 우리가 도움에 대해서 잘못 생각하고 있을 뿐이다. 도움을 받았다면, 그 고마움에 감사하고 보답하면 된다. 그 계기가 좋은 인간관계의 시작이 될 수 있다. 혼자서도 다 잘 할 수 있다는 생각은 사람을 고립시킨다.

사람은 자고로 좋아하는 일을 해야 한다. 지금 하고 있는 일에 대해서 이 일을 왜 하고 있는지 그 이유를 3초 안에 답을 하지 못한다면, 무엇인가 잘못되고 있는 상황으로 흘러가고 있다는 증거다. 내가 좋아하는 일을 하면, 불평불만이 과거보다 현저히 줄어든다. 변명의 여지가 없기 때문이다. 불평불만을 자주 하는 당신이라면, 변명의 여지를 만들지 말라. 모든 일이 자신에게 있다는 그 사실을 아는 순간, 변하게 것이다. 행운은 사람이 만들어가는 것이지, 하늘에서 내려주는 것이 아니다.

'민폐남녀'로 당당히 홀로서기

"작은 변화가 일어날 때 진정한 삶을 살게 된다."

-레프 톨스토이-

　프란츠 카프카(유대인) 단편소설 『변신』의 내용을 잠깐 소개한다. 주인공 이름은 그레고르이다. 주인공은 회사원이였고, 집안의 장남으로서 가족들을 돌보며 열심히 살아 온 착한 아들이었다. 그런데 어느 날 아침에 일어나보니 큰 바퀴 벌레로 변신한 자신을 발견하게 된다. 그 모습을 본 가족들은 도망가다가 기절까지 하게 된다. 이 모습을 본 주인공은 "나는 그레고르에요"라는 말과 함께 가족과의 추억을 이야기 하고서야, 징그러운 벌레가 아들임을 알게 된다. 나중에 가족들은 그 벌레를 아들이라고 인정하지만, 결국 아들을 버린다. 마치 쓸모없는 쓰레기처럼 말이다. 이 이야기는 내가 아무리 사랑하는 사람이라 할지라도, 사회가 벌레라고 느낀다면 벌레가 되는 것이다. 따라서 사람은 혼자서 살아 갈 수 가 없다. 여러 사람이 한 사람에게 "너는 바보야"라고 말한다면 한 사람을 바보 만들기는 정말 쉽다. 그렇기 때문에 내 주변에 부정적으로 생각하는 사람은 멀리하고, 나를 칭찬해주며, 상호간 감사하고 도와 줄 수 있는 사람을 만드는 것 중요하다.

여기서 "요즘 혼술, 혼밥이 대세지 않나요?" 하고 반문하는 사람이 많을지 모른다. 그럼 한 가지 이야기를 더 소개하겠다. '2030 저편의 가족'이라는 일본단편 드라마가 있다. 이 드라마의 배경은 현재 기술을 바탕으로 예상한 2030년대 모습을 보여준다.

미래의 가족은 어떤 모습일까? 이 드라마에서 주인공들은 '무리해서 참아가며 사이 좋은 척 하는 존재'라고 표현한다. 미래는 점점 더 '효율성'을 중요시 할 것을 시사하는 바이다.

이 말인 즉 슨, "타인끼리 규칙과 분담을 나눠, 합리적인 협력을 함으로써 진정한 자유를 얻는다"는 것으로, 냉정하게 따지면 '가족'이란 존재는 개인의 인생(자유성)에서 봤을 때는 장점 보다 단점이 많다는 불합리적 결과를 말해준다. 이것은 우리의 현재 모습 '혼술, 혼밥'과 크게 다르지 않다는 것을 의미한다.

2030년 미래에 과학이 발전하면 우리는 지금보다 더 행복해질까?

우리는 현재 100세 시대에 살고 있다. 그래서인지 평생직장이라는 개념과 55세 정년퇴직이라는 말이 무색할 정도로 조금 더 멀리 보면서 인생설계를 하지 않으면 안되는 시대다. 이와 동시에 미래에 대한 불안감과 두려움이 점점 강해지는 모습이다.

그렇다면 2030년에는 어떤 모습이 예상 될까? 이 드라마에서는 노년의 생활거주지 '실버타운'을 소개한다. 그 때가 되면 의학의 발전으로 사람의 예상 수명나이를 알려준다. 건강에 좋은 요리를 3D프린터에서 제공해주며, 약 먹을 시간, 실내 환기 시간도 실시간으로 알려 준다. 야채와 채소는 더 이상 땅에서 키우지 않고, 공장에서 생산해서 공급을 원활히 하고 있어, 지금보다 더 편리한 생활이 예상된다. 이처럼 미래에는 자기 스스로의 노력여하에 따라 생명 연장을 할 수 있게 된다.

그런데 현재와 안 바뀌는 한 가지가 있다. 바로 상대적인 행복(타인과 비교)이다. 과학의 발전에 따라 자신의 예상 수명나이를 알 수 있게 됐다면 과연 어떤 일이 벌어질까? 즉, 예상 나이를 알 수 있게 됨으로써 이제는 돈이 아닌 시간을 서로 비교한다. 오래 살고 싶은 것이 사람 욕심이다. 남들보다 적게 산다는 것에 박탈감을 느낀다. 지금 행복하지 않다고 느낀다면 미래에도 행복하다고 느끼지 못할 것이다.

남에게 도움 요청하기 그리고 진심으로 감사하기

성실한 사람일수록 남에게 도와 달라고 요청하기를 어려워한다. 이는 거절 당할까봐 두렵기 때문인지 모른다. 또한 왠지 내가 부족한 모습을 보이고 싶지 않기 때문이기도 하다.

남에게 부탁하면 내 부족한 면을 들어내는 것 같다. 자존심을, 자신을 낮추는 일은 죽어도 하기 싫어한다. 속으로는 너무 바쁜 나머지 도움을 요청 해 볼까 해도, 결국은 스스로 '열정부족'이라며 자신을 질책할 뿐이다. 이것은 결국 자신의 가치를 낮추는 것이다. 노력하지 않으면 가치가 없다고 스스로 인정 하는 셈이다.

그러나 어쩌면 주변 사람들에게 폐를 끼치지 않고 산다는 건 불가능하다. 성실한 사람들은 혼자서 하는 것이 오히려 일 처리가 빠르다고 이야기를 한다. 더 나아가 혼자서 스스로 해야 진정 가치가 있다고 생각하지만 이것은 잘못된 생각이다.

다시 '2030 저편의 가족' 드라마 이야기로 되돌아가보자. 미래의 모습은 우리가 굳이 혼자 하려고 애쓰지 않아도 그렇게 될 확률이 높다. 점점 사람이 하는 일들이 인공지능으로 대체 될 것이라 예상된다. 심지어 요즘 혼자라서 쓸쓸하다는 이유로 반려견을 키우는 경우가 많은데, 미래는 인공지능로봇이 1대1 고민 상담까지 해 줄지 모른다. 이 얼마나 편한 세상이 될까? 그런데 이 드라마의 결론은 "함께 고생한다. 하나하나 극복해 나가며 고생하고 싶다"라는 메시지를 전해 준다.

우리는 점점 "진심으로 감사할 일이 없다"고 생각한다. 오히려 "내가 왜 감사해야 돼?"라고 공격해 올 것이 뻔하다. 그 이유는 상대의 배려는 당연한 것으로 생각하고 있기 때문일지 모른다. 오히려 "너무 감사하다"라는 말이 난무해 거짓으로 느껴질 지 모른다. "내가 해 준 것도 없는데?"라는 말과 함께 말이다.

그럼 진심으로 감사하는 마음이 생기려면 어떻게 해야 할까? 바로 남에게 부탁하기다. 지금까지 남에게 부탁한다는 뜻은 이기적인 생각이라고 생각해 왔다. 또는 민폐를 끼치는 일로 알아 왔다. 그러나 틀렸다. 남에게 자꾸만 의지하고 부탁을 해 봐야 마음속에서 진정으로 감사하는 마음이 생긴다. 혼자서 모든 일을 해결하려는 사람이 마지막에 느끼는 감정은 '자부심'일 것이다. 이런 사람들 일수록 다른 사람에게 부탁을 받을 경우, 어쩔 수 없이 해주는 경우가 많다. 거절하는 것이 민폐라고 생각하고 있기 때문이다. 또 부탁을 들어 줬는데 상대방이 고마워하지 않으면 왠지 화가 나기 마련이다. 이것을 말로 표현 할 수 없기에 스스로 소심한 복수를 하려고 한다. 그러나 점점 스트레스가 쌓여가는 것은 나 자신뿐이다. 이렇게 되면 점점 다른 사람들을 더욱 더 못 믿게 되며, 일명 악순환의 연속이 발생 할 것이다.

남에게 솔직하게 감사할 수 있는 마음은 꼭 필요하다. 진심으로 감사할 줄 알아야 주변에서 도와주려고 말을 걸어 올 것이다. "뭐 도와줄 것 없어?" 하고 말이다. 진심으로 감사해주면 왠지 떡 하나라도 더 주고 싶은 게 사람 마음이기 때문이다. 칭찬을 싫어하는 사람이 없는 것처럼 사람은 인정욕구가 있기 때문에 더 듣고 싶어 할 것이다. 바로 이것이 요점이다. 그럼 그 다음에 어떻게 될까? 점점 신뢰를 쌓을 수 있는 존재가 되는 것이다. "내가 결혼하면 결혼식장에 몇 명이나 올까?"를 고민 할 시간에 꽉 닫았던 마음을 열어보자. 세상은 생각한 만큼 냉혹하지 않다. 그렇게 생각하는 당신이 있을 뿐이다.

부탁을 하려고 하거나 도움을 요청할 때 이런 경우가 있다. '남들이 싫어하지 않을 정도의 부탁'을 하는 경우, "이것은 내가 할 테니, 저것 좀 도와 줄 수 있어?"처럼 일부분만 부탁하는 경우이다. 마음을 단단히 먹고 약간에 용기를 갖고 부탁해 보자. 물론 싫어하는 사람이 있을지 모른다. 이기적인 사람이라고 비판 할지 모른다. 이럴 때는 제멋대로 "나를 싫어하나"라는 판단은 금물이다.

혹시 상대방이 거절 한다면, 상처받기보다는 "아, 그렇구나" 하며 가볍게 넘어 가자. 분명 미처 말하지 못할 사정이 있을 수 있기 때문이다. 이렇게 상처 받기 두려워만 한다면 또는 혼자서만 해결하려고 한다면 오히려 더 미움을 받을 확률이 높다.

'남과 함께 공을 공유하기 싫은 사람', '다른 사람을 믿지 않는 사람'은 오히려 진짜 이기적이라는 이미지가 점점 더 강해질 뿐이다.

인간은 인정욕구가 있다. 자신을 인정해 주기만 한다면 대부분은 분명 흔쾌히 그 일을 맡아 줄 것이다. 반대로 실적을 낼 수 있는 기회, 남에게 도움이 될 수 있는 기회를 줬다는 사실에 오히려 고마워 할지 모른다. 세상에는 이처럼 부탁을 받으면 기뻐하는 사람이 의외로 많다. 누구나 갖고 있는 인간의 기본욕구이기 때문이다. 함께 고생한다. 하나하나 극복해 나가며 감사하기.

2-4

안 쓰고 못 배기는 인생 공식

.
.
.

"좋아 하지 않는 일을 해도 실패 할 수 있다. 그렇다면 좋아하는 일을 선택하는 것이 낫지 않을까?"

-짐 캐리-

인생이 계획대로 되면 얼마나 좋을까? 사람들은 새해가 되면 새롭게 시작하는 의미에서 다이어리를 많이 구매하는 편이다. 새로운 목표를 계획하기 위해서, 일기를 쓰기 위해서, 일정을 짜기 위해서 주로 사용된다. 그러나 계획되는 대로만 가지 않는 것이 현실이다. 작심삼일로 끝나는 경우도 있다. 시간이 없어서, 열정이 부족해서 등 이런저런 이유로 계획이 무산되는 경우가 허다하다. 뭐 계획대로만 되었다면, 모두가 성공 했을 것이지만 이처럼 어느 날에는 정말 아무 것도 하기 싫은 날이 누구에게나 있다. 너무 힘들 때면 쉬어야 하는데, 왠지 죄를 짓는 것만 같아 불안하기만 하다. 경쟁에서 뒤처진다는 생각을 하면, 자다가도 벌떡 일어나게 만든다.

남에게 부탁하면 왜 이기적이고 책임 없다고 표현하는 것일까? 모든 사람의 외모가 다르듯, 잘하고 못하는 것 또한 다를 수밖에 없다. 때문에 경우에 따라서 잘 하는 사람에게 부탁하는 것이 보다 효율적이라고 표현 할 수 있지 않을까? 우리가 무엇보다 중요시 하는 바로 그 '효율성'인데, 남에게 부탁하는 것은 '책임회피'의 이미지가 떠오른다. 그래서 남에게 부탁하는 것을 두려워한다. 대부분 부탁을 시작하기도 전에 자기합리화에 의한 포기를 자주 하곤 한다. "에이, 그냥 혼자 하지 뭐" 하며 혼자 끙끙대면서 해보지만, 사실은 도움을 받고 싶다. 혼자보다 둘이 하는 것이 더 빠르다는 사실은 누구나 알고 있기 때문이다. 이럴 때 꼭 생각나는 착각이 있다. "내가 이렇게 열심히 하고 있는 모습을 누군가 본다면, 분명 와서 도와 주겠지? 분명 누군가 와서 말을 걸어 줄 거야"라며 주변의 눈치만 보고 있는 경우도 있다. 그런데 마냥 기다리는 그 '누군가'는 좀처럼 찾아오지 않는다.

이처럼 우리는 어느 순간부터 감정을 표현하는 것에 익숙하지 않게 되었다. 솔직하게 도와달라고 말하면 굉장히 편하게 끝낼 수 있는 일인데도 불구하고, 굳이 지름길을 나두고 먼 길로 돌아가는 셈이다. 마치 빠른 길을 안내해주는 내비게이션을 방치한 채, 나의 생각이 무조건 맞다며, 나의 경험에만 의지하는 꼴이다. 물론 경우에 따라서는 혼자 편하고 빨리 갈 수 있을지는 모른다. 그러나 먼 길을 혼자 가면 시간도 오래 걸릴뿐더러, 지루하고 재미가 없다. 그렇기 때문일까? 지속하기가 쉽지 않다. 그래서인지 작심삼일로 끝나는 경우가 많나 보다.

내가 만든 착각에서 탈출하기

앞서 말한 것처럼 남에게 부탁하면 상대편에서는 오히려 기뻐 할 수 있다. 지레 겁먹을 필요가 전혀 없다. 남에게 도움을 받으면 진정 그 사람을 고마워 할 것이 분명하다. 그럼 점점 사람들을 믿게 될 것이다. 그 속에는 자연스럽게 신뢰가 쌓일 것이고 그러면서 좋은 인간관계를 발전시켜 나가면 된다. 이처럼 우리는 사회생활에서 인간관계의 중요성을 잘 알고 있다. 그러나 그 인간관계를 유지한다는 것이 쉽지 않은 게 사실이다.

대학시절 무렵의 일이다. 그때는 인간관계에 점점 지쳐 가는 시기였다. 보통 처음 사람을 만나면 우리는 자기소개를 한다. 나의 이름, 나이, 사는 곳, 하는 일, 좋아하는 것 등등 이처럼 친해지기 위해서는 공감대 형성이 필요한 법이다. 공통 관심사에 대해 서로 진심 있게 말하다 보면 자연스럽게 친분이 쌓인다.

우리는 여러 가지 이유로 헤어짐을 겪게 된다. 해외유학, 군입대, 이사, 편입, 졸업, 취업 등의 여러 가지 이유가 존재한다. '만남이 있으면 헤어짐이 있는 법'이라는 말처럼 우리 삶에서 어쩔 수 없는 부분이다. '어쩔 수 없다' 말로는 이해 되지만, 이처럼 아쉽고 또 슬픈 일도 없을 것이다. 그래서인지 어느 순간부터 그것들이 스트레스로 다가왔다. 그래서인지 부정적으로 변했다. "뭐 어차피 몇 개월 있으면 헤어질 사이인데"라며 미리 헤어짐을 예상한 채 가볍게 친해지고, 어느 정도 거리를 둔다. 왜냐하면 감정 소모를 하고 싶지 않아서이다.

새로운 만남이 있으면 또 자기소개를 해야 한다. 내가 어떤 사람인지, 어떤 것을 겪어왔는지 그게 또 반복되고 또 반복되면 어느 순간부터는 굉장히 귀찮은 일로 취급해버린다. 그 이유는 가까이 있을 때는 그렇게 친했던 친구가 거리가 멀어지면서 마음도 멀어지는 경우가 의외로 많았기 때문인지 모른다. 이 때 정말 오랜만에 걸려온 친구의 전화 한 통은 "오랜만이다. 잘 지내지?"라는 안부인사와 함께 우리는 또 다시 기약 없는 약속을 하곤 한다. "우리 언제 한 번 만나야 되는데" 이것이 반복되면서 믿음이 점점 사라져 갔다. '다 말뿐인 걸' 그 다음부터는 왠지 다른 사람에게 칭찬을 들어도, 진심으로 받아들이지 못하게 되었다. 도대체 왜 이렇게까지 된 걸까? 감정이 매 말라버렸다. 이 멈춰버린 내 심장을 다시 되살릴 방법은 없을까?

첫사랑 이야기를 소재로 한 영화 '건축학개론'이 큰 흥행을 했다. 많은 사람들에게 첫사랑의 아련함과 이뤄지지 못한 현실을 잘 표현 해줬다. 우리는 어느 순간부터 멜로 영화를 더 이상 현실이 아닌, 드라마나 영화에서만 볼 수 있는 판타지로 취급하고 있었는지 모른다. 왜 현실에는 운명 같은 이런 일들이 일어나지 않는 것일까? 왜 사랑하는 사람이 나타나지 않는 걸까?

비도 오지 않는데, 내 마음을 보호한다는 명목으로 천막을 덮어 쓰고 있다. 천막이 있으면 들어오지도 나가지도 못한다. 마음을 다치지 않기 위해 자신을 보호하기 위해, 가볍게 생각을 하다보면 듣는 상대방도 가볍게 대하는 것은 당연하다. 우리의 생각이 변하지 않으면 앞으로 똑같은 일이 반복될 것이다. 영영 판타지 영화로만 남게 될지 모른다.

보통 고등학교를 졸업하고 대학에 입학하는 경우가 많다. 그리고 대학에서 또 새로운 친구를 사귄다. 그리고 마침내 사회에 진출하는 과정인데, 여기서 하나 질문이다.

'고등학교친구, 대학교친구, 사회친구 중 어느 때 만난 친구가 가장 친하다고 느껴지는가?'

아마 고등학교 친구라고 대답하는 하는 사람이 과반수라고 생각한다. 왜 그럴까 생각해 보면, 먼저 경쟁에 앞서 함께 고생하면서 쌓아왔던 추억들이 다른 시점의 어느 친구들보다 많다. 함께 꿈에 대해서 고민했고, 대학이라는 목표에 대해 고민 해 왔기 때문인지 모른다. 물론 사람마다 성격차이에 따라 다를 수 있지만, 고등학교친구들에게 부탁하고 또 들어주는 것이 편하다.

대학교 때부터 본격적인 경쟁이 시작된다. 어느 대학에 입학했는가에 따라서 본격적인 판단과 평가가 시작된다. 그렇다고 스스로 의기소침해 질 필요는 없다. 왜냐하면 대학은 사회의 축소판이라 표현하지만, 본격적인 시작은 졸업 후에 시작되기 때문이다. 학생 때에는 정답이라는 것이 명확하다. 그러나 사회에는 100% 정답이란 없다. 학창시절에 공부를 아무리 잘했다고 하더라도 사회에서 성공 할 수 있다는 장담은 없다. 그렇다면 사회에서의 인간관계도 고등학교 친구처럼 좀 더 친해 질 수는 없는 걸까?

어느 순간부터 인간관계에 지치다보면 사람이 소극적으로 변하게 된다. 생각을 바꿔 도움을 요청해보자. 고등학교 때처럼 숙제 좀 베껴 쓰게 빌려달라고 부탁해 보자. 이렇게 오해를 사고 또 그 오해를 풀고 함께 고생해 공감대가 형성되면 오래 지속하는 친구가 될 수 있다. 혼자 하려 애쓰며 노력하지 말고, 함께 책임을 공유하자. 그럼 혼자 할 때부터 훨씬 마음이 편해 질 것이고 재미 또한 배가 될 것이다. 당신이 꿈꾸는 인생이 시작 된다.

"내가 지금 뭐하고 있는 거지?"
스스로 의문이 든다면, 잠시 STOP

내가 지금 뭐하고 있는 것일까? 가끔씩 우리는 이런 질문을 스스로에게 하곤 한다. 바로 이것은 무엇인가 잘못되어 가고 있다는 증거이다. 점검해봐야 한다. 목표의 본질을 뒤로 한 채, 귀신에 홀린 것처럼 옆 사람만 쫓아 가고 있는 것은 아닌지? 생각해 봐야한다. 사랑하는 사람을 위해서, 또는 행복을 위해서 행한 행동들이 그 취지와는 다르게 흘러가고 있을 가능성이 높다. 그만큼 소중한 사람들에게 신경을 덜 쓰고 있다는 사실이다.

누구나 행복하기 위해서 또는 소중한 사람을 지키기 위해서 했던 노력들이 어느 순간부터 본질이 변해가고 있다는 사실을 느낀다. 예를 들자면 바로 우리 아버지의 모습이다. 대부분 '엄마가 좋아? 아빠가 좋아?'라는 질문을 어렸을 때부터 많이 들어 봤을 것이다. 보통 과반수는 어머니라고 대답을 한다. 왜냐하면 아버지는 가족의 행복을 위해, 가족의 안정을 위해 열심히 일 하신다. 그래서인지 항상 '바쁜 아빠'라는 이미지가 있다. 또 그만큼 가족과 함께 있을 시간이 점점 줄어든다.

여기서 오해가 생긴다. 이해해주기커녕, 자녀들은 "왜 우리 집은 놀러 안 가냐고?" 불평불만을 할 테니 말이다. 그렇게 가족 내에서 점점 아버지의 입지는 좁아져 가고 소외 되고 있다. 마음 속 우리들의 아버지도 가족과 함께 지내고 싶은 마음이 굴뚝같겠지만, 함께 하지 못함을 아쉬워할 것이 분명하다. 우리 아버지가 몸에 해가 갈 정도로 열심히 노력하는 이유가 바로 가족 때문인데 말이다. 열심히 일을 해야만 가족의 뒷받침을 할 수 있다고 많은 아버지는 생각한다. 하지만 가족은 아버지와 함께 놀러가는 추억이 더 필요할지 모른다. 즐겁고 행복한 가족의 모습을 간절히 바라고 있을지 모른다.

가장 큰 원인이 되는 것이 아마 '돈'이 될 것이다. 돈 싫어하는 사람은 어디에도 없을 것이다. 그럼 우리는 돈이 왜 필요한 걸까? 멋진 옷을 사기 위해서? 멋진 집과 차를 사기 위해서? 남들과 비교에 좀 더 우위에 서기 위해서? 이 모든 공통점은 행복하기 위해서다.

돈은 풍요로움의 상징이다. 돈 너무 밝히면 안 된다 또는 돈이 단순히 수단이지 목표가 될 수 없다고 많은 사람들이 주장 하지만, 결국 목표는 변질되어 어느 순간부터 돈이 목표가 되어 버린다. 돈이 행복이라 단정 지을 수 없지만, 필요한 것은 사실이다. 즉 행복의 척도가 가족의 행복보다 돈이 최우선 순위로 변해버린 것이다. 그런데 우리가 진짜 노력하는 이유는 사실 '시간의 자유로움'과 '안도감' 딱 두 가지이다. 행복을 위해서 남들의 기대에 부응하려고 했던 일들은 이처럼 어쩔 수 없이 무리하게 만들었다. 정말 중요하다고 생각 했던 일들이 점점 소외되어 가고 있었다. 잠시 멈춰보자. 무엇이 나를 이토록 노력하게 만들었는지 그 원인을 아는 것은 중요하다.

다른 사람의 칭찬을 기다리지 말라

도움을 주거나 혹은 남의 부탁을 받을 때면 그에 따른 대가를 알게 모르게 바라게 되는 것이 사람이다. 그것이 합리적인 논리라고 믿어 왔다. 그런데 대가를 바라면 꼭 함정에 빠지게 된다. "내가 이만큼이나 해줬는데 돌아오는 것 하나 없네"와 같은 생각은 사람을 비판적이고 부정적으로 생각하게 만든다.

사실 내가 아무리 힘을 다해 노력했더라도, 상대방이 반드시 좋아하리라는 보장은 없다. 자신이 투입한 노력에 비해 보상이 적다고 느껴지는 경우도 발생한다. 왠지 모르게 억울한 마음이 들기 시작한다. "하지 말걸" 후회가 생기기 마련이다.

"이만큼이나 바쁜 시간을 쪼개서 도와줬는데 다들 별로 기뻐하지 않네", "이만큼이나 노력했는데 불구하고 보상하나도 없다니 허무하다"와 같은 생각의 본심은 도와주면 상대가 반드시 좋아할 거라고 생각했다는 것이다. 당연히 감사할 것이고 그에 따른 보답을 해줄 거라고 생각하고 행동했기 때문이다. 이 생각의 이면에는 내키지 않는 일을 하는 인내와 상대방의 기대에 부응하려는 마음이 있는 것이다.

생각을 바꿔서 만약 상대방의 기대를 바라지 않고, 자신이 원하는 대로 한다면 전혀 억울해 하지 않을 것이다. "난 재미있으니까, 시도해봐서 좋았어"라는 순수한 시도의 목적이면 된다. 지금 하는 일이 내가 정말로 하고 싶은 일인지, 즐길 수 있는 일인지 생각해 보자.

해보지도 않고 포기 하지 말자. 무엇이 진실인지 알기 위해서는 실천이 필요하다. 보통 우리는 "잘 안 될 거야"라는 생각을 먼저 하고 접근하기 마련이다. 그 결과는 '나는 운이 없는 사람'이 되기 십상이다. "운이 좋지 않아서"와 같은 말, 불운의 전염성은 강하다. 지금 운이 없다고 여긴다면 앞으로도 운이 없다.

무언가 대가를 바라고 도와주는 것은 옳지 않다. 오히려 상대방에게 의심을 사기 쉽다. '쿨 하지 못한 나'로 낙인찍힐지 모른다. 보통 사람의 마음은 청개구리와 같아서 성의를 표현하고 싶어도, 대가를 바라는 마음이 들통 나면 도와주기 싫어진다. 남을 도와주는 일은 당신의 재능을 발휘 할 수 있는 좋은 기회다. 억지로 도와줄 바에는 거절을 하는 것이 낫다. 사람에게 은혜를 베풀면 그 은혜는 다시 되돌아오는 법이다. 조급하게 생각하지 말고, 생색 내지마라. 진심은 마음으로 전해지는 법이다.

나는 된다

.
.
.

"당신이 진정으로 믿는 일은 반드시 이뤄진다. 믿음이 그것을 실현시킨다."

-프랭크 로이드 라이트-

칭찬은 최고의 인사다. 우리는 보통 상대방에게 칭찬을 들으면 괜히 쑥스러운 마음에 "아닙니다. 아직 멀었습니다"라고 말한다. 겸손의 미덕 배워 왔기 때문이다.

반대로 자랑스럽게 "나 대단하지 않아?"라고 상대방에게 오히려 되물어보면, 대개 이상하게 보는 경우가 많다. "저 사람 뭐야?"와 같은 굉장히 황당한 반응이 올지 모른다. 대개 칭찬이라는 말을 떠올리면 남에게 인정을 받는다는 인상이 강하다. 그런데 대단하다고 타인이 아닌, 자신 스스로가 자신을 인정하는 것은 왠지 익숙하지 않다. 남들이 이 모습을 보면 오히려 '허세'가 강한 사람이란 인상을 남길 것이라는 생각에 용기가 나질 않는다. 나는 아직 경력도 부족하고, 남들보다 특별히 잘하는 것이 없다. 그리고 지금까지 대단한 성과를 낸 적도 없다. 이런 생각은 생각의 꼬리를 물고 점점 나를 부정적으로 변화시킬 것이다.

이처럼 "나는 대단하다"는 말을 직접 소리 내어 뱉는 것은 쉽지가 않다. 설사 말한다고 하더라도 아무리 자기계발서 책을 많이 읽어도 자신이 그 사실을 믿지 못하기 때문에 변화가 없는 것처럼 자신이 그렇게 믿지 않기 때문에 아무 현상도, 변화도 못 느낄 것이 뻔하다. 왜냐하면 그 두려움의 정체는 상대방이 나를 보는 시선을 중심으로 생각하고 있기 때문이다. "나는 대단하다"라고 말하는 사람이면 분명이 이유가 있다고 생각하기 쉽기 때문이다. "독특하고 대단한 경력을 쌓아야만 해"와 같은 믿음이 어느새 내 머리 속에 자리매김한 것이다. 다시 말해 당신이 성과의 증거를 제시해야 하는데, 그렇게 할 수가 없어서이다.

그래서일까? 앞서 말한 것처럼 칭찬을 받을 때의 답변은 정해져있다. "아닙니다. 아직 부족합니다. 많은 가르쳐주세요"라고 무의식적으로 말이 나온다. 1+1=2인 것처럼 말이다. 하지만 인생은 수학이 아니다.

인생의 정답은 다방면이다. "당신은 솔직히 별 볼 일 없네요"라는 말을 상대방으로부터 들으면 어떤 느낌일까? 인격모독이라고 신고 할 것인가? 만약 그 말을 들으면 굉장히 기분이 상할 것이다. 반박하고 싶어진다. 그 제야 지금까지 노력해왔던 결과들을 말한다. "이것도 했고, 저것도 했고, 엄청 노력했다고요!" 칭찬하면 쑥스러워하고, 비판하면 화를 낸다. 이 상황을 어떻게 봐야 할까? 애매모호하다.

개성이 없는 사람은 매력이 없다. 다른 말로 표현하면 굉장히 내세울 게 있는 사람은 아니지만, 그렇게 형편없는 사람도 아니다. 즉 자신의 이미지는 그럭저럭 '괜찮은 사람'이라고 생각한다. 그냥 착한 사람이 된다. 나쁘게 말하면 애매한 사람, 선택장애, 호구라는 표현이 가능하다. 어쩌면 우리가 생각하는 믿음에는 '중간입장'이라는 말이 가장 안심 할 수 있는 위치일 것이다. 잘 하는 것도 아니고 또 못하는 것도 아니다.

'중간'이 사회생활에서 가장 잘 하고 있는 것이라는 말까지 나왔다. 그런데 중요한 것은 이런 현상들이 무의식적으로 스스로 자기부정을 하고 있는 셈인 것이다. 또한 그렇게 생각하고 있기 때문에 변화가 어렵다. 즉 자신의 대한 평가와 능력을 스스로가 낮추고 있는 것이다. 지금 생각의 전제가 바뀌지 않는 한, 아무리 좋고 비싼 교육을 받더라도 변화는 없을 것이다.

그럼 이제는 "저는 대단해요"라고 선언하자. 더 이상 억지로 겸손한 척을 하지 않아도 된다. 내가 그렇게 말함으로써 나의 생각은 점점 바뀌게 된다. 그리고 진짜 대단한 사람이 된다. 자리가 사람을 만든다는 말처럼 말이다. 여기서 하나의 이야기를 들어보자.

"

슈바이처 박사의 증언

아프리카의 성자, 슈바이처 박사가 원주민들의 금기에 관해 놀랄 만한 사실을 전한 바 있다. 원주민 사이에서는 아기가 태어날 때, 아버지가 술에 취한 상태에서 아무 말이나 나오는 대로 아기의 금기를 말한다고 한다. 왼쪽 어깨 하면, 아기의 왼쪽 어깨가 금기가 되어 거기를 맞으면 죽는다고 믿게 된다. 바나나라고 말하면, 아기는 커서도 바나나를 먹으면 죽는 것처럼 말이다.

다음과 같은 극단적인 예도 있다. 바나나 요리를 한 냄비를 씻지 않고 다른 음식을 요리했는데, 그 요리를 어떤 원주민이 먹었다. 그 냄비로 바나나 요리를 했다는 말을 들은 원주민은, 새파랗게 질린 얼굴로 경련을 일으키며 쓰러지더니 온갖 치료에도 불구하고 죽고 말았다.

물론 바나나를 먹고 죽을 사람은 없다. 그 원주민이 냄비에 바나

나가 물었다는 것을 몰랐다면 아무 일도 없었을 것이다. 누구나 이렇게 쉽게 암시에 걸리지는 않는다. 하지만 정도의 차이는 있을지라도 암시가 인간에게 놀라운 적용을 하는 것은 분명하다.

"

"난 행복하지 않아", "나는 대단하지 않다"와 같은 부정적 말은 이처럼 쉽게 하면 절대 안 된다. 암시는 놀라운 능력을 갖고 있다. 그러므로 나쁜 암시는 즉시 거부하자. 밝고 긍정적인 암시만을 받아들여야 한다. 그러기 위해서는 우선 생각을 바꿔야 한다.

스스로가 모르고 있었을 뿐 처음부터 누구나 대단한 사람이다. 우리 모두 약 3억 분의 1 확률로 이 세상에 태어난 사람이다. 그 사실을 인정하기만 한다면 대단한 결과는 저절로 따라 올 것임을 의심치 않는다. 인생은 생각대로 만들어지는 법이다.

욕먹어도 나는 내 방식을 고집한다

누구나 비판을 받거나 혼나는 것을 좋아하는 사람은 없을 것이다. 그래서일까? 우리 일상 속에서 무심코 "그럭저럭 지내고 있어"라든지 "나쁘지 않아", "대충 밥 먹었어", "다 그렇지 뭐"라고 말한다. 이 의미는 잘 지내고 있는 것은 아니지만 그렇다고 불행을 겪고 있지 않는 사실에 안심하고 있다는 증거이지 않을까? 보통 수준의 평가를 받을 만한 가치가 있다고 자부하지만, 특별한 존재는 아니라고 스스로 인정하고 있는 셈이 된다.

즉, 남들이 정해 놓은 '평범한 일상'을 추구하고 있다는 것이다. 사실 이 성노에 머물면 특별히 칭찬 받을 일도 없지만, 혼날 일도 없다. 이 어려운 시국에 이 정도면 대단한 것 아닌가? 오히려 반박할지 모른다. 그래서인지 우리 청년들은 안정적이란 이유만으로 공무원에 지원하는 사람이 점점 많아지고 있다. 2016년 9급 공무원 지원수가 약 21만 2천명이었고, 경쟁률은 약 18.8 대 1이었다고 한다. 자신이 좋아 하는 일보다는 그럭저럭 지내는 평범한 일상을 택한 것이다.

사람마다 가치관이 다르기 때문에 '안정'을 택하는 것에 반대의견은 없다. 다만 9급 공무원에 합격한다고 할지라도 인생이 끝나는 것이 아니라는 사실을 말하고 싶다. 왜냐하면 한 공무원 준비생에게 물어보면, 시험만 합격하면 인생이 끝날 것 같은 기분이라고 말을 한다. 그런데 과연 그럴까? 합격한 사람은 또 다시 7급 공무원을 준비하는 모습을 어렵지 않게 볼 수 있다. 단지 안정적이라는 이유로 좋아 하지 않는 일을 하면 상대적(타인과 비교) 행복감에서 벗어 날 수가 없다. 그러니 진짜 하고 싶은 일인지, 다시 한 번 생각하고 신중히 결정하자.

이제 더 이상 남의 시선이 두려워서, 비판 받는 것이 두려워서 "어쩔 수 없었다"며 변명하지 않는 것을 원칙으로 하자. 요즘 부모님은 자녀들에 대해서 안정적인 직장을 선호하시는 편이다. 앞으로 세상이 어떻게 변할지 모르는 두려움 때문일 것이다. 물론 현 상황을 보면 자녀들 스스로도 그렇게 많이 느낄 것이다. 사회에서는 그게 정답인 것 마냥 만들어 가고 있으니까 말이다.

우리의 인생은 내 것이지, 부모님의 것이 아니다. 먹여주고, 입혀주고, 가르쳐주신 감사함에 어긋난다는 죄책감을 느낄 수도 있다. 하지만 부모님은 그렇게 생각하지 않는다. 단지 자녀들이 좋아 하는 일을 하면서 행복한 모습을 바랄 뿐이다. 이게 전부다.

자식된 도리라면 부모님의 말을 잘 들어야 한다. 내가 하고 싶은 일은 한다고 고집하는 것을 부모님의 기대에 어긋나는 일로 생각하기 쉽다. 그래서 리스크가 낮은 행동만을 추구하는지 모른다. 이 생각은 실패가 두려워, 아무런 행동을 할 수 없게 만든다. 부모님에게 하고 싶은 의욕을 안 보여줬기 때문에 안정적인 일을 택하라고 조언 했는지 모른다. 먼저 의지를 보여줘라. 그리고 부모님에게 자신의 생각을 솔직하게 말해봐라.

그럼 이제는 선택의 문제이다. 물론 도전하고 싶은 마음은 꿀뚝 같지만 실패에 대한 두려움 때문에 도전하지 못한 사람이 있을 것이다. 그런데 참 슬프지 않을까? 한번 사는 인생인데…, 주어진 시간은 한정적인데… 이대로 생각만 하다가 끝나면 아무런 변화 없이 머물며 마치 우물 안 개구리처럼 친구들과 "이것이 인생이구나"라고 한탄만 할 것이다. 한탄만 하면 평생 한탄만 하는 인생이 된다.

경험은 평생 나의 무기

자신의 인생에서 원하는 모습들은 분명 누구나 갖고 있다. 하지만 여전히 생각의 집착에서 벗어나지 못하고 있다. 집착은 생각을 한정적으로 만든다. 선택의 폭이 적어지면 한정된 선택밖에 할 수 없다. 한정된 생각은 부정적인 사고를 낳는다.

집착은 불가능을 더 선호한다. '하고 싶지만 실패에 대한 두려움 때문에' 그러나 누구나 실패를 한다. 단지 도전 하지 않는 사람만 존재 할뿐이다.

스티브 잡스는 "모든 걸 잃는다 해도, 그 과정에서 얻는 경험은 잃는 것들의 10배만큼 가치가 있을 것이다."고 말한다. 그 과정 속에서 진정한 나의 가치를 발견 할 수만 있다면 그 얼마나 기쁜 일일까? 10배! 10배다. 인터넷으로 계속 '미래의 유망직종'이나 검색해서 안정적인 방법만 추구하는 것보다는 훨씬 빠르게 성공한 삶을 살아 갈수 있을 것이다.

한 번 실패한 경험의 가치는 한 달 동안 학원에 배우는 이론보다 진도가 빠르다. 무엇을 집중적으로 공부해야하고, 무엇이 불필요한 요소인지 구분해준다. 그 경험이 쌓이면 쌓일수록 선택의 폭이 넓어진다. "뜻이 있는 곳에 길이 있다"는 말처럼 하고 싶은 일을 하면 길을 열릴 것이다. 당신이 그 방법을 찾으려고 모든 수단을 동원할 것이기 때문이다. 그 의지가 바로 할 수 있다는 증거이다. 언제까지 누군가가 가르쳐 주길 바라지 말고, 직접 그 정답을 찾으러 밖으로 나가자. 그리고 다짐하자.

"누가 뭐래도 좋아하는 일을 계속 하겠다"

"비난하고 싶다면 마음대로 해라, 나는 내가 가야 할 길을 갈 것이다"

"난 나를 인정해주고, 좋아해주는 사람들만 있으면 된다. 그 인연은 무엇보다 소중하다"

다짐을 한다는 것은 남에게 지지 않기 위해서, 혹은 잔소리를 듣지 않기 위해서 눈을 째려가며 노력하는 모습을 보여줘야 한다는 뜻이 아니다. 그 누구를 위한 것이 아닌 바로 나 자신을 위해서 하는 것이다. 내가 좋아서 하는 것이다. 내가 행복하기 위해서 하는 것이다.

Chapter 3.

집착을 멈추면 해가 서쪽에서 뜬다

나를 알면 죽은 '열정'도 살린다

·
·
·

"내일은 우리가 어제로부터 뭔가를 배우기를 바라고 있습니다."

-존 웨인-

　같은 실수를 하더라도 심하게 혼나는 사람과 별로 혼나지 않는 사람이 있다. 우리는 이것을 '센스'라고 표현한다. 센스 있는 사람과 센스 없는 사람, 그 차이는 바로 '매력의 차이'다.

　대다수가 운과 센스는 태어 날 때부터 타고 난 것이라고 말한다. 과연 그럴까?

　누구나 실수는 한다. 모두가 인정한다. 실수는 있을 수 있다. 단 거기에는 꼭 전제조건이 붙는다. "한번은 용서해도 두 번째 실수는 안 된다"는 것이다. 이 말을 들으면 왠지 위축되고, 두려움 때문인지 더 실수하게 된다. 그러면서 한탄한다. "왜 나만 일이 이렇게 꼬일까?"

　실수를 인정하지 않으면 미움 받는다. 그런데 이번이 두 번째라면 자신의 존재에 대해서 위협을 받는다. 왠지 변명이라도 해야 할 것 같고 어떻게든 그 상황을 해결 해야만 한다는 생각뿐이다. 사실 누구나 억울하고 분명히 사정은 다 있다. 만약 결과적으로 판단오류였다면 우선 사정을 말하기에 앞서 인정을 하자. 솔직하게 말하자. "죄송합니다" 이 한마디면 충분하다. 심하게 혼나는 사람 중 대부분이 잘못을 인정하기에 앞서 자신의 입장을 표현한다. "지금 변명 하는 거냐?"며 문제가 확산 되는 경우가 있다. 혼날 일이라면 굳이 크게 혼날 필요가 없다.

센스 있는 사람은 문제를 악화시키지 않는다. 혹여나 필히 못할 사정이나, 다른 의견이 있다면 당장 그 자리에서 해결할 것이 아니라, 조금 타이밍을 갖고 나중에 따로 이야기 한다. 흐름을 바꿔야 한다. 친구 둘이 싸울 때 싸움을 말리면 오히려 더 심하게 싸우는 사실을 우리는 누구보다 잘 알고 있다. 이렇게 피할 수 있는 상황이라면 최대한 피하자. 그래야 자신이 좋아하는 일에 전념할 수 있기 때문이다. 시간이 낭비 될 뿐이다. 잘못을 인정하되, 그에 대한 개선방법을 생각하면 그만이다. 이것은 '좋은 반성'이다. 또 하나 여기서 중요한 것은 너무 감정이입을 하게 되면 자기부정으로 변하기 때문에 주의해야 한다.

인간관계에 있어서 왜 다른 사람과 심하게 부딪히는지 생각해보자. 나의 부족함이 밝혀 질까봐 자격지심에 변명 아닌 변명하게 되는 경우가 있다. 자신을 보호하기 위해 예상치 못한 상황에서는 거짓말까지 하게 되는 경우도 많다. 오히려 최악의 상황으로 빠지게 되는 수순이다. 이것이 '나쁜 반성'이다. 반대로 자신감을 가진 사람은 남이 무슨 말을 하더라도 자존심에 크게 상처받지 않는다. 자신에 대해서 남들이 어떻게 생각할까 두려워하지 않는다. "잘못된 거구나, 다음부터 주의해야지" 하며 넘어간다. 이것이 '가벼운 반성'이다. 즉 두려움이 없기 때문에 인정 하는 것이 가능하다. 이 책에서 전하는 메시지 중 하나는 어떤 상황에서도 "나는 괜찮다"이다. 근거 없는 자신감을 갖게 되면 이처럼 어떤 상황에서도 두려움의 대한 감정으로 떨지 않는다. 왜냐하면 이 생각의 전제는 자신은 항상 자기 자신을 믿고 있는 것이기 때문이다. 영화의 주인공처럼 마지막에는 해피 엔딩이라고 확신하고 있기 때문이다.

남들의 시선을 의식하지 마세요

우리는 평소 "대충 하자"는 말을 무의식적으로 하고 있다. 왠지 이 말은 책임감이 없는 것처럼 들린다. 이처럼 말이란 '아' 다르고 '어' 다르듯 아무 생각 없이 말하는 것 같지만, 그 의미는 상당한 차이가 있다. 이 말을 받아들이는 대상은 바로 사람이기 때문이다. 이런 언어적 습관은 어렸을 때 부모님의 영향을 특히 많이 받게 된다.

어렸을 때 많은 부모님들은 남들과 다른 행동을 했을 때 혹은 자녀가 버릇없이 자기가 하고 싶은 일 때문에 떼쓸 때면 혼을 낸다. 그런데 우리의 남 눈치 보는 습관들이 다 부모님 때문이라면 어떨까?

우리가 예의에 벗어난 행동을 했을 때, 남들 보기 창피한 일이라면서 가장 먼저 혼냈던 사람인 누구인가? 바로 우리 부모님이다. "이거 안 돼! 저거 안 돼!" 항상 행동 하나하나 감시를 당해 왔다. 우리는 가르침을 받았다고 생각했는지 모른다. 그러나 "안 돼"라는 말을 자주 듣고 자랐다면, 그 기억들은 어른이 돼서도 크게 영향을 미치게 된다. 즉 타인의 가치관에 자신을 끼워 맞추는 습관이 생기는 것이다. 왜냐하면 여전히 과거 기억 속에서 그렇게 행동해야만 맛있는 과자를 얻을 수 있었고, "안 돼"라는 말을 민감하게 받아들여왔기 때문이다. 우리는 그렇게 해야만 좋아하는 장난감을 얻을 수 있다고 믿어왔기 때문이다. 한편 오냐 오냐 응석을 받아주는 부모 밑에서 자랐다면, 남 시선을 잘 신경 쓰지 않는 사람이 되었을 것이다. 우리 사회에서는 전자를 '착한 아이'라고 표현하고, 후자를 '버릇없는 아이'라고 표현한다.

남들 보기에 훌륭한 사람이 되어야 부모님에게 사랑받을 수 있다.

> **"**
> 예의에 어긋난 행동을 하면, 부모님한테 미움을 받는다.
> 내가 하고 싶은 말을 하는 것은 이기적이다.
>
> <착한 아이>
> **"**

> **"**
> 나는 내가 하고 싶은 대로 한다.
> 부모님생각은 안중에 없다. 왜냐하면 놀기 바쁘니까.
> 하기 싫은 일은 하지 않는다.
>
> <나쁜 아이>
> **"**

'착한 아이'의 생각으로 '나쁜 아이'가 되기는 상당한 노력이 필요하다. 하고 싶은 일을 하기 위해서는 나에 대해서 알아야 한다. 그리고 과거의 나를 인정해야 한다.

성장에 있어서 결국 좋아하는 걸 하는 것이 가장 큰 행복이다. 부모님이 진정 원하시는 모습은 자녀가 자신이 좋아 하는 일을 하며 행복해 하는 모습을 보는 것이다. 자신이 하고 싶은 일을 하기 위해서는 '착한 아이'에서 벗어나야 한다. 즉 지금까지의 쌓아왔던 신뢰, 실적을 내려놓아야 한다. 가장 중요한 부모님의 기대에서 벗어나야한다. 불효한다는 죄책감은 모두 놓아줘야 한다. "죄송하다"라는 생각을 버려라.

나에게 설렘이란?

"놀아 본 사람이 잘 논다"라는 말이 있다. 착한 사람에게 "하고 싶은 일이 있으면 그렇게 해"라고 말하면, 허둥지둥 무엇을 해야 할지 잘 모르는 경우가 있다. 항상 남들의 생각을 우선시 해 왔기 때문이다. 즉 '하고 싶지 않은 일'들만 우선시 해왔기 때문에 좋다는 감각이 무뎌진 것이다. 이것을 다른 말로 표현하면 우리가 잘 알고 있는 '겸손'이다. 남들이 부러워하는 것, 남에게 인정받는 것만 목표로 해 왔다. 물론 "이정도면 충분한 것 아니야?"라든지 "이 정도면 나쁘지 않잖아" 또는 "우리보다 힘든 사람이 얼마나 많은데 평범하게 회사 다니고, 남들한테 이 정도 인정받고 있으면 됐지, 뭘 더 바래. 이것에 감사해야지"라고 생각할지 모른다. 이처럼 '인생이 원래 이런 것' 하며 스스로가 납득한다. 우리는 지금까지 이렇게 생각하며 살아 왔다. 그 때문인지 점점 내가 무엇을 좋아하고, 무엇을 싫어하는지 조차 점점 그 차이를 구분하기가 어려워지고 있다. 그럼 자신이 좋아하는 것을 알려면 어떻게 해야 할까?

아래 내용은 일본 드라마 '정리의 마법'에 나오는 이야기 이다.

여자 주인공이 두 명 나온다. A=집안정리 못하는 여자, B='인생이 두근거리는 정리회사' 대표

A는 회사원으로 매일매일 바쁘게 지내다 보니, 집안에 물건들을 정리 못 한 채 지내고 있었다. 하루는 남자친구가 집에 놀러온다는 소식에 급하게 청소를 혼자 해보려 하지만 도저히 하지 못한다. 마음만 급했지, 항상 내 일로 미루고 '언젠가'를 기다리며, 항상 끝까지 일을 못 끝내는 타입의 사람이다. 결국 B에게 정리를 의뢰 하게 되면서 이야기가 전개된다. B는 방에 있는 물건 중 설렘이 느껴지는 것만 남기고, 다 처분 하라고 조언한다.

여기서 정리란 "매듭을 짓다"라는 의미이다. 즉 "자신의 인생과 과거를 매듭짓는다"이다. 우선 정리는 옷부터 시작이다. 왜냐하면 몸에 걸치

는 물건은 주인과 가장 가까운 존재로 두근거리는 감도를 쉽게 알 수 있다고 주장 한다. 그리고 하나씩 옷을 만지거나 입어보라고 한다. 두근거리면 왼쪽 두근거리지 않으면 오른쪽에 분리하라고 한다. 여기서 강조하는 2가지 원칙이 있다. 첫째 두근거리지 않는 물건에 대해서는 '필요없다'가 아닌 '고맙다'고 말할 것, 둘째 감사의 마음을 담아서 '도와줘서 고맙다'고 말할 것이다. 이것을 매듭을 짓는다고 표현한다.

A는 그 말에 이해가 되지 않은 채 물건이 아깝다며 '언젠가 필요하겠지' 하며, 왼쪽에 남기자 B는 말한다. "활용하지 않으면 필요없다. 아깝다고 생각마라, 언젠가는 영원이 안 온다"

여기서 말해주는 요점은 무엇일까? 우리는 갖고 있는 물건은 모두 내가 좋아해서 또는 이유가 있어서 구매한 것이다. 하지만 시간이 지나고 상황이 바뀌면서 불필요해 진다.

사실 우리가 갖고 있는 물건에도 우리의 감정이 깃들어있다. 좋은 기억, 나쁜 기억 또한 함께 공존한다. 이것은 우리 과거의 좋은 추억 또는 나쁜 추억을 못 잊은 채 항상 옆에다 두고 있는 상황과 같다. 새로운 것을 받아들여야 하는데, '나는 지금 배가 부르다'처럼 거절하고 있는 것이다. 항상 과거의 생각에서 머물며, 자신이 무엇을 좋아하는 지 잊은 채 살아 가고 있는 것은 아닌지 되새겨 보자.

다시 드라마로 돌아가 보자. 그 다음은 책이다. 책 또한 책고정대에 있는 것을 다 꺼내어 한 가운데로 옮기라고 B는 지시한다. A는 "굳이 그렇게까지 할 필요가 있나요?"라고 하지만 그러자 B는 대답한다. "오랜 시간 동안 만지지 않는 것은 잠자는 상태이다" 그리고 A가 또 다시 책을 확인하고자 열어 보려고 하자 B는 말한다. "손으로 만지는 것만으로 충분하다"고 하고 책을 열어 본 순간부터는 필요한지 불필요한지 그 여부에 따라 결정하게 돼버린다고 하며 '설렘에 집중하라'고 지시한다.

이 이야기는 물건을 갖고 있는 것과 소중하게 여기는 것은 다르다는 것을 알려준다. 불필요한 것을 제거함으로써, 내가 무엇을 소중하게 여기고 있었는지 알게 되는 계기가 될 것이다. 우리는 선택과 판단을 할 때, 자신이 느끼는 좋고, 나쁨 보다는 평판이나 가격에 따라 선택이 바뀌는 경우가 많다. 즉 '가성비'를 우선시 해 왔다는 것이다.

사용용도에 앞서 자신의 감각에 따르다 보면 주변은 내가 설렘을 느끼는 것들로만 가득 찰 것이다. 내가 원래는 어떤 것을 좋아하고, 무엇을 하고 싶은지를 알 수 있게 된다. 이렇게 되면 불필요하게 낭비하는 시간도 자연스럽게 줄어든다.

우리가 사람과 사귀는 것도 마찬가지다. 지금까지 손익을 따져가며 사람을 만나왔는지 모른다. 만약 별로 내키지 않는다면, 그 사람과 계속 만나더라도 오히려 시간낭비가 될 수 있다. 내가 좋아하는 것만으로 가득 찬 인생, 상상만 해도 즐겁지 않나?

남의 눈치를 보지 않기 위해서는 근거 없는 자신감이 필요하다. 더 나아가 부모님의 기대에서 벗어나야 한다. 그 시작은 바로 '나를 믿는 것'에서부터 시작이 된다. 잘못 했으면 쿨하게 인정하면 된다. 부모님의 기대에 벗어나려면 조금 더 이기적으로 변해야 된다. 그렇기 위해서라도 추억의 물건들을 정리하며 과거를 되새겨 보자. 내가 지금까지 어떤 생각을 갖고 있는지 알 수 있는 좋은 기회다. 내가 좋아하는 것을 알았다. 그 좋은 추억은 지금 이대로 가져가면 된다. 나쁜 추억이 있다면 끝맺음을 짓도록 하자. 그리고 "감사하다"라고 말하며 보내주자. 그 추억들이 있었기에 지금의 당신을 이 자리에 오게 해주었다. 이것은 타인에게서 자신에게로 시선을 되돌리기 위한 마음의 훈련이다. 매일매일 일어나는 작은 일들을 통해 좋은지 싫은지 판단함으로써 나를 알아가는 시간으로 활용하자. 나를 알아야 백전백승이다.

3-2

모두가 행복해지는 방법

●
●
●

"25년 연구, 성공의 99% 이상은 어떤 사람과 어울리는가에 따라 좌우된다."
-하버드대학 데이비드 맥클란 박사-

부끄러움은 '기회 상실'이다. 남들에게 도움을 주는 것은 부끄러운 일이 아니다. 하지만 문득 '호구'라는 단어가 떠오르면서, 의도가 분명히 숨겨져 있다고 착각하게 된다. 결국 '속았을지 몰라'라는 생각이 나의 행동을 저지한다. 마지막에는 남의 눈치를 보다가 포기하는 경우가 있다.

인생은 혼자 살 수 없다. 부끄러움을 무릅쓰고 도움 받고 싶을 때가 있다. 우리의 진실된 심정은 남에게 도움을 주고 싶고, 때로는 가족이나 친구에게 의지하고 싶은 것이 본심이지 않을까? 내가 지금 어떤 심정인지 말이나 했으면 하고 말이니. 이사민 말뿐이고, 행동을 이사 않는 당신은 결국 또 말하지 못하고 포기를 한다.

혹시 우리가 드라마를 너무 많이 본 것 때문이지 않을까? 왜냐하면 스스로 이야기를 단정짓기 때문이다. "요즘 사람들 너무 냉정해", "더 독해져 야만 해", "성공하려면 성과를 독차지해야 한다"는 스토리를 스스로가 만든다. 이런 생각들은 점점 나를 고립시켜가는 수순이다. 이것은 더욱 나를 힘들게 할 것이다. 차곡차곡 쌓이는 불행 마일리지를 말이다.

말을 하지 않으면 오해가 생기기 마련이다. 우리 마음속에는 영웅이 살고 있다. 주인공은 지구에 악당이 나타나면, 싸워서 쫓아내기 위해 바쁘다. 그 때문인지 우리는 항상 스스로에게 엄격했고, 악당인지 아닌지를 판단했다. 예를 들어 회사에 지각하는 사람을 못 보는 사람이 있다. 물론 습관적 지각은 문제이다. 하지만 몇 시에 오는지 체크 하는 사람이 꼭 있다. 나보다 빨리 오는 사람은 '성실한 사람' 그리고 정시에 맞춰오는 사람은 왠지 용서가 안 된다. 그때부터 회사의 대한 애사심을 의심하기 시작한다. 문제가 아닌데, 문제로 만드는 꼴이다.

이제부터는 말 한마디로 주변사람들과 조금 더 친해져 보는 것은 어떨까? 거짓말 하지 않고 지금 이대로 나의 모습으로 솔직하게 다가기만 하면 된다. 그럼 분명 점점 나에게 호의적으로 바뀔 것이다. 말 한마디의 시작으로 자신에게도 변화가 올 것이다. 지금까지 뭐든지 혼자서 해결해야 한다며 자책했던 나, "남들에게 부탁해도 되는구나", "도와 달라는 것은 전혀 부끄러운 것이 아니다"라는 사실을 알게 될 것이다. 그러면 주변사람에게 점점 관대 해질 것이다. 용기란 두려워도 한 걸음 내딛는 자세이고 용기를 가지면 문제가 되지 않는 상황들이 만들어 질 것이다. 그럼 예전처럼 싸울 일도 없다. 차곡차곡 쌓는 행복 마일리지를 말이다.

"해외여행을 가면 시야가 넓어진다"는 말처럼 해외여행을 가면 많은 사람들을 만나게 된다. 다른 생김새의 사람들, 다른 음식 또 다른 생각과 문화를 접할 수 있다. 돈이 있어야 행복 할 수 있다고 믿어 왔던 사람도 꼭 그것이 정답이 아니라고 느낀다. 왜냐하면 자신보다 주어진 여건들이 열악함에도 불구하고 너무 활짝 웃는 모습을 볼 수 있기 때문이다. 진실되게 웃기 위해서 행복하기 위해서 노력했던 자신을 다시 한 번 되돌아볼 수 있는 좋은 기회를 준다. 반대로 자신보다 여건이 훨씬 좋은 사람들도 만나게 된다. 그 사람들을 통해서 내가 생각하는 방법이 꼭 한 가지만이 아니다라는 것도 느낄 수 있다. 이런 경험을 통해 작은 그릇에만 가둬둔 나의 신념을 큰 그릇으로 넓힐 수 있는 기회이기도 하다. 그래서 "시야가 넓어진다"라는 표현이 나왔다고 생각한다.

자신이 세운 규칙을 주변 사람들에게 내 방식이 정답인 듯 그대로 적용하려고 하면 할수록 용서할 수 없는 사람도 많아진다. 정의의 사도는 언제나 원칙을 세워 평가하거나 재단한다. 스스로가 여유로워지면 무슨 일이든 괜찮다며 용서 할 수 있게 된다. 예전에는 절대로 친해지고 싶지 않았던 사람들까지도 전부 포용 할 수 있게 된다. 이게 다 한 번의 용기면 된다.

그래도 한 번 싫은 사람들에 대해서 여전히 싫다면 "어쩔 수 없다"라고 생각하자. 그렇게 생각하는 자신조차도 받아들일 수 있도록 하는 것이 또 하나의 과제이다. 중요한 것은 나 자신이기 때문이다. 이처럼 더 넓은 그릇이 되면 자연스럽게 가능하다. 자신의 그릇을 넓히다 보면 능력 없는 나, 초라한 나, 한심한 나조차 받아들일 수 있게 된다. 이처럼 행복해지기 위한 성장은 무언가가 가능해지도록 만드는 것이 아니다. 자신의 시야를 넓히는 것이다. 그 핵심은 용서이다.

세상의 불황과 당신의 불황은 별개의 문제이다. 무슨 일이든 문제를 삼으면 문제가 된다

스트레스를 푸는 방법 중에는 주로 맛있는 음식 먹기, 영화보기 등이 있다. 불쾌한 감정을 잠시 잊기 위함이다. 하지만 일시적인 방법일 뿐, 영화를 보는 내내 영화에 집중 하지 못하는 경우가 있다. 이것은 스트레스를 푸는 방법 중 하나이지, 스트레스를 해결 하는 방법은 결코 아니다.

그렇다면 직접적으로 스트레스의 근본에 다가서기 위한 방법은 없는 걸까? 여기서 『반응하지 않는 연습』의 저자 구사나기 류슌이 소개한 방법 중 하나를 소개한다.

'감정 이름표'로 마음을 '정리정돈'한다. 실천 방법 중 하나이다. 일명 '라벨링'이라고 한다. 분노를 느낄 때는 분노의 감정이 있음을 확인을 한다. 과거에 싫었던 기억이 떠오를 때는 기억을 떠올리고 있다고 확인 한다. 긴장될 때는 긴장하고 있다고 확인한다. 여기서 감각이건 감정, 기억, 망상이건 객관적으로 말로 확인하며, 이름표를 붙여 노력하는 것이 가장 중요한 열쇠이다.

'말로 확인'하는 것은 의식을 쓸데없는 반응에 빼앗기지 않고 눈앞에 중요한 일이나 인생의 목적에 집중하는데 도움이 된다. 예를 들어 취업면접을 기다리고 있는 상황이다. 우리는 스스로에게 "긴장하지마. 할 수 있어! 할 수 있어!"라고 스스로를 격려 했음에도 왠지 더 긴장되는 상황을 만드는 경우가 많았다. 그렇게 말하는 자신도 스스로가 떨고 있지만, 그 상황을 부정하는 것과 같다. 그 감정은 결국 면접에도 영향을 미친다. 긴장하고 있다면 말로 나는 지금 긴장하고 있다라고 말하는 순간, 내 마음은 드디어 "내 심정을 이제야 알아줬구나, 기다리고 있었어"라며 기뻐할 것이다. 그렇게 하면 부담감은 조금 사라질 것이다. 그리고 이렇게 말하자. "방법은 있다"라고 말이다. '라벨링' 하기 전에는 두 가지 마음이 싸우고 있었다. 악마와 천사가 당신을 혼란스럽게 만들고 있었다. 하지만 결론을 내주면 그다음에는 해결 방법을 찾기 위해서 악마와 천사는 싸울 것이다.

이처럼 자신이 느끼고 있는 감정도, 기억도 솔직해지면 좋아한다. 항상 거짓말을 하려고 하기 때문에 문제 아닌 문제가 생기는 것이다. 내가 느끼는 감정을 소중히 하자. 문제해결은 꼭 누군가 그 답을 말해주는 것 아니다. 내 스스로 답을 찾는 것이다.

우리가 이미 알고 있는 답은 언제든 바뀔 수 있다

"노력은 배신하지 않는다"는 말이 있다. 우리는 이 말을 믿기 때문인지 노력을 멈추지 못한다. "더 성장해야 돼!", "이것도 저것도 다 잘할 수 있어야 해" 하면서 계속 노력을 하고 있다.

'내가 이렇게 놀고 있을 때, 분명 남들은 지금 공부하고 있겠지?'라고 스스로 생각하고 스스로 판단한다. 타인과 비교에서 벗어나지 못하고 있기 때문인지 모른다.

자신의 모습에는 아무 문제가 없고, 지금도 충분히 괜찮은데 자꾸만 문제를 찾아내 역시 '역시 부족해'라고 좌절한다. 하지만 부모님 생각만하면 또 다시 노력을 해야 한다고 다짐한다. 이 연결고리는 도대체 언제쯤 끊을 수 있는 것일까?

통계청에서 발표한 2015년 청년 고용률은 42%이다. 그중에 2/3가 비정규직이다. 그 때문인지 2016년 4월 9급 공무원 시험의 응시인원이 약 22만 명이었다. 그 중 4천 명만 합격이다. 즉 나머지 약 21만 6천 명은 불합격인 셈으로 너무 안타까운 상황이다.

시험을 포기 못하는 이유가 무엇이냐는 질문에 시험만 합격하면 누구나 공무원이 될 수 있기 때문이라고 한다. 정년보장, 복지연금까지 미래가 보장 된다는 이유이다. 반대로 공무원이 아닌 곳에 취업을 할 시에는, 스펙 쌓는 데 평균 약 4,200만 원의 비용이 지출된다고 한다. (조선일보) 스펙비용을 지불했음에도 불구하고 취업을 못하는 경우가 많기 때문에 많은 청년들은 공무원 준비가 보다 안정적이고 효율적이라고 말했다. 그런데 과연 그게 진실일까?

『부자의 집사』 저자 아라이 나오유키가 소개한 내용 중 하나이다. 부자의 집사로서 수백억대 자산가 곁을 24시간 관리하면서 부자의 비밀을 기록한 책이다. 부자들은 항상 투자 전 불에 타느냐, 타지 않느냐를 먼저 생각한다. 한 부자는 금고에 지폐가 아닌 10원짜리 동전을 모은다. 왜냐하면 10원짜리 동전의 액면가치가 유일하게 제조원가의 절반 값이라고 설명한다. 알루미늄과 구리, 제조비용을 합해 20원, 즉 10원짜리를 제외한 다른 지폐나 동전은 제작비용이 액면가치 보다 훨씬 적다. 부자는 여기에서 가치를 발견한다.

10원짜리 동전을 수집하는 일은 최악의 사태의 대비하는 최선의 방위책이다. 즉, 국가 화폐 제도가 무너지면 지폐 따위는 휴지조각이 된다는 설명이다. 또한 자국의 통화에 찍혀 있는 숫자를 신용하지 않는다. 금, 은, 구리 등과 같은 것들은 전 세계에 통용되는 자산이다. 최악의 전쟁사태 및 국가비상사태가 발생한다면 향후 활용 할 수 가 있다는 논리다.

결코 대한민국 공무원은 미래를 보장해주는 직업이 아니다. 이번 2016년 10월 '박근혜 게이트'로 대한민국은 대혼란을 겪었다. 이처럼 앞으로 '미래 보장'이라는 말은 어느 한 순간에 뒤바뀔 수도 있다는 것이다. 『백만장자 성공비법』의 저자 브라이언 트레이시는 이처럼 말했다. 성공한 사람들의 가장 큰 특징 중 하나는 위기대처능력이다. 매번 파도가 온다고 해도 항상 피해 갈 수는 없는 노릇이다. 때문에 굳건한 믿음을 갖고 가기 위해서는 흔들리지 않는 꿈이 있어야 한다. 남들이 좋다고 하는 것에 말려들면 안 된다. 자신이 좋아하는 것을 찾아라. 그리고 꿈을 목표로 바꾸는 것 이것이 핵심이다.

기회는 찾는 것이다. 오랜 망설임은 기회를 상실하게 만드는 가장 큰 원인이다. 미래 보장은 하나의 마케팅 수단이다. 미래는 예측할 수 없다. 미래는 자신이 원하는 대로 그림을 그려야 한다. 어떤 그림을 그릴지 생각해라.

좋아하는 일을 해라. 그걸로 돈을 벌어야 한다. 거기에서 에너지를 얻고, 성취동기를 얻게 되면 깊게 빠질 것이다. 열정은 자연스럽게 따라오는 것이다. '저는 일한 적이 없어요. 좋아하는 것을 할 뿐'이라는 말이 나올 정도로 최고가 되라.

"오지랖을 넓히지만 말고, 이번에는 좁혀라."

완벽주의자 생활은 이제 그만, "좀 방에서 탈출해라"

"나는 생각한다. 고로 존재한다."

-데카르트-

　우리는 여러 가지 선입견과 강박관념을 갖고 살고 있다. 성실해야만 사회에서 인정받는다. 모든 일에 정직해야 한다. 돈을 절약해야 한다. 책임감이 있어야 한다 등 평소에도 늘 신경을 곤두세우고 있지 않은가? 거짓말하지마라. 약속시간에 늦지 않도록 해라 등 '해라', '하지마라' 가끔은 너무 혼동이 올 지경이다.

　물론 다 일리 있는 말이다. 틀린 말이 아닐 수도 있다. 하지만 이것을 자신 스스로가 깨달아야 하는 것이지 억지로 교육한다고 알 수 있는 것은 아니다. 그렇게 완벽할 수 있다면 그것은 로봇이지 사람이 아니다. 완벽주의를 버리자. 이제부터 남 신경 쓰지 않고, 좀 더 나답게 살아 보는 것은 어떨까?

『어쩌다 어른』의 저자 팝 칼럼니스트 김태훈이 소개한 내용이다. 뉴 밀레니엄을 앞둔 1998년 SF계에 대가 스티븐 스필버그는 2차 세계대전, 1944년 노르망디 상륙작전이 배경인 전쟁영화 '라이언 일병 구하기'를 만든다. 21세기 첨단시대를 앞두고 왜 전쟁영화를 만들었을까? 영화의 내용은 라이언 일병가의 4형제 중 3명이 전쟁으로 참가한다. 그 중 2명이 전사했다는 보고를 받은 대통령은 협의 끝에 마지막 남은 1명은 국가로써 어머니에게 되돌려주자는 결론을 내린다. 8명의 대원이 유일한 생존자인 막내 제임스 라이언의 구출 작전을 수행하는 내용이다. 그 8명은 라이언을 구하기 위해 적진 한복판에 들어가야만 했다. 이것은 누가 생각해도 '비효율적'이라고 생각 할지 모른다. 그들은 "1명을 왜 굳이 8명이 가서 구해야 하나?"라는 생각을 할 수밖에 없었다. "나도 귀한 자식 아닌가?" 1명을 구하기 위해 8명이 죽는다. 여러분은 어떻게 생각 하는가? 우리는 지금 21세기에 살고 있다. 우리는 '효율성'을 우선시 했기에 점점 사람들이 할 수 있는 일들을 기계로 대체해 왔다. 그런데 이 상황에도 그 '효율성'을 적용해야 할 이야기 일까? 예를 들어 한 건물에 불이 났고, 13층에 한 사람이 갇혔다. 인공지능이 계산 결과 구할 확률 10%라고 한다. 구출작전에는 6명이 투입되어야 하고, 물은 2톤가량 필요하다. 인공지능은 '비효율적'이라고 판단한다. 그럼 사람을 구하지 말아야 하는 것일까?

인간을 인간답게 만드는 것 바로 '희생'이다. 희생을 감수하고도 생명을 포기하지 않는 것이 인간을 위대하게 만든다. 마지막 엔딩부분에 라이언은 말한다. "최선을 다해서 살았습니다. 당신의 희생이 헛되지 않기 위해 …" 비록 그 당시에는 라이언이란 한 사람을 구했지만 그 사람들의 희생으로 인하여 많은 가족을 구해줬음을 의미하는 것이 아닐까? 우리가 너무 인공지능적으로 '효율성'만 생각하고 판단하고 있는 것은 아닌지?

선택지가 많을수록 골라먹는 재미가 있다

우리 안에는 허용범위가 존재한다. '이 정도면 할 수 있겠다'는 것이다. 우리는 어렸을 때 부모님으로부터 김치를 먹으라고 강요받았다. 자녀의 입장에서는 더 맛있고 달콤한 피자나 햄버거가 있는데 왜 이 매운 음식을 먹어야 하는지 이해 할 수 없었던 것이 사실이다. 하지만 부모님은 자식이 "매워서 싫다"고 하면 물에 씻어 주겠다며 우리에게 협상 아닌 협상을 한다. 결국 자녀는 맵지 않는 김치를 시도하게 된다. 먹어봄으로써 김치가 실제로 매운 것인지 아닌지를 직접 판단한다. 자녀가 '이정도면 괜찮겠다'고 느낀다면 그 이후에도 계속 김치를 찾게 된다. 이처럼 내 안에서 알고 있는 상식이나 선입견들이 사실인지 아닌지 실제로 확인 할 필요가 있다.

시도해 보지 않으면 막연한 불안감이 찾아온다. 시도하지 않는다면 결과를 알 수 없을 것이다. 평생 '김치'라는 음식을 두려움의 존재로 느낄 것이다.

허용범위가 점점 넓어지면 세상이 조금 달리 보이기 시작할 것이다. 이처럼 경험이 많은 것은 좋은 것이다. '의외로 꼭 그렇지 않구나'라고 깨달을 것이다. 생각을 행동으로 옮겨야만 이 사실을 알 수 있는 것이다. 암묵적으로 정해놓은 규칙이나 도덕을 해치지 않기 위해서 신경 썼던 일들을 시도 해보자. 약속시간 10분 전에 도착해야만 예의라고 믿었던 당신이라면, 10분 늦게 도착해보자. 미움 받지 않기 위해서 세심하게 신경 썼던 일들이 실제로는 집착하지 않아도 되는 부분이라는 것을 분명 알게 될 것이다.

데카르트의 철학 "나는 생각한다. 고로 존재한다"에 대해서 소개한다. 데카르트는 구교 VS 신교 종교전쟁(유럽의 30년 전쟁)에서 용병 생활을 한다. 그러던 중 한 가지 사실을 알게 된다. 각 나라마다 다른 생김새를 갖고 있는 것이다. 더 나아가 언어뿐만 아니라 생각도 모두 다르다는 것을 깨닫는다. 문득 '내가 당연하다고 생각한 사실들이 다른 사람에게는 해당하지 않을 수도 있겠다. 그렇다면 내가 아는 것 중 왜곡 되지 않은 진실은 무엇일까?'를 생각한다. 혹시 '혹시 악마들이 거짓을 진실로 나에게 주입했다면? 내가 믿는 것 모두 다 가짜가 아닐까?'라면, 모든 것이 다 왜곡 될 수 있다는 사실을 알게 된다. 여기서 왜곡돼지 않는 단 하나의 사실은 '나'라는 존재다. 생각하는 나만큼은 현실에서 존재해야한다.

이처럼 우리가 알고 있는 사실은 모두 왜곡 될 수 있다는 것을 알아야한다. 나는 지금 여기 책 앞에 있다. 그리고 책을 읽으면서 생각하는 오직 자신만이 진실이다. 남이 나를 싫어한다는 것은 왜곡된 사실일 수도 있다. 그렇게 생각하고 있는 나 자신이 여기 있을 뿐이다. 여유로운 마음가짐을 갖자. 하나하나 그 생각들의 진실여부를 직접 경험하고 체험 해가며 '허용범위'를 넓히자.

보물은 항상 꼭꼭 숨겨져 있다

상식적으로 이해할 수 없는 사람을 찾아 따라 해보자. 미리 배워두면 나중에 유용할 것 같아서 했던 일들을 그만두고, 자신이 납득 할 수 없는 일들을 해보자. 이런 식으로 자신의 한계를 하나씩 없애 나가면서 자신의 허용범위를 점점 늘려 나가야 그만큼 성공할 가능성도 커지기 마련이다. 『백만장자 성공비법』의 저자 브라이언 트레이시는 이렇게 말했다. "뭔가 하나를 이루기 위해서는 완전히 다른 사람이 되어야 하는 것이 중요하다" 지금 하는 노력이 잘못된 것은 아니다. 방법이 잘못된 것인지 모른다. 그러니 다른 방법을 시도 해봐야 어떤 것의 옳고 그름을 직접 판단 할 수 있다. 경험을 쌓을 수 있는 것이다.

성공은 단 한 번의 시도로 이루는 것이 아니다. 몇 번이나 재시도 할 것인가가 가장 중요하다. 우리는 보통 한 번 실패하면 그 실패 했다는 죄책감에 "역시 난 안 돼"라고 미리 포기 하는 경우가 많다. '이것만은 안 된다'는 생각은 결국 그 선택은 하지 않는다고 이미 마음을 먹었다는 뜻이기도 하다. 결국 여러 가지 가능성을 제외한다면, 점점 선택지가 없어지는 꼴이다. 브라이언 트레이시는 또한 인과법칙을 중요하게 말한다. "뿌리고 거두는 것, 작용과 반작용, 우리 삼라만상의 원칙" 즉 "원인 없는 결과가 없다"는 뜻이다. 아무 것도 뿌린 것이 없는데 열매가 맺히기를 바라고 있는 것은 아닌지? 자신을 바꿀 생각조차 하지 않고, 세상이 바뀌길 바라는 것은 아닌지?

영화나 드라마에서는 절대 여기만큼은 가지 말라고 생각했던 길 끝에 꼭 힌트가 숨어있는 경우가 많다. 꼭 무서운 괴물이 사는 곳에 보물이 숨겨져 있다. 우리는 영화를 보면서 '안 돼, 안 돼. 가지마! 가지마! 이 바보야 위험하다고!'라고 영화 속 주인공에게 이야기하지만, 영화 속 주인공은 그 위험한 상황 속에 들어간다. 그리고 적과 싸워, 고생 끝에 이긴다. 그리고 관객들은 거기에서 즐거움을 얻는다. 이 즐거움을 우리는 '대리 만족'이라 한다. 내가 하지 못하는 일을 해줬다는 고마움에 감사함도 느낀다. '영화는 어디까지나 영화지'라고 반박할지 모르지만 우리의 인생도 어쩌면 똑같다. 비록 엄청난 고생을 하지만, 그 주인공은 결국 얻는 것이 있다. 하지만 우리는 그것이 위험하다며 피해왔기 때문에 얻는 것은 제로다. 그렇기에 계속 대리 만족 밖에 할 수 없었던 것은 아닐까? 실천하면 어떤 답이든 결과로 나온다.

2013년도 4월에 인도 배낭여행을 갔다. 그 당시 나는 누구일까 굉장히 궁금했다. 그런데 아무리 생각해 봐도 '나'라는 사람이 어떤 사람인지 표현이 안 됐다. 결국 결심해서 15일간 인도여행을 다녀왔다.

첫 번째. 즉흥적인 선택(밑져야 본전)

막상 가려고 하니 준비해야 할 것이 의외로 많았다. 당장 이득이 되는 것도 아니기에 조금은 귀찮기도 했고, 그 당시에 대학졸업 이후라서 조금 망설임은 있었다. 그러던 찰나 나의 (생각)악마가 찾아와 "취업 준비해야지 어딜 가?"라며 나를 압박해 왔다. 힘겨루기를 하던 차 페이스북에 인도여행 글을 기재했다. 빼도 박도 못하는 상황을 만들었다. 머피의 법칙과 같이 인도 내 한 버스에서 외국인 집단 성폭행 사건까지 발생 했다. 그 때 또 다시 주변 사람들의 가지 말라는 말에 조금 현혹되기는 했지만, 바로 비행기 표를 구매했다. 조금 겁도 났지만 "일단 가보고 후회하자" 하는 생각이 있었기에 인도에 떠날 수 있었다.

두 번째. 이기적인 사람

인도라는 나라를 고등학교 때 처음 사진으로 접했다. 그 사진 속 인도는 너무 여유로운 나머지 아름다웠다. 그래서 인도여행을 꼭 가고 싶다는 생각을 했다. 현실이 되기까지 10년이 지나고 당시 인도의 수도인 델리에 도착했다. 도착하는 순간 생각과 현실은 큰 차이가 있었다. 너무 많은 사람과 불안전한 치안 그리고 소음이다. 인도에서 관광객이란 이유로 많은 관심을 받았다. "이거 구매해라", "뭐 필요한 것 없냐?"라는 질문에 "괜찮다"를 반복하며 계속 피하듯 거리를 횡보하다보니 성격이 예민해 질 수밖에 없었다. 생존본능에 의해 이 상황에서 내가 살아남으려면 누군가에게 도움을 청해야만 했다. 내 자신이 강해져야만 했다. 한국에 있을 때는 남의 도움 없이 해결할 수 있는 것이 많았다. 도움을 청할 때 왠지 자존심이 상하는 기분도 느낄 때가 있어 포기하는 사람 중 한 명이었다. 극한 상황에 빠지니 사람은 변한다. 과거에는 자신의 착한 이미지를 지키기 위해서 말하고 싶어도 참고, 양보하고, 포기했다. 남이 만들어 놓은 이미지를 지키기 위해서였다. 이제까지 '나'라는 존재는 없었다. 나의 생각은 항상 빠져 있었던 것이다.

세 번째. 인상이 좋은 사람

인도 여행을 하다 보면 많은 인도사람, 그리고 세계 각 지에서 온 여행객들을 자주 마주친다. 평소 소심한 성격에 먼저 다가가서 말을 걸지 못했다. 그런데 15일 동안의 짧은 인도 여행이었지만 지역이동을 제외하고는 항상 한국인, 일본인, 독일인, 이탈리아인, 대만인 등 여러 나라에서 온 동행이 생겼다. 참 신기했다. 처음으로 혼자 떠난 여행인데도 불구하고 항상 동행이 생기니 말이다. 이 이야기를 만난 한 명에게 말하니, 그것은 '인상이 좋아서 그런 것'이라는 말을 들은 적이 있다. 처음에는 인상이 좋다는 말을 종종 들어왔기에 별 생각이 없었다. 심지어 길거리에서도 "복이 많으시네요?" 하고 말을 걸어오는 이상한 사람들이 많았기 때문이다. '인상이 좋다'는 말은 사람들이 예의상 또는 칭찬할게 마땅히 없을 때 쓰는 말이라 생각했다. 하지만 인도에서 들었을 때의 느낀 감정은 조금 달랐다. 생각에 따라 자신의 장점으로 또는 자신의 매력이 될 수 있다고 말이다. 이처럼 나는 누구인가를 알고 싶다면 익숙하지 않는 장소에서 자신을 시험해 보면 어떨까? '언젠가'는 평생 오지 않는다는 사실을 다시 한 번 기억하자.

좋은 씨앗을 뿌려야 좋은 열매가 나오는 법이다. 좋은 생각은 좋은 결과로 나타날 것이다. 복숭아나무와 밤나무는 심은 지 3년이 지나야 열매를 얻을 수 있다. 감나무는 8년이 지나서야 열매를 얻을 수 있다. 빨리 얻고 싶다고 해서 무리하게 영양분을 과다 공급하거나 농약을 뿌린다면 오히려 나무는 죽을지도 모른다. 조급해 하지 말고 자연스럽게 열매가 잘 맺을 수 있도록 공부하고 실천하자. 성공은 실패 경험 없이는 불가능하다. 실패는 없다. 단지 피드백을 얻었을 뿐이다.

3-4

손 하나 까닥하지 않고, 가장 쉽게 사는 법

"모든 것은 마음에서 만들어져, 마음의 영향을 받고, 마음에 따라 만들어진다."
-구사나기 류순-

쓸모없는 고생은 필요 없다. "젊었을 때 고생은 사서도 한다"라는 말이 있다. 많은 경험은 때로는 약이 되지만, 때로는 독이 된다. 청춘이라면 세상의 무서움을 알아야한다며 고생은 당연시 여겨져 왔다. "돈 벌기가 얼마나 힘든 줄 알아?"라며 가르침을 받았다. 그 고통을 느껴봐야 진짜 인생을 알 수 있다고 말한다.

무리하면 문제가 발생한다. 왜 항상 드라마에 나오는 주인공은 가난하고 숨겨진 가족관계가 있고, 항상 사랑만 했다면 삼각관계로 이어질까? 우리는 이 부분에 대해서 현실 세계의 사건과 비교를 한다. 때로는 공감되는 부분이 있다. 또 때로는 안타까워한다. 그래도 자신이 현실에서는 드라마 주인공보다는 더 상황이 낫다며 자신을 위로한다. "인생이 원래 이런 것이구나"

세상에 원래부터 있었던 것은 없다. 아무 고생 없이 유복하게 생활하면서, 단지 자신이 하고 싶은 것만 하면서 성공했다는 이야기는 쉽게 받아들이지 못한다. 왠지 그것은 반칙이라 생각한다. 그 이야기에서는 완전 다른 세상의 일인 것만 같아 공감할 수 없기 때문인지 모른다.

인간극장과 같은 다큐멘터리도 마찬가지다. 고생하지 않은 사람의 성공이야기는 잘 선택 되지 않는다. 물론 사람마다 보는 시선은 다를 수 있으나 여기서 전해주고자 하는 메시지는 희망 보다는 '지금 당신뿐만 아니라 많은 사람들이 이정도로 고생하면서도 이렇게 소소하게 행복해 하며 지내고 있다. 그러니 당신이 겪는 고생은 당연한 것이다'라고 들린다.

다른 사람의 이야기만큼 고생하는 자신의 모습도 좋아한다. "내 이야기 들어봐 내가 오늘 얼마나 고생한 줄 알아?" 이렇게 친구에게 말하면서 말이다. 지금까지 우리가 알고 있던 사실들이 왜곡 되었다면 어떨까? 이처럼 '세뇌교육'이라는 것이 우리 일상생활에 알게 모르게 스며들어왔다. 그것들을 우리는 '상식'이라며 배워 왔을 수도 있다. 성공한 사람의 공통점은 그 상식을 깨고 행동한 사람들이 대부분이다.

『힘 빼고 행복』의 저자 고코로야 진노스케는 "고생이 없으면 성공 못한다는 말은 윗사람이 아랫사람에게 일을 시킬 때에나 필요한 논리다. 성공하려면 이를 악물고 노력하라고 하면 무리한 업무도 정당화되기 때문"이라고 말했다.

피할 수 있는 고생이라면 피하는 것이 좋다. 고생하는 것과 성장은 결코 비례하지 않는다. 생각해 보면 쉽게 알 수 있다. 고생하는 것이 성공의 지름길이라면, 우리 부모님들은 억만장자가 되고도 남아야 마땅하지 않나? 더 이상 손해 보는 방식으로 사는 건 오늘부터 졸업이다. 우리 모두 행복하게 살 권리가 있다.

외로움도 한때다

좋아하는 일만 하겠다고 주변사람에게 말하자. 그러면 주변에서 세상물정 모르는 사람이라고 손가락질할지 모른다. 아직 철이 덜 들었다며 정신 차리라고 인생조언을 해주는 사람이 늘어날 것이다. 이때 진심으로 걱정해주는 사람이 있는가 하면, "네가?"라며 비웃듯 말하는 사람이 있을 것이다.

인간관계는 인생에 있어서 상당히 중요한 부분을 차지한다. 이번 기회를 통해 평생 함께 갈수 있는 친구인지 아닌지 판단 할 수 있는 좋은 기회가 될 것이다. 의외로 믿었던 친구들에게 발등 찍히는 사례가 많아지고 있다. 경우에 따라 우리는 이것이 '세상살이가 어렵다보니 그럴 수도 있지'라며 스스로를 자기합리화시켜 용서하는 경우도 있다.

내 인생의 최우선순위는 자기 자신이다. 안 좋은 인관관계는 빨리 정리하는 것이 좋다. 왜냐하면 그 관계를 유지하기 위해서 불필요한 노력들이 들어가기 때문이다.

스스로가 이해했고, 용서했다고 말은 하지만 자신이 느끼는 감정은 여전히 잊지 못하는 경우가 많다. 감정노동 또한 고통이 된다. 피할 수 있는 고생은 피하는 것이 제일이다. 머리로는 '맞다'고 공감 할 것이다. 하지만 지금 당장 닥쳐 올 시련과 외로움 때문에 행동으로 잘 옮겨지지 않는다. '이번 주말에 당장 누구를 만나지?'부터가 가장 걱정일 테니 말이다.

많은 사람들이 외로움을 느끼면 왠지 스스로가 '이상한 사람'이라고 생각하는 사람이 있다. 항상 이 때면 꼭 등장해주는 인물이 있다. 바로 '막장드라마 스토리작가'다. 멋대로 상상하고, 멋대로 결론을 내리려고 한다. 이 사람(이기)을 만스러 하면 힐수록, 그 스토리작기는 더 열심이 된다. 왜일까? 바로 당신이 관심을 가져 주기 때문이다. 왜냐하면 그 막장드라마 스토리작가도 먹고 살아야 되지 않을까? 그래서 더 열심히 이야기를 만들어 간다. 이 문제를 해결하는 방법은 쉽다. 관심을 갖지 않는 것이다. 그냥 방치해 놓으면 스스로 떠날 것이다. '아, 지금 외로움을 느끼는 구나'라고 말로 표현하고 자신의 감정을 이해해 주면 된다. 절대 해결 하려고 하지 말자!

'기분전환'의 일환으로 스마트폰이나 인터넷, 텔레비전을 보기도 한다. 사람에 따라서는 너무 몰입한 나머지 어느 순간부터 '시간 낭비'라고 생각하는 사람도 있다. 나아가 후회막심이라며 자기부정의 늪으로 이어지는 경우까지 생긴다. 이런 것은 올바른 해동이이라고 말 할 수 없다.

'일상탈출'을 위해 주말여행을 떠나려고 한다. 하지만 여행을 위해서는 시간을 내야하고, 장소도 정해야하고 계획을 세워야한다. 경우에 따라서 즐거움을 얻기 위한 행위가 오히려 불쾌한 감정만 키우는 꼴이다. 즉 이런 방법들은 임시방편의 방법밖에 될 수 없다. 또한 장소나 시간의 제약을 받을 수밖에 없다. 그렇다면 평소에도 활용 할 수 있는 방법은 없을까?

『반응하지 않는 연습』의 저자 구사나기 류슌이 소개한 알아차림의 힘 (사티)에 대해서 소개한다. 사티는 쾌적한 마음 만들기의 결정판이다. 즉 의식을 감각으로 바꾸는 방법이다. 우리가 느끼고 있는 감정을 감각으로 바꾸는 행위로써 감정을 리셋상태로 바꾸는 방법이다. 예를 들어 자동차에서는 기어를 바꿔 계속 주행 할 수 있도록 한다. 이처럼 감각, 감정, 생각, 의욕을 잘 사용해서 불쾌를 쌓아두지 않도록 하는 것이 핵심이다. 한번 시도 해보자.

첫째, 암흑 속에서 '소리'가 울려 퍼지고 있다. 사람의 소리일까? 자동차 소리일까? 거리의 소음일까? 잡다한 '무엇인가' 울려 퍼진다. 아 이것이 '소리'가 들리는 상태구나 이해 할 것

둘째, 눈을 감았을 때 보이는 눈앞의 어둠을 집중하고 바라보자. 검은 배경에 빨강, 초록, 흰색의 자글자글 미세한 빛의 입자가 넓혀 퍼지는 것

을 볼 수 있다. 그것이 눈의 망막이 포착한 빛, 즉 '시각'이다. '이것이 보이는 상태구나'라고 객관적으로 이해 할 것

이 관찰을 계속하는 것이 또 하나의 연습이다. 그냥 들리고, 그냥 보이는 이 상태를 확인하면 된다. 그러는 사이에 무상한 감정과 생각과 의식이 약해 질 것이다. 사라질 것이다.

셋째, 피부의 감각에서도 의식을 향할 수 있다. 눈을 감은 상태로 손 쪽을 본다. 그 때 보이는 것은 단지 암흑뿐이지만 거기에는 손의 감각이 존재한다는 것을 알 수 있다. 손을 쥐고, 펴는 동작을 할 때, 손을 쥐면 손의 감각은 이렇게 변하고, 펼치면 이렇게 변한다고 의식 할 수 있다. 그리고 손을 천천히 어깨 근처까지 들어 올려 그 사이에도 눈은 감은 채 손을 계속 바라본다. 어깨까지 올라 왔다면 천천히 내려 보자. 이때도 '손이 올라가고 있다. 손이 올라갈 때의 감각이 바로 이것이구나' 하고 의식하는 것이다.

이와 같은 방법을 배의 팽창과 수축에도 적용 할 수 있다. 감각에 집중하다보면, 어느새 '막장드라마 스토리작가'는 이미 사라졌을 것이다.

마음을 비우고 기대치를 낮추면, 실패도 무섭지 않다

철학자 바뤼흐 스피노자의 말 중 하나이다. "지금의 세상은, 가능한 상황 중 최선의 상황이다" 즉 항상 부족하다고 생각하면, 부족한 점이 있을 수밖에 없다. 현재의 상황을 만족하는 것이 가장 좋다는 뜻이다. 이처럼 '지금 있는 그대로의 나'를 받아들이면 마음이 편해진다. 어떤 일이 생기든 긍정적으로 생각한다. 문제라고 생각하지 않기 때문에 고민하지 않는다. 설령 문제가 발생하더라도 해결될 수 있다고 믿기 때문에 문제를 해결할 수 있다. 실패를 두려워하지 않는다. 실패는 성공을 위한 피드백이기

때문에, 계속 피드백을 받기 위해 도전한다. 새로운 것에 시도하는 횟수가 많아짐에 따라 성공할 확률이 자연스럽게 높아진다. 또한 성공의 기회는 언제든지 찾아온다는 사실을 믿기에 조급하지 않는다. 모든 것에 필사적으로 노력하지 않는다. 즉 '이번 기회밖에 없다'고 집착하지 않게 된다.

이처럼 실패에 대한 두려움 때문에 도전하지 못하는 사람이 있는 반면에 밑져야 본전이라는 생각으로 계속 도전하는 사람이 있다. 성실한 사람 입장에서 보면 후자는 이해 할 수 없는 사람인지 모른다. 다른 세상의 사람이라고 단정 짓는다. "나와는 거리가 멀다"하고 말이다. 도대체 이렇게까지 생각의 차이가 나는 것은 왜 일까? 우리는 일명 '자신감의 차이'라고 한다. 근거 없는 자신감은 '나는 대단하다'라는 전제 하에 생각하는 사람이라 설명 했다. 반대로 근거가 있어야 자신감이 생길 수 있다고 생각하는 사람은 보통 '난 잘 될 거니까 괜찮다'고 생각한다. 이 뜻은 '잘 안될 경우에는 난 괜찮지 않다'라는 뜻과 같다.

모든 일이 잘 되면 더할 나위 없이 기쁘겠지만, 현실이 그렇지 않다는 것은 우리 모두가 다 아는 사실이다. 만약 잘 안되더라도 나니까 괜찮은 것이다. 잘 되더라도 나니까 잘 되는 것이다. 이것이 긍정의 힘이 갖는 본질이다. 안 좋은 일은 되도록 가볍게 피해가고, 자신이 좋아하는 일에만 집중하면 된다. 간단하게 생각하면 쉽다. 복잡하게 생각하면 어렵다.

3-5

일주일에 3일만 일하고 먹고 노는 법

.
.
.

"인생이란 결코 공평하지 않다. 이 사실에 익숙해져라."

-빌 게이츠-

인생은 참으로 불공평하다. TV에서만 억대연봉을 받는 사람이 많다. 그 사람은 그만큼 노력을 했기 때문에 당연하다고 인정한다. 반면, 그 차이가 너무 커서 황당하게 만드는 경우도 있다. 우리가 알고 있는 상식으로 보면 분명 믿을 수 없는 일이다.

"내가 일한만큼 월급을 받는다"는 말은 상식처럼 들린다. 하지만 자세히 이 이야기를 들여 다 보면 '남들의 기대에 부응한 만큼, 고생한 만큼 대가를 받는다'는 의미인 것이다. 상식적인 세상에서는 이런 가치의 등가교환법이 당연시 여겨져 왔다.

우리가 사는 세상이 논리대로 돌아가면 좋겠지만, 결코 그렇지 않다. 아무리 발버둥 쳐도 올라가지 못한 산이 있기에, 우리는 지치고 힘든 것인지 모른다. 여기서 두 가지 분류로 나눠진다. 전자는 납득하고 살아가는 것도 하나의 방법이라고 생각한다. 후자는 자신의 노력으로 세상을 바꾸려고 노력을 한다.

보통 우리는 어떤 물건의 가치가 있는지, 없는지는 '기준'을 보고 판단한다. 사람도 마찬가지다. 가치의 판단의 기준은 미래지향적 특징을 갖고 있다. 이 논리대로 라면 후자가 분명 가치를 인정받을 것이다. 그리고 많은 돈을 얻어 행복할 것이라고 우리는 알아 왔다. 돈이 곧 행복이라고 할 수 없지만, 돈은 풍요로움을 상징한다. 마음의 안정을 가져 다 줄 수 있는 것은 사실이다.

우리는 앞에서 설명한 논리대로 살아왔다. 미래지향적인 사고를 갖고 열심히 노력했다. 그런데 왜 자신에게만 그 행운이 피해 가는 것일까? 사람의 성공이나 성장은 '꼭 이것을 해야만 성공한다, 이것은 절대 하지 않아야 한다'와 같은 논리로 성립 되지 않는다.

성공은 마음가짐이다. '나니까 괜찮구나'와 같이 어떤 상황 속에서도 자신을 긍정 할 수 있는 마음가짐에 따라 그 결과가 달라진다. 우리는 스스로 태어나고 싶다고 해서 태어난 것은 아니다. 선택 할 수 없다. 태어난 이유는 반드시 있다. 그렇다는 것은 누구나 성장할 수 있도록 이미 계획화 되어 있다는 것이다. 근거를 찾는다면 바로 나라는 존재의 사실이다. 그 사실을 인정하면 된다. 무슨 사이비 종교 같은 소리 하냐고 오해 할 수도 있다. 그러나 '나니까 잘 되는 거지'처럼 스스로를 인정하면 자연스럽게 감사하게 된다. '나는 대단하다'와 같은 마음은 언뜻 보기에 굉장히 거만한 태도일지 모른다. 이 모습은 앞에서 설명한 전자의 모습이다. 이렇게 생각하는 사람이야말로 실제로는 가장 겸손한 사람이다. 왜냐하면 '대단하다', '괜찮다'라는 근거 없는 자신감은 곧 자신이 속한 세상을 믿고 있다는 뜻이기 때문이며, 이는 다른 사람을 믿는다는 뜻이기 때문이다. 이처럼 인생은 어떤 생각을 하는지에 따라 바뀐다. 인생은 노력여하에 따라서 바뀌는 것이 결코 아니다. 마음가짐에 따라 인생이 바뀌는 것이다. 이 한 끗 생각에 차이가 세상과 사물을 바라보는 방식을 다르게 해준다. 할 줄 몰라도 나는 대단하다고 단언 할 수 있는 자신감, 감사와 잘못을 진심으로 표현하며, 자신의 부족한 점을 드러내는 겸손함, 강한 척하지 않고, 있는 모습 그대로의 모습을 드러내는 것, 이런 마음가짐으로 살다보면 무의식적으로 스스로가 대단하다고 느껴진다.

인생은 아름다운 것이다

스포츠선수들 중 빅 마우스(Big Mouth)라는 사람들이 있다. '올해는 절대 우승이다', '상대편을 식은 죽 먹기로 이길 수 있다'고 떠들어 대는 사람들이다. 근거 없는 소리라고 생각 할 수도 있지만, 반대로 생각하면 목표를 크게 갖는다는 의미이다. 프랑스 철학가 베르그송은 "노력과 창조는 상관성이 있다"고 했다. 목표를 크게 잡는다는 것은 그만큼의 노력을 하겠다는 의욕의 표현하기도 하다.

빅 마우스 중 우리가 잘 아는 한 명이 있다. 바로 미국 대통령 '도널드 트럼프'다. 트럼프는 어렸을 때부터 세계의 부가 자신을 기다리고 있다고 교육받았다. 그 배경에는 『긍정적 사고의 힘』의 저자 노먼 빈센트 필이라는 가족 목사가 있었다. '크게 생각하라'는 교육을 받은 트럼프는 부동산 개발자로써 자기 자신을 좋아했으며, 당당한 자기 이미지 덕분에 큰 돈을 벌었다. 목표는 뉴욕 부동산 세계를 넘어 더 크게 발전 하는 것. 도널드는 예전부터 대통령의 꿈을 가지고 있었다. 그리고 항상 싸울 준비가 되어 있었다. 대통령후보 연설 때도 "모두 저를 사랑해요", "저는 정말 영리해요", "와튼 경영대학을 졸업했어요"라며 자랑을 했다. 일부에서는 터무니없는 소리 같아 무시되기도 했지만, 값비싼 바이올린 다루듯 미디어를 능수능란하게 다룰 줄 알았다. 점점 언론을 통해 부동산 사업의 대가 이미지였던 트럼프는 부동산뿐만 아니라 모든 것을 다 잘 할 수 있는 만능의 이미지로 바뀌어 나갔다. 그리고 결과적으로 미국 대통령에 당선하게 된다.

주변사람에게 "나는 대단해요"라고 말하자. 처음에는 의심할 것이 뻔하다. 두 번째에도 의심 할 것이다. 세 번째에는 정말일까? 하는 의문이 들기 시작할 것이다. 네 번째부터는 '그럼 한 번 믿어 볼까?'로 생각이 바뀔 것이다. 사람들이 자신을 인정하고 성의껏 도와주면 진심 있게 감사함을 표현 하자. 모든 출발점은 절대적 자기긍정이 있어야 한다. 이것이 가능해져야만 순수하게 감사하게 되며, 겸손해 질 수 있다. 다시 말하지만 겸손은 피하는 것이 아니다. 또한 참는 것도 결코 아니다. 자신의 힘으로 정상까지 혼자 가려면 지치기 마련이다. 주변 사람들이 손을 내밀어 끌어 올려준다면 보다 쉽고 재미있게 올라갈 수 있다. '나는 대단하다'라고 말하고 다니면 주변 사람들이 가고자 하는 곳까지 구체적으로 안내 해줄 것이다. 그럼 누구에게든 진심으로 감사하게 된다. 성장에 대한 생각으로 너무 걱정 할 필요 없다. 자신을 믿고, '나는 대단해요'라고 계속 말하고 다니자. 정말 말 한마디로 시도 할 수 있는 일이 있다니, 이 얼마나 편하고 쉬운 일인가? 해 보고 후회하자. 그래야 피드백을 받을 수 있다.

철없는 어른이 될 바에는 동심의 어린이가 낫다

어른도 어린이도 모두 책임감이 있다. 이 세상은 누구 하나 할 것 없이 어른이 되기 위해 노력을 한다. 그 중에는 진짜 어른이 된 사람과 여전히 어린아이인 채로 남아 있는 사람이 있다. 후자의 경우 이것을 우리는 '피터팬 증후군'이라 한다. 그 의미는 완벽한 어른이 되지 못한 사람이다. 하지만 어른이 어른답지 못한다고 문제가 되지는 않는다.

존경받기 위해서, 사회에서 인정받기 위한 어른이 되기 위해 열심히 노력한다. 도대체 사람들은 왜 그렇게 어른이 되려고 노력하는 것일까? 가령 열심히 노력해서 어른이 된 사람도 여전히 부모의 기대를 부응하지 못한 것만 같아 어린이 시절의 슬픔과 상처를 갖고 있는 경우가 많다. 반대로 어른이 되려고 노력했지만 어른아이인 채로 남은 사람은 여전히 기대에 부응하지 못한다는 슬픔과 상처를 갖고 있는 경우도 있다. 공통점은 부모의 기대에 부응하고 싶다는 마음이 자리 잡고 있다는 것이다. 이런 노력이라면 노력하지 않는 것이 오히려 도움이 된다. 지금 이대로의 나를 인정하지 못하고 있기 때문이다. 예를 들어 우리가 알고 있는 상식으로는 피자 먹을 때 주로 뿌리는 소스는 '핫소스'라고 정의를 한다. 정의를 한 순간부터 핫소스는 피자의 양념으로 인식된다. 동시에 그것을 다른 곳에 응용해 보려는 의식이 차단되는 셈이다. 핫소스를 피자가 아닌 밥에 비벼먹으면 어떨까? 또는 마요네즈를 치킨소스로 뿌려먹으면 문제가 될까? 문제되지 않는다.

어른과 어린아이의 가장 큰 차이는 주저함이 없다는 것이다. 어른은 규칙을 깨거나 상식에 어긋나는 행동을 망설인다. 항상 마이너스 되는 면을 고려하기 때문에 기회를 놓치는 경우가 많다. 반대로 어린이는 순수함과 호기심이 있다. 지금 우리에게 필요한 것은 순수함과 호기심이다. 자신 안의 어린아이를 받아들일 수 있는 사람이 훨씬 더 행복하다.

어린이의 마음은 이런 식으로 여러 가지 속박과 구속으로부터 자유롭다. 그렇기 때문에 강할 수밖에 없다. 결국 어린아이 마음으로 돌아가야 한다. 어린아이로 돌아가서 옷이 더러워져도 상관없다. 콧물 흘리고 다녀도 상관없다. 오로지 자유롭게, 그리고 진심으로 즐길 수 있는 일을 하며 살자. 우리가 힘들다고 느낄 때면 추억을 되새기는 이유가 바로 여기에 있지 않을까? 억지로 먹기 싫은 것을 먹으면 꼭 탈이 난다.

이것 없으면 당장 죽을 것만 같은 기분으로 울면서 부모님에게 '이거 하고 싶다' 떼썼을 때를 기억하라. 그 열망을 기억하자.

Chapter 4.

성격리폼으로 나를 변화 시킨다

4-1

정말 하고 싶었지만, 포기했던 일을 되짚어보기

.
.
.

"앞으로 15년 내 화이트 컬러 직종 중, 80%가 완전히 사라질 것이다."

-경영학자 톰 피터스-

　지금하고 있는 일에 만족하는가? 2016년 대졸 신입사원의 1년 내 퇴사율은 27.7%다. (출처: 한국경영자총협회) 퇴사의 가장 큰 이유는 조직 및 직무적응이 49.1%로 가장 높다. 힘들게 노력하고, 바라던 취업인데 왜 회사를그만 두는 걸까? 일부에서는 "대기업이 아니잖아"라며 반문 할 수 있다.2015년, 한국 100대 기업을 대상으로 '한국기업 조직건강도'를 전 세계의글로벌 기업 1,800개과 비교했다. 비교항목은 3가지로(리더십, 업무 시스템,혁신 분위기), 그 결과 최상 10곳, 중상 13곳, 중하 25곳, 최하 52곳(출처: 대한항공회의소, 맥킨지)으로 나타났다. 절반 이상인 52곳이 최하이다. 그 이유는 비효율적이고 반복적인 회의, 그리고 상명하복식의 상하관계, 습관화된 야근 등이 있다.

외국인 관광객이 "서울 야경이 아름답다"고 말할 때, 대한민국 사람들은 그것은 '야근' 때문이라는 말까지 나올 정도이다. 그래서 일까? 우리는 좀처럼 노력을 그만 둘 수가 없다. 점점 높아져 가는 실업률을 생각한다. 100세 시대 미래까지 계획해야 한다. 그래서 힘들지만 참고 일한다. 이와 같이 많은 사람들이 오늘도 경쟁에서 살아남기 위해서 어김없이 노력을 한다.

남은 속여도 내 '마음'은 못 속이는 법이다. 지금 하고 있는 일이 힘들다고 생각할수록 '생업'보다 '천직'이란 단어가 더욱 매력적으로 들릴 수밖에 없다. 누군가 이미 좋아하는 일을 하고 있다면, 더할 나위 없이 부럽다. 좋아하는 일을 하면서 돈을 벌 수 있다니 부러울 따름이다. 한 때 김연아 선수가 부러웠다. 왜냐하면 어린나이인 7살 때부터 자신이 좋아하는 일을 했고, 그 노력의 결과 올림픽 금메달을 획득했다는 사실 때문이다. '나도 좋아하는 일을 어렸을 때부터 알았다면, 그 일을 지금까지 계속 할 수 있었다면, 지금과 상황이 많이 바뀔 수 있었을 텐데'라는 푸념을 한 적도 있다. 결과를 떠나서, 자신이 무엇을 좋아하는지 아는 것은 중요하다. 왜냐하면 아직도 자신이 무엇을 좋아하는지 모르는 사람이 많다. 지식 과잉 무한정보 세상에서는 모르면 주저하게 되고, 시작조차 할 수 없게 만든다.

변화의 흐름을 파악해라

2020년 일자리의 미래보고(출처: 세계경제포럼; WEF)에 의하면, 사무, 제조, 예술, 건설, 정비 등과 같은 720만 개의 일자리가 사라질 것이라 예측했다. 반대로 판매, 금융, 경영, 컴퓨터, 수학, 공학 등과 같은 210만 개의 일자리가 새로 생길 것이라 예측했다. 전문가들은 앞으로의 제4차 혁명시대는 컴퓨터적이고, 통계적인 사고가 필요할 것이라 한다. 현재 7세 이하

어린이 중 65%는 지금은 존재하지 않는 직업을 갖게 될 것이라는 보고도 있다.

미래학자 엘빈 토플러는 2007년 한국 방문 당시 "한국 학생들은 미래에 필요하지 않는 지식과 존재하지 않을 직업을 위해 매일 15시간씩이나 방비하고 있다"는 말을 전한 바 있다.

사교육 1번지, 강남 대치동에서는 '빅 데이터'를 배우기 위해 약 200만 원 상당의 코딩교육에서부터 1,000만 원대의 코딩캠프까지 활성화 되어 가고 있다. 앞으로 미래유망직종인 '데이터 과학자'가 되기 위해서 노력하고 있는 것이다. 교육부는 2018년부터 초·중등학교에서는 소프트웨어 교육을 의무화 할 것이라 발표했다.

세상은 이처럼 급속도로 변해가고 있다. 과연 우리는 앞으로 다가올 미래에 대해서 어떤 준비를 해야 할까? 과거 많은 부모님들은 자녀들을 '글로벌 인재'로 키우기 위해 조기유학을 보냈다. 최근 어학연수와 같은 유학은 이제는 취업의 필수코스로 자리매김한지 오래다. 이렇게 트렌드는 바뀌며, 사람의 생각도 시시각각 바뀐다. 전자의 경우 미래에 남들보다 발빠르게 움직이기 위해 미리 '데이터 과학자'를 준비하고 있다. 반면, 후자는 아직 미래에 대한 실감이 오지 않아 기존에 만들어진 상식의 틀에서 벗어나지 못한 채 지금 방식대로 노력하고 있다. 과연 어느 쪽이 더 현명하다고 말할 수 있을까? 정답은 둘 다 틀렸다고 생각한다. 트렌드를 계속 따르다보면 한계의 부딪치기 마련이고 그러면 또 다시 노력을 해야 한다. 트렌드는 많은 사람들도 그렇게 공감하고 있는 뜻이기도 하다. 수요가 많다는 뜻은 경쟁도 심하다는 뜻이므로 남들에게 뒤쳐지지 않으면 안 되겠다는 압박감이 따라 올 수밖에 없을 것이다. 이것은 곧 자기부정으로 빠져버리게 만든다.

현재에도, 미래에도 신념이 흔들리지 않는 사람이 되기 위해서는 먼저 자신을 알아야 한다. 그리고 자신이 좋아하는 일을 해야만 한다. 믿음이 생기면 지속할 수 있게 만들어준다. 누가 시켜서 하는 것이 아니기에 할 수 있다.

좋아하는 일을 하면 주인의식을 갖게 된다. 그 분야에 전문가가 되어야 만 그 변화의 흐름에 올라 탈 수 있다. 세상은 계속 변하고 있다. 미래의 유망직장 또한 어느 순간 누구나 다 할 수 있는 흔한 일이 될지 모른다. 그 때마다 또 새로운 것을 배우기란 결코 쉽지 않은 일이다. 좋아하는 분야 의 상위 10%에 들기 위해 최고가 되라.

원하는 삶을 살지 못하는 우리

천직을 찾으려고 하는 사람은 평생 천직을 만나지 못할 가능성이 크다. 적은 시도와 쉽게 포기하는 습관 때문이다. 간절함이 부족해서 일까? 그 렇다. 단지 당신이 찾고 있는 것은 오로지 '2017년 트렌드'이기 때문이다. 2016년 UN지속가능위원회에서 전 세계 158개국 대상으로 '생애 선택 자 유 지수'를 조사한 자료에서 한국은 아시아 국가 중 최하위를 기록했다.

"1위 우즈베키스탄, 2위 노르웨이, 3위 캄보디아, … 45위 일본, 122위 한국"

앞 내용을 참조하면, 대한민국은 많은 사람들이 직업이란 틀에 박혀 자 유를 잃어가고 있다는 사실을 알 수 있다. 대다수는 이 어려운 상황들을 타파하기 위해서 천직을 찾으려고 애쓰는지 모른다. 이런 이유라면 평생 '천직'은 찾기 힘들다. 세상은 지금도 1분 1초씩 변해가고 있다는 사실을 기억하자.

진지한 자세로 자기 자신과 마주해야 한다. 우리는 보통 고민이나 진로 상담을 할 때 주변사람에게 물어 보는 것이 대다수이다. 자신의 의견을 남에게 이야기하면서 자신도 모르게 스스로 깨닫는 경우가 있다. 하지만 남의 의견을 참고는 할 수 있지만 그것이 결정에 영향을 미쳐는 안 된다. 설령 전문가일지라도 말이다. 많은 이들이 새로운 일을 시작할 때면, 가장 중요시 여기는 것이 급여이다. 결코 보수가 높다는 이유로 진로를 바꿔서는 안 된다. 그 이유가 궁금하다면, 자기 스스로에게 물어 보면 알 것이다. 결국 얼마 안 가 다시 제자리로 돌아올 것이다. 시간낭비는 금지다.

할 수 없을 것 같아 포기해 버린 자신을 직시 할 필요가 있다. 혼자 있을 때 그 힘은 배가 될 것이다. 일기를 쓰면서 자신이 느끼고 있는 심정을 솔직하게 적어 보는 것은 좋은 방법이다. 대부분의 정답은 이미 자신에게 있다. 포기했던 일 중에 정말로 하고 싶은 일이었거나 "이거 괜찮네? 해보고 싶다"라는 생각이 들었던 일이라면, 직접 여러 가지 일을 해보라고 권하고 싶다. 사실 해 보지도 않았는데, 좋다 혹은 싫다는 감정을 느끼기에는 역부족이기 때문이다. 그러면서 리스트를 하나하나 지워 가면 된다. 결국 남는 것이 바로 '하고 싶은 일'이다.

우리는 한 가지만 열심히 해야 한다고 배워왔다. 하나를 보면 열을 안다는 말도 있다. 즉 "하나도 못하면서 여러 가지를 한꺼번에 할 수 있겠어?"라며, 사람들은 "산만하다", "집중력이 부족하다", "끈기가 부족하다"라는 표현을 써 왔다. 부정적의미가 컸다.

『피카소처럼 생각하라』의 저자 오가와 히토시는 다음과 같이 말했다. 작품 '모나리자'로 유명한 피카소는 대량의 작품이 있다는 것과 미완성작품이 많다는 것으로 유명하다. 무려 약 8만 점의 그림이 있다. 그는 완성에 구애받지 않았다. 완성을 오히려 부정적으로 여겼다. 사실 완성이라고 선언하면 완성인 것이다. 이것은 오히려 단순히 끝내기를 의미한다. 이처럼 피카소는 "끝내기가 뭐가 좋은가, 그 이상 더 좋아질 수 없는 점에서는 마이너스밖에 없다"라고 주장한다. 다시 이어질 가능성은 남겨 두는 것이다. 즉 미완성을 긍정적으로 받아들인 뒤, 이어질 가능성을 남겨 놓고 언제까지나 계속 달리는 것이다. 어쩌면 완벽 같은 것이 없는데 완벽을 목표로 삼고 시작하니 영원히 완성되지 않는 것은 아닐까? 피카소는 그림을 완전히 포기하지 않기 위해 작품마다 완성을 포기했다.

피카소는 '기분파'였다. 젊은 시절 낮 시간에는 놀고 밤 시간에 작업을 집중했다. 피카소의 연인 프랑수아즈 질로에 의하면 피카소는 기분에 따라 동시에 6장의 작품을 골랐고, 집중력을 훌륭하게 사용하기 위해서 같은 것을 장시간 하지 않았다. 자기의 컨디션을 최우선으로 했다고 전해진다.

항상 집중하고 즐거운 마음가짐으로 1시간에 1장이 아니라, 6시간에 6장을 그린다는 감각으로 자기가 그리고 싶은 것과 시간을 조절했다.

심리학에서 '학습곡선'이라는 개념이 있다. 새로운 것을 배울 때 처음에는 급속히 실력이 붙지만 나중에 좀처럼 늘지 않는 경험을 바탕으로 둔 이론이다. 왜 처음 급속히 향상되는가 하면 제로에서 시작해서 어느 정도의 수준이 이르는 것은 기술적으로 간단하기 때문이다. 그것이 상위 수준으로 올라가면 갈수록 습득하기 어려워진다. 때문에 간단히 숙달 할 수 없었던 것이다. 기술적 문제 이외 또 하나의 이유가 있다. 너무 잘 알고 있는 '열정'이다 처음에는 누구나 의욕이 타오른다. 스피치론 작가 조시 코프먼은 TED 강연에서 열정도 최초의 20시간에서 가장 향상 된다고 소개한 적이 있다. 열정을 유지하는 것은 정말 중요하다. 비행기의 연료가 떨어지지 않도록 유지해야 하는 것과 같이 매우 중요하다. 그래서 우리는 그 연료가 완전히 바닥나지 않도록 조금씩 잘 조절해야 한다. 바람이 불면, 바람을 잘 타야 한다는 말이다.

지금 당장 쓸데없는 노력을 중단하라. 미래에 필요하지 않는 지식과 존재하지 않을 직업을 위해 힘 낭비를 할 필요가 없다. 급속도로 변해가는 트렌드를 잡기 위해 노력 말자. 먼저 미래를 준비하려면 지금 당장 무엇을 좋아하는지, '나' 자신을 파악할 필요가 있다.

'기분파'는 우리가 알고 있는 '생각 없이 행동'하는 사람이 절대 아니다. 내 감정에 충실한 사람이다. 내 자신을 소중히 여기는 사람이다. 열정 있는 사람이다. 방법은 꼭 한 가지만 있는 것이 아니라는 것을 말하고 싶다. 방법은 다양하다. 나에게 가장 잘 맞는 방법을 찾는다면, 지속하는 것은 전혀 문제가 안 된다. 인생의 주인이 된 사람은 상위 3%에 오른다. 모든 일에 주인의식을 가져라.

자신의 기억으로 상대의 의도를 판단하지마라

·
·
·

"아무런 위험을 감수하지 않는다면 더 큰 위험을 감수하게 될 것이다."

-에리카 종-

사람들은 하루에도 수많은 선택과 판단을 한다. '선택'은 여럿 가운데 필요한 것을 뽑는 것, '판단'은 옳고 그름을 주관적으로 정하는 것이다. 보통 우리는 어떤 일을 겪게 될 때, 과거의 기억들 중 하나를 선택하여 현재 상황과 비교한다. 지금 맞닿은 것이 부정적인 상황 일 때는 과거에 겪었던 아픔과 동일시 하는 경향이 있다. 무의식속의 그 기억을 떠올려 버린 당신, 이것은 현재가 아닌 과거를 보며 생각하고 있는 것과 같다. 그리고 멋대로 판단 해버린다. "감히 내 말을 무시해?"라고 말이다.

오해는 또 다른 오해를 낳는다. 자신의 판단에는 아무 잘못도 없다는 것을 입증하기 위해 또 다른 선택과 판단을 한다. '결국 이 문제의 원인은 다 너 탓'이라고 말이다.

주변 분위기가 신경 쓰인다면 자신의 불안부터 살펴라

사람은 호기심이 많다. 자기 주변에서 '나'라는 존재가 어떤 평가인지, 어떤 사람으로 인식 되는지 궁금해지는 것은 어쩔 수 없나 보다. 여러 사람이 모이는 장소면 먼저 어떤 분위기인지 파악하기 마련이다. 내가 온 순간부터 분위기가 이상하다고 느꼈다면, 무엇인가 실수한 것 같은 느낌이 들기 쉽다. 이유를 알 수 없는 두려움 때문인지, '내가 전에 말실수를 했나?', '질문해도 답변이 짧은 걸 보면, 나한테 화가 났나?'라는 생각이 들기 쉽다.

과거에 "분위기 파악 좀 해!"라는 말을 한 번쯤 들어본 사람이라면, 신경 쓰이는 것이 당연하다. 어떻게든 그 분위기를 바꾸고 싶다는 마음이 굴뚝같을 것이다. 이런 경우일수록 자신의 감정에 솔직하지 못한다. '내가 잘못한 것 있어?'라고 솔직하게 물어보기에는 또 다른 오해를 만들지 모르는 두려움 때문에 포기를 한다. 결론적으로 문제가 아닐 수 있는 문제를 해결하려고 하는 것은 모두 자신을 보호하기 위한 보호본능 때문일지 모른다. 즉 자신이 나쁜 평가를 받기 싫다는 의미이다. 타인을 존중해주고 주변사람을 소중히 여기는 당신이다. 그런데 여기에는 가장 큰 함정이 숨어 있다. 바로 당신의 존재는? 당신의 생각은 점점 없어지고 있는 것이다. 보이지 않는 그 두려움은 실제 하고 있지 않을 확률이 높다. 그 두려움은 자기 자신 안에 있기 때문이다.

혼자만의 착각, 망상에서 벗어나야만 한다. 손해보고 싶지 않다고 생각하면, 더욱 손해 보기 마련이다. 사랑받고 싶을수록 사랑에서 멀어지는 것과도 같다. 설령, "너는 애가 왜 이렇게 이기적이야?"라고 질문을 받는다면, "미안, 나는 원래 이런 사람이야"라고 선언하자. 그럼 상대방도 어찌할 방법이 없을 것이다. 납득할 것인가? 납득하지 못 한다면, 그 관계는 끝이 날 것이다. 이 위기는 언제든지 찾아 오기마련이다. 왜냐하면 서로 진짜 자신의 모습을 숨기고 있기 때문이다. 이 때 "실패해도 괜찮아, 비웃으라고 그래!"라고 생각하면 된다. 물론 당당히 당신의 의견을 말했는데, 상대측에서 비웃음이나 비판을 듣게 되면, 신경 쓰이는 것이 당연하다. 두려움은 항상 존재하기 마련이다. 하지만 이 상황을 또 다시 회피하고 만나면, 지금과 같은 사람이 될 뿐이다. 변화를 원하는 이라면 마음가짐을 바꿔야 한다. '싫으면 말고!' 하며 간단히 넘겨보면 어떨까? 누가 뭐라고 하지 않는다. 그렇게 생각하는 당신만이 있을 뿐이다.

호주 워킹홀리데이 때 만난 두 명의 친구들이 있다. 한명은 호주에서 영어만 잘 할 수 있다면, 정말 재미있게 일도 할 수 있고 여행도 할 수 있다는 이야기를 한다. 또 다른 한명은 영어 못하더라도, '자신감'만 있으면 된다고 생각하는 이다. 즉 '마음먹기 나름'이라는 것이다. 전자의 경우 '영어를 잘한다면'이라는 전제가 깔려있다. 이것이 해결되지 않는다면, 앞으로 나갈 의지가 없다는 뜻이다. 실제 이 친구는 좀처럼 영어가 향상되지 않았다. 영어를 잘해야만 그 다음 단계로 넘어갈 수 있다고 너무 집착했기 때문이다.

결국 '이럴 바에는 돈이나 벌고 가자'로 생각이 바뀌고 말았다. 후자의 경우 영어는 잘 못했지만, 현지사람들과 함께 일하며, 잘 어울렸다. 갖고 있는 것은 자신감밖에 없다고 말 할 정도였다. 주말이면 혼자 호주현지인들만 자주 가는 술집에 갔다. 첫 느낌은 인종차별적인 느낌이 있었다. '아시안 몽키'라는 말을 들었다. 만약 전자라면, '감히 나를 무시해?, 더럽고 치사해서 안가고 말지' 하고 넘어 갔을지 모른다. 왜냐하면 자기보호본능이 발동했기 때문이다. 후자의 경우 이 상황 일수록 더욱 당당해졌다. 자신의 손으로 자신을 가리키며, '여기! 여기! 아시안 몽키!' 하면서 여기에 있다며 오히려 호주사람들을 당황 시킬 정도였다.

누가 어떤 말을 하든, 나의 가치는 전혀 떨어지지 않는다. 가볍게 넘기면 그만이다. 처음에는 쉽지 않겠지만, 이렇게 하나하나 자신의 허용범위를 넓혀 가야 한다. 할 수 있는 범위를 넓혀 가는 것이다. 많은 시도를 통해 경험을 쌓을 필요가 있다. 그 선택지를 넓혀 나가라!

두려움이란 보이지 않기 때문에 더욱 무섭다. 그 두려움의 실체가 무엇인지 알게 되면, 반드시 극복해 나갈 수 있다. 『커피 한 잔의 명상으로 10억을 번 사람들』의 저자 오시마 준이치는 "인간이 선천적으로 가지고 있는 공포는 낙하공포와 소리공포, 이 두 가지 밖에 없다. 이것은 자기 보호를 위해 자연이 준 일종의 경보이므로 정상적으로 자연스러운 공포이다. 자동차가 가까이 오는 소리를 들으면 길옆으로 비키는 것처럼 말이다. 하지만 공포증은 비정상적이며 파괴적이다. 자신이 두려워했던 일이 실제로 벌어지기 때문이다. 그러나 비정상적인 공포는 상상력이 빚어낸 것이므로, 마찬가지로 극복하는 것도 상상력으로 얼마든지 가능하다"고 말했다. 지금 우리가 겪고 있는 공포는 비정상적인 공포다. 상상력으로 만들어 낸 것이다. 이것을 역이용하자. 만약 외국인 앞에서 영어로 말하는 것이 두렵다면, 자신이 외국인 앞에서 당당히 말하고 있는 모습을 상상해 보면 어떨까? 아무런 떨림 없이 커피 한 잔을 하면서 즐겁게 대화하고 있는 모습을 말이다.

대화의 달인은 자신의 약점을 감추지 않는다

인간관계를 잘 유지하기 위해 부단히 노력한다. 상대의 이야기를 잘 들어 주는 것도 중요하다. 하지만 인간관계로 고민하는 사람일수록 듣기만 하는 사람이 많다. 왜냐하면 우리는 '남의 이야기를 귀 담아 듣는 것이 좋다' 또는 '말을 많이 할수록 실수가 생기는 법이다'라는 말을 믿고, 최대한 자제해 왔기 때문이다.

하지만 무엇보다 중요한 것은 상대방에게 자신의 약한 모습조차도 솔직해 지는 것이다. 우리는 약한 면을 숨긴 채, 강한 모습만 보이려고 했기 때문에 인간관계로 고민하고 있는 것은 아닐까? '몸이 힘든 것은 참겠는데, 정신적인 스트레스는 참을 수 없다'라는 말이 나올 정도로 말이다. 오히려 강한 모습만 보인다면, 부자연스럽다. 공감은커녕 거리감을 느끼게 할지 모른다. 혼자서도 잘하니, 도움이 전혀 필요 없는 사람으로 느끼게 만드는 것과 같다. 반대로 자신에게 솔직해 질수록 상대방은 '편안한 사람'이라고 인식할 것이다. 공감, 솔직함 그리고 상대방에 대한 존중이다.

TV방송 '말하는 대로'의 작가 조승연은 "'파라곤 정신'은 리더의 자질이다. 대한민국 사회는 경쟁 사회다. 이기는 것이 옳다고 배워왔다. 공부를 하는 이유가 공부에 있어서 반의 다른 애들을 꺾고 1등하기 위해서이며, 스포츠시합을 나가는 이유는 남을 꺾고 금메달을 따기 위해서이다. 이처럼 많은 사람들이 수단과 방법을 가르지 않고, 이기는 사람을 좋아해왔다" 이처럼 '나만 아니면 돼'라는 것이 유행어가 될 정도로 남은 상관 하지 않고, 오로지 자신이 이기는 법만을 중요하게 여겼다.

고대 그리스는 금을 화폐로 사용했다. 그 시대 또한 위조지폐가 많았기에 '파라곤'이라는 돌을 이용했다. '파라곤'은 금에 닿으면 색이 변한다. 즉, '파라곤 정신'은 금도 파라곤에 대봐야 가치를 알듯이, 사람 역시 어려운 상황을 겪어봐야 그 사람의 진가를 알 수 있다는 뜻이다. 사람이 살아감에 있어서 의견이 충돌 할 수밖에 없다. '파라곤 정신'은 이기려고 싸우는 것이 아님을 이해하는 것이다. 그럼 왜 싸울까? 바로 견주어 보고 견제하기 위해 싸운다.

펜싱은 굉장히 채점이 어려운 스포츠이다. 워낙 칼이 빨리 움직이기 때문에 찌른 사람조차도 제대로 찔렀는지 파악이 힘들 정도이다. 그럼 어떻게 점수를 매길까? 최근 올림픽 경기에서는 전자센서 장비로 득점을 판단하지만, 이 전자 장비를 착용하는 것은 18세기, 19세기 펜싱의 법도에 어긋나는 행동이다. 축구에서 득점을 하면 골이라는 표현을 한다. 펜싱은 '투쎄'라는 표현을 쓰는데, 축구처럼 득점자가 점수를 획득했다는 표현이 아니다. '투쎄'는 '(득점)상대방을 찔렀다'가 아니라 '(실점)찔렸다'라는 의미이다. 즉 18세기 펜싱의 채점은 득점한 사람이 아니라 실점한 사람이 손을 든다. 상대편한테 점수를 주는 것이다. '네가 이겼어!'라고 말이다. 옛날 펜싱스포츠는 무예이다. 무공을 쌓아서 진짜 나쁜 놈이 쳐들어왔을 때, 지켜내기 위함인 것이다. 그럼 무공은 어떻게 쌓는가? '투쎄'라고 말 할 때, 나의 패배를 인정하는 순간, 비로소 쌓이는 것이 무공이다. 우리 주변에도 패배를 인정하지 않은 채, 자신이 이겼다고 말 하는 사람이 있다. 인정하지 않으면 발전 할 수가 없다. 결국 그 손해를 보는 것은 바로 당신이다.

1달 전에 다친 손목의 상처는, 자연스럽게 낫기 마련이다. 당신이 낫고 싶어 하기 때문이다. 반대로 안 좋은 징크스는 계속 따라다닌다. 당신이 그 사실 잊고 싶어 하지 않기 때문이다. 남을 용서하지 않는 마음은 아픔이 가시지 않는 상처를 계속 안고 사는 것과 같다. 과거와 매듭을 짓자. 그리고 이별을 고하자! "흔쾌히 용서할게" 이 한마디면 충분하다.

결과와 행복은 별개의 문제다. 하지만 우리는 지금까지 이기는 것이 곧 '행복'이라고 믿어 왔는지 모른다. 우리 인생의 목적은 어디까지나 '자기계발'이다. 어제보다 발전한 나를 만들기 위해서 매일 노력하는 모습, 하나하나 경험을 쌓는 것, 그 과정 속에 행복이 있다. 인간관계는 인생에 있어, 무엇보다 중요하다. 거짓말은 신뢰를 잃게 만든다.

영어, 이제부터 목숨 걸 정도는 아니다

"오를 산이 정해지면 인생의 반은 결정된 것이다."

- 손정의-

　지금은 21세기 글로벌 시대다. 영어에 대한 고민은 누구나 한 번쯤 해 봤을 것이다. 학교 진학을 위해서, 취업을 위해서, 진급 등을 위해서 말이다. 우리는 생각한다. 영어를 잘하면 할 수 있는 일도 많다. 그만큼 기회도 늘어나고, 더 넓은 세상으로 나가 큰 꿈을 펼칠 수 있을 것만 같은 기대를 말이다. 확실히 영어를 못하는 것보다 이점이 훨씬 많은 것이 사실이다. 국적이 달라도, 영어를 통해서 소통할 수 있기 때문이다. 하지만 영어로 둘러싸인 당장 눈앞에 놓인 현실 속에서는 오히려 우리를 더욱 고통스럽게 만든다. 우리가 왜 영어에 집착해 왔는지 그 이유, 그리고 앞으로 접근해야 할 방향을 말하고자 한다.

　한국 기업들이 하는 비즈니스 자체가 대부분 해외와 연결되어 있다. 괜

짧은 회사는 대부분 해외를 상대로 비즈니스를 하고 있는 상황이다. 그래서일까? 앞으로 다가올 미래는 언어의 중요성을 더욱 강조하는 분위기다. 현재 영어 유치원이 전국에 약 200개 이상 있다. 사교육 시작연령은 약 3.7세라고 한다. 지금 대한민국은 사립초등학교, 국제 중학교 열풍이 불고 있다. 원어민 교사와 레벨별로 나눠 교육이 이뤄진다는 강점 때문인지, 열기가 식지 않고 있다. 이 현상은 자녀들의 의견보다 부모님들의 의지가 강해 보인다. 왜냐하면 영어를 '평가와 경쟁의 대상'이라고 믿고 있기 때문인지 모른다. 영어를 못하면 살아남을 수 없다는 불안감이 점점 커져간다. "혹시 영어로 나중에 피해를 보지 않을까?" 하고 말이다.

문제는 이러한 불안들이 대한민국에서는 거짓이 아니라는 점이 더욱 걱정스럽다. 영어를 잘하는 것과 못하는 것, 자꾸 이렇게 가치를 부여하기 때문에 더욱 집착할 수밖에 없는 상황을 만든다. 또한 영어를 배운 사람과 못 배운 사람들은 사회에서 큰 영향력의 차이를 보인다. 한 부모님은 '영어는 유산'이라 할 정도이다. 조선시대에 양반계급이 한문이라는 언어를 독점함으로써 지식을 독점하고 사회의 권력과 부를 독점했던 현상과 같다.

대학민국 세계화 선언

1995년 이후 미디어를 통해 하루도 빠짐없이 영어 이야기가 나왔다. 우리나라 대기업도 이에 힘을 실어주듯, "LG, 1999년 영어성적 낮으면 승진 탈락", "삼성, 1999년 영어회화시험을 전 직원에게 실시, 인사고과에 반영", "SK, 1999년 사내 의사소통을 영어로 하겠다"와 같은 소식을 발표했다. 그 이후부터일까? 토익응시자는 1995년 40만 명에서 무려 15년 만에 200만 명을 돌파했고(출처: YBM한국토익위원회) 토익은 취업의 필수항목으로 자리매김 하였다.

'토익은 900점부터 시작'이라는 말이 있다. 영어실력을 떠나서 영어를 이만큼 오랜 기간 동안 열심히 공부한 하나의 증표인 셈이다. 그래서 시험 점수를 1점이라도 높이기 위해 노력하고 있는지 모른다. 반대로 미국의 하버드 대학입학을 하기 위해서는 스포츠나 악기를 배워야 한다는 말이 있다. 이유는 스포츠가 '어떤 일을 지속적으로 할 수 있다는 열의'인 것이기 때문이다. 스포츠를 했다는 것은 '고통스러운 연습 → 슬럼프 → 큰 부상'이라는 모든 과정을 극복했다는 것이므로 여기에서 인성을 보여주는 셈이다. 어찌 보면 굉장히 닮은 점이 있지만, 인성을 중시한다는 점에서 상당히 다르다. 일본 기업 또한 신입사원 채용 시 중요시하는 항목 중 1위는 인성(성격)과 회사와 성향과 맞는지 여부, 2위는 기업에 대한 열의였다. 어학력, 즉 영어는 10위다.

영어점수보다 자기부정에 빠지는 것이 더 위험

트렌드는 하루가 다르게 빠르게 변하고 있다. 영어에 너무 집착한 나머지 트렌드에 뒤쳐질 수 있다. 영어 또한 바뀌고 있다. 진짜 영어를 공부하는 목적이 무엇인가?

혹시 주위에서 모두 열을 올리기에 자신도 하지 않으면 안 되겠다는 불안 때문이라면 그만두자. 한 살이라도 더 어려서 남들보다 한 걸음이라도 앞서보겠다고 노력하고 있다면 그만두자. 성공하기 위해서 영어가 반드시 필요하다고 생각한다면 그만두자. 엄청난 스트레스를 받으면서까지 노력하고 있다면 그만두자. 무엇보다 우선적으로 자신이 가려고 하는 목적지와 그 방향이 맞는지 확인해야 한다.

EBS 다큐멘터리 '한국인과 영어'에서 역사를 알면 현재를 알 수 있다는 말이 있다. 19세기 조선의 변화, 그 핵심에 영어가 있었다. 조선에서는 서양말이 더 이상 낯설게 들리지 않던 시절, 1882년 5월 25일, 제물포에서 조선 개국 500년 만에 미국과 '조미수호통상조약'이 체결된다. 그 당시 조선 측 사람들은 영어를 못했기 때문에 청나라 사람에게 번역을 요청한다. (2중 통역 체결) 한마디로 조선은 영어를 잘 모르는 나라였다. 우리의 뜻이 제대로 전달되었는지 검증 하지 않은 채 체결한 것이다. 역사기록에 의하면 정조 21년(1797년) 9월 6일, 한국은 처음으로 외국인과 접한다. 조선 해안조사를 목적으로 부산에 정박한 영국함대였다. 두 번째 또한 순조 16년 (1816년) 7월 19일, 이번에도 영국이었다. 그 당시는 서양인과 접촉했다는 이유만으로도 보안법 이상의 엄중한 처벌을 받던 시대였다. 서양 사람을 보더라도 눈도 감은 채 모른 척, 못 봤다며 신고를 안했다. 왜냐하면 조선은 중국 이외에는 모두 오랑캐라고 여겼기 때문이다.

하지만 서양오랑캐에 의해서 세상은 바뀌고 있었고, 중국은 과거의 힘을 믿고 배짱을 부리다 서양의 힘에 위축되었으며, 대륙은 그들의 각축장 되었다. 일본도 강압의 의해 1858년 미국에게 문을 열었다. 일본에게도 서양은 미지의 세계인 동시에 두려움의 대상이었다. 하지만 중국이 아편전쟁에서 영국에 패한 것을 보았던 일본은 서양식 군사력에 대한 강한 위기의식을 갖게 된다. 처음에는 강압으로 이뤄졌지만, 빠르게 세계의 흐름을 읽었고, 불과 10년만인 1868년 다가올 미래를 대비한다. 산업혁명 후 일본 근대화에 가속도가 붙었고, 1872년 일본에는 증기 기관차가 다녔다. 징병제를 통해 서양식 군대를 양성 했으며, 빠른 시간에 선진국 수준의 화력을 갖췄다. 이 과정에서 가장 먼저 필요한 것은 영어였다. 일본 근대화의 상징적 인물, 후쿠자와 유키치는 미국에 2번, 유럽에 1번 방문하면서 세계의 중심이 미국과 영국이 될 것을 예측한다. 영어를 배우면 프랑스나 독일 같은 여러 가지 정보를 얻을 수 있다. 즉 모든 학문은 영어로 배울 수 있다는 것을 알았던 것이다. 고심하던 조선임금 고종은 1881년 조사시찰단을 처음으로 일본에 파견한다. 역사가 생긴 이래 우리나라가 일본에서 무엇을 배우겠다고 한 것은 이 때가 처음이다. 시찰단은 달라진 일본을 보고 놀라움을 금치 못한다.

그 이후 조선은 본격적으로 미국에 관심을 갖는다. 그 배경은 『조선책략』이었다. 『조선책략』에서 주장한 러시아를 막을 책략은 미국과 적극적으로 연계해야 한다는 것이었다. 미국이라는 나라는 땅덩어리가 넓어서 땅을 빼앗으려하지 않고, 공평정대한 나라라는 인식이다. 또한 미국과 체결한 조약대로라면, 조선이 어려울 때 미국이 손을 잡아 줄 것이라고 고종은 믿었던 것이다. 그 결과, 1883년 보빙사절단을 미국에 보낸다. 미국의 선진문물을 배워 오겠다는 이유였다. 보빙사의 임무는 샌프란시스코, 시카고, 워싱턴, 뉴욕 등 미국의 주요도시를 보고 오는 것이 임무였다. 결과는 충격 그 자체였다. 지금까지 본 적도, 들은 적도 없던 것들이 눈앞에 펼쳐진다. 방직 공장, 대량 생산이 가능한 농장시설, 뉴욕의 우체국 등이다. 가장 크게 놀랐던 것은 전기였다. 미국은 1882년 에디슨 전기 회사 설립으로 전기가 보편화되었던 것이다.

조선은 서양문화를 배우기 위한 첫 단계로 육영공원을 설립하여 과거 급제 출신의 7품 이하 관료들을 좌원에 넣어 공부하게 하였고, 똑똑한 사람을 15살부터 20살까지 우원으로 넣어 공부하게 하였다. 또한 그 중 성적이 우수한 사람을 골라서 벼슬을 주었으며, 교수 또한 미국정부의 추천으로 우수한 사람을 데려오게 하였다. 영어는 '직접교습법'으로 학생들을 가르쳤다. 직접교습법은 직접사물을 보여주면서 이해를 높이는 방식이며, 그 날 분량의 단어를 암기, 외우지 못하면 집에 못 가게 했다. 이런 방식으로 10개월 만에 3천 단어를 통달 할 정도였다. 이 때 조선의 임금 고종은 직접 학생들에게 시험을 보겠다는 강한 의지를 표현할 정도로 관심이 컸다. 지금 현재의 교육방식과 큰 차이가 없을 정도다.

그 이후 1910년까지 선교사들에 의해 세워진 학교는 전국에 400여개가 될 정도로 영어가 대세가 되었다. 그 시초에는 아펜젤러가 세운 '배제학당'이 있다. 가장 큰 특징으로는 입학의 제한이 없었다는 것이다. 이때까지 교육은 양반의 전유물이였던 반면, 배제학당은 신분차별 없이 교육을 배울 수 있었던 것이다. 그 학당의 청년들 중심에는 '이승만'이 있었다. 그의 영어는 입학한지 4개월 만에 학당의 초급영어교사가 될 정도로 굉장히 유창했다. 영어 하나만이 이유라고 말 할 수는 없겠지만, 결국 영어는 그를 대한민국의 초대 대통령으로 만든 원동력이 된다.

1950년 6월 25일, 예고 없이 찾아온 전쟁에서도 연합군중심으로 전쟁을 치룬 한국진형에서는 영어통역이 절실한 상황이 펼쳐졌다. 광복 이후 3년간의 미 군정기 때 영어의 실효성은 더욱 커져갔다. 군사적 관리 동안에 공식 언어는 바로 영어였기 때문이다. 일제강점기 시대 이후, 영어의 관심은 더욱 높아져 갔다. 영어는 곧 출세의 의미이기도 했다. 1948년 교육교류 목적으로 한미 양국 유학 프로그램인 '풀브라이트'가 생긴다. 1960년대 말까지 유학생은 약 600명이였고, 졸업 후 사회 곳곳에서 국가 성장의 기틀을 마련했다. 미국유학파 성공시대의 풍조도 이때부터 시작된 것이다. 이 당시만 해도 유학만 갔다 오면 신문에서 '박사'라는 호칭으로 기사까지 써 줄 정도로 희소성이 있었다.

2017년 현재에도 영어는 중요하다. 전 세계 웹사이트의 54% 이상이 영어다. (출처:W³ Techs(2015)) 영어를 잘 할수록 필요한 정보를 얻기 쉬운 것은 확실하다. 하지만 과거와 다르게 출세와는 별개다. 성공과는 무관하다. 왜냐하면, 과거만큼 그 희소성은 떨어지고 있는 상황이다. 그만큼 잘하는 사람도 많기 때문이다.

소프트뱅크 손정의 회장은 2010년에 '소프트뱅크 새로운 30년 비전

포럼'에서 자동 번역되는 안경에 대한 특허등록이 완료되었다고 발표한 적이 있다. 이 말은 가까운 미래에는 영어를 못하더라도 자동으로 번역, 통역해주는 기계가 나온다는 것이다. 당신이 '나는 부족해, 더 열심히 해야 한다'는 착각과 집착 속에 빠져있는 동안 기술은 과속도를 내면서 발전해 나갈 것이다. 한 가지에 집착해서는 안 되는 절대적 이유이다.

전 세계 언어 수는 약 7,090개다. 수많은 언어 중에 하나는 한국어 또 다른 하나가 영어다. 영어는 어려운 언어이다. 즉 배우기 쉽지 않다는 말이다. 미국 외무부 직원 대상 교육기관(해외파견 공무원을 대상, 외국어 교육 담당) FSI(THE FOREIGN SERVICE INSTITUTE)에서 각국의 언어를 얼마동안 공부해야 소통이 가능한지를 조사를 했다. 총 5등급으로 나눠진다.

1등급(600시간)	프랑스어	이탈리아어	스페인어	덴마크어
2등급(750시간)	독일어			
3등급(900시간)	인도네시아어			
4등급(1,100시간)	그리스어	러시아어	베트남어	슬로바키아어
5등급(2,200시간)	한국어	일본어	중국어	영어

5등급은 하루 2시간씩을 기준으로 1,100일이 경과 되어야 한다는 이야기이다. 휴일을 빼고도 무려 5년이나 걸린다. 우리가 영어를 30일 만에, 6개월 만에, 1년 안에 끝낼 수 있다는 생각으로 하니, 어렵고, 지쳐 버리는 것은 아닐까? 우리는 마케팅에 속고 있는 것이다. 'Cognation'은 근접한 위치의 나라 혹은 동족이어서 단어의 소리가 얼마나 비슷한지 그 정도의 수치로 표현한 것이다. 한국과 미국의 Cognation은 제로다. 문법도, 발음도 공통되는 점이 하나도 없다. 영어는 이처럼 어려운 학문이다.

영어는 더 이상 출세의 전유물도 아니다. 사람의 가치를 판단하는 도구도 될 수 없다. 조금 더 미래를 보고 당장의 손해가 나더라도 자신이 좋아하는 것, 새로운 것에 기꺼이 도전하라. 우리는 이제까지 '얼마만큼 알고 있는가?'에만 집중해 왔는지 모른다. 그것을 적극 활용하지 못한 채, 보여주기 식의 용도로 밖에 생각해 왔는지 모른다. 배운 것을 적극 활용하지 못하면, 헛수고다. 어떻게 배운 지식을 활용할 것인가? 심각히 고민해야 봐야 한다. 집착하면 할수록, 노숙자가 되는 지름길이다.

4-4

남의 정답은 내 것이 아니다

.
.
.

"내 비장의 무기 아직 손안에 있다. 그것은 희망이다."

-나폴레옹-

우리나라 대학 진학률은 2014년 70.9%다. (출처: 한국교육개발원) OECD 평균과 비교하면 압도적인 숫자다. 대학은 왜 가냐? 묻는다면, 대부분이 '취업을 위함'이라고 답을 한다. 그렇다. 대학은 이제 취업준비소로 변한 지 오래다. 입학 한 순간부터, 4년 뒤를 바라보며, 멈출 줄 모르는 레이스는 시작된다. 학점관리, 토익점수, 자격증, 인턴 등 준비할 것이 한, 두 가지가 아니다. 학점 4점이 넘는 4.3점도 왠지 부족한 것 같다. 고득점인 토익 900점에도 불구하고, 만점이 아니라며 슬퍼한다. 역시나일까? 우리나라는 안 좋은 것은 항상 상위권 랭크다. 대학졸업자 취업률은 58.6%으로 OECD 꼴지이다. (교육부)

고등학교 때까지 12년 동안, 대학만을 목표로 전력질주해서 열심히 달려왔건만, 또 다시 4년이라니? 정말 기가 막힐 노릇이다. 여기서 두 종류에 학생으로 나뉜다. 전자는 어쩔 수 없다며 보통 회사에서 원하는 인재의 모습을 닮아갈려고 노력한다. 작년도 합격스펙 및 회사의 원하는 인재상을 잘 읽어, 그 기준에 맞추려 4년 동안 착실하게 준비를 한다. 후자는 정해진 룰에 얽매일 수 없다며, 꿈을 찾으려 열심히 다양한 경험을 하나하나 쌓아간다. 둘은 어느덧 4학년이 되었다. 전자는 착실하게 준비한 까닭에 취업에 성공한다. 후자는 경험은 쌓았지만 모든 게 시행착오의 경험뿐이다. 단기적으로 본다면 전자가 훨씬 부러울 따름이다. 후자가 시행착오를 겪는 동안 취업에 성공, 조금 안정적이고 편안하게 일하는 모습을 생각하면 말이다. 그 때 사실 자괴감에 빠지기 쉽다. '내가 왜 그랬을까?', '지금이라도 다시 준비해야 할까?' 등이 고민된다. 무엇 하나라도 잡고 싶은 마음에 '공무원을 준비할까?', '휴학을 해서 조금 더 좋은 스펙을 쌓을까?' 당장 눈앞에 보이는 게 없을 정도로 혼란이 찾아 올 것이 당연하다. "이럴 줄 알았어. 창업은 개뿔" 이러면서 포기할지 모른다.

내 인생의 마스터키를 찾아라

청춘이란 무엇일까? 어느 두 명이 대학생이 두 가지 의견을 냈다. '뭐든지 다 할 수 있는데, 뭐든지 다 할 수 없는 것', '하나씩 포기 하는 과정' 우리는 언제부터 이렇게 변해 버렸을까? 어렸을 때 그 많던 꿈들은 도대체 어디로 가버린 것일까? 이것이 단순히 성격 탓으로 돌려야 할 문제인가? 그렇지 않다. 문제는 바로 대학민국 교육 시스템의 문제가 아닐까 생각한다. 현재 우리나라 대학에서 '적자'생존이라는 말이 유행한다. 수업시간에 열심히 적어야 좋은 성적을 받을 수 있다는 의미이다. 평소 어떻게 공부하냐는 질문에 학생들은, 수업을 녹음 하고 고등학교와 같이 필기를 받아

적는다고 한다. 이렇게 하는 이유는 좋은 학점을 받기 위해서라고 한다. 심지어 자신의 의견이 옳다고 생각하지만 시험에는 교수의 의견을 쓴다는 생각이 90%다. (출처: 서울대에서는 누가 a+를 받는가. 2014년) 과연 수천만 원을 쏟아 붓는 대학들이 가치가 있는가? 진정 창의적이고 비판적인 사고를 키워주는가? 의문만 증가될 뿐이다. 이 상태라면, 토마스 프레이가 말했던 "전 세계 대학의 절반은 20년 내에 문을 닫을 것이다"라는 것이 현실이 될 가능성이 높다. 우리는 지금까지 '수용적 사고'를 했던 것이다. 가르치는 내용을 아무 비판 없이 받아드리고, 암기한다. 시험에서 정확하게 기억해 내는 것만 한 것이다. 결국 배운 내용은 써먹지 못 한 채, 계속 방향성 잃은 노력만 하고 있는 것이다.

평생직업 시대는 끝났다. 앞으로 다가 올 미래에는 "3개 이상의 영역에서 5개 이상의 직업, 19개 이상의 서로 다른 직무를 경험 할 것"(출처: Daily Telegraph)이라고 한다. 19개 직업을 위해 우리에게 필요한 능력은?

현재 대학은 전공만 열심히 공부 시켜, 사회에 내 보내는 실정이다. 여기는 큰 함정이 있다. 첫 직장을 열수 있는 열쇠를 깎는데, 무려 대학교 4년을 보내고 있다는 것이다. 그 다음은 생각조차, 하지 않고 있다. "당장 눈앞에 보이는 문제가 산더미인데, 나중까지 생각할 겨를이 없다"고 반박할지 모른다. 우리는 지금부터라도 10년 뒤 생각하며, 계획하고 실행에 옮겨 한다. 보통 열쇠의 종류는 일반키 그리고 마스터키 두 가지다. 말 그대로 일반키는 한 곳의 장소밖에 허용 되지 않는다. 다른 키로는 열지 못하게 울퉁불퉁 복잡한 패턴을 이루고 있다. 반대로 마스터키는 패턴부분을 최소화하여, 모든 곳에 허용되도록 만들어져 있다. 과연 우리는 어떤 키를 쥐고 있는 것일까? 우선 마스터키를 만들기 위해서는 시행착오가 반드시 필요하다. 한 번 부딪쳐 봐야 한다. 왼쪽이 길이 아니라면, 오른쪽으로 이동한다. 오른쪽도 막다른 길이라면 그 길을 피해서 아래쪽으로 이동한다.

이런 식으로 시도(행동)를 통해 경험을 쌓아가며, 마스터키를 만들어 가는 것이다.

소프트뱅크 손정의 회장은 2010년 '소프트뱅크 새로운 30년 비전 포럼'에서 '300년 비전'을 내세웠다. 무슨 뚱딴지같은 소리냐고 의문이 들것이다. 손정의 회장은 "사람의 라이프 생활은 어떻게 변해 나갈 것인가?"라는 질문에 "모르면 모를수록 더 멀리 보면, 경치가 더 선명하게 보인다", "가까이 보면 볼수록 어지럽고, 거친 것들만 보인다", "더 멀리 보게 되면 실제 그것들은 거짓이었다는 것을 알게 된다"라고 답했다. 즉, 단순히 5년 계획 중 목표를 1년 앞서 달성 할 수 있을지? 1년 뒤 달성할지? 이것은 문제가 아니라는 것이다.

어떤 것을 이루고 싶은가? 어떤 사람이 되고 싶은가를 먼저 아는 것이 가장 중요하다. 소프트뱅크의 경영이념은 '정보혁명으로 사람들을 행복하게 하는 것'이라는 이념으로 창업 후 단 한 번도 바뀌지 않았다. 또한 '한 가지 방법'에 집착하지 않는 것이다. 손정의 회장은 정보혁명으로 "어떻게 하면 행복하게 할 수 있을까?", "생명을 오래 살게 할 방법은 없을까?", "더욱 기쁨을 크게 하고 싶다", "사람들에게 비참함을 없애 줄 수 있는 방법은 없을까?" 등을 항상 소통하고 함께 고민했던 것이다. 소프트뱅크 그룹은, 16년 전 창업한지 2년밖에 안 된 알리바바에 자그마치 2천만 달러를 투자하면서 알리바바 지분의 34.4%를 보유하는 최대 주주가 되었다. 2016년 알리바바의 가치는 약 476억 달러가 되었다. 우리는 보통 이런 뉴스를 보면 보통 부러움이 앞선다. 어떤 마음가짐으로 투자했는지는 관심이 없다. 오로지 어떤 방법으로 투자했을까? 그 비법에만 관심이 쏠리기 마련이다. 하지만 손정의 회장은 '정보혁명으로 사람들을 행복하게 하고 싶다'는 오직 하나의 이념 하에 계획하고 실행했기 때문에 가능했다고 생각한다.

실패를 허용하라

1696년 설립된 '세인트존스 대학교'라는 미국에서 세 번째로 오래된 대학교가 있다. 약 400명의 전교생이 전부다. 입학 후부터 과학, 인문학, 고전소설 등 약 100권 이상의 책을 읽어야 한다고 한다. 4년 내내 사고력을 최우선으로 한다. 왜 그것이 규칙인지, 다른 규칙은 없는지 등 모든 수업이 토론위주의 수업이다. 특별한 전공 없이 졸업함에도 불구하고, 다양한 분야로 취업한다. 우리가 소속되어 있는 사회는 혼자서 하는 일이 없다. 다른 사람과 함께 협동한다. 어려운 문제를 함께 해결하는 것이다. 대학은 자신의 생각 발전시키는 곳이 되어야만 한다. 논쟁을 통해, 때로는 비판을 통해 옳고 그름을 배워 가는 곳이다. '생각의 다름'을 이해하는 것이 먼저 우선되어야 한다.

KBS '명견만리' <교육의 미래>편을 보면 2015년 60만 명의 수업생 중, 수능 만점자 4인과 인터뷰한 내용이 나온다. 만점의 비결이 무엇이냐는 질문에 "실수를 많이 하고 새로운 스킬을 아는 것이 중요하다", "많은 문제를 접하는 쪽으로 셀 수 없이 많은 문제를 풀었다"라고 답했다.

그렇다면 얻은 것은 무엇일까? 생각의 발전과 사고는 깊어졌는가? 답변은 새로운 생각을 하기는커녕, 조금 더 기계적으로 생각했다. 교육과정 평가원이 원하는 답을 찾는 것. 즉 '테크닉 시험'이다.

OECD 주요국가 사교육비 비중은 "한국 19.3%, 미국 8.4%, 프랑스 8.2%, 일본 8.6%" (출처:OECD education at a glance, 2014) 대한민국의 한 해 사교육비는 무려 18조 원이다. 투자 대비 과연 효율적으로 이루어지고 있는 것일까? 평범한 한국 학생과 핀란드 학생의 고등학교 모습을 비교 했다. 한국의 경우 주당 학습 시간이 총 50시간인 반면에, 핀란드 학생은 17.5시간이다. 국제학생평가프로그램 PISA에서 핀란드는 1위로 1,658점, 한국은 2위로 1,625점을 얻어 상위권에 랭크되어 있다. 그러나 학습 효율화지수(한 시간 공부 할 때 점수를 몇 점 올리는지 분선한 지수로 학습 시간과 성취도의 관계)에서는 큰 차이를 보였다. (1위 96.6% 핀란드, 24위 65.4% 한국) 한국은 OECD 평균 이하이다. 우리나라 공부 방법은 효율적이지 못하다는 것을 보여준다. 단 한 번의 시험과 점수로 줄 세우는 수능, 그리고 대학과 직업에까지 영향을 주는 교육 서열화 방식은 정답만 맞히느라, 자기생각은 잃어버린다는 것이 문제다.

노벨상 수상 횟수 순위는 '미국 336회, 영국 117회, 독일 98회, 프랑스 62회, 스웨덴 32회'이다. (출처: THE Telegraph) 여기서 프랑스를 주목해 보자. 수학 필즈상 부분에서만 봤을 때, 프랑스는 2위다. 프랑스에 뛰어난 수학자가 많은 이유는? 그곳에는 생각을 키워주는 교육이 있다. 그들이 가장 중요하게 여기는 부분은 기본 개념의 설명이다. 단순히 정답을 맞히는 것보다 정답을 찾는 과정이 중요하다. 프랑스의 고등학교는 수학문제를 풀 때, 그 과정까지 모두 써야 한다. 설령 답이 틀려도 중간 과정에서 자신이 적은만큼 부분 점수를 받는다. 그 때문일까? 틀리는 것에 전혀 개의치 않는다. 프랑스 학습은 학생에게 오류를 허용해야 한다는 특징을 갖고 있다.

대학은 잠시 들리는 취업준비소가 돼서는 안 된다. 자신의 생각을 발전시키는 곳이다. '취업'이라는 것에 너무 얽매인 나머지, '나라는 존재'라는 정말 중요한 것을 잊고 있는 것은 아닐까? "일단 취업하고 나서 생각하자"는 매우 위험하다. 올바른 길이 아니면, 다시 되돌아오게 되어 있다. 당장 졸업 후 1년만 보고 달리지 말고, 조금 더 멀리 봐라. 앞으로 어떤 삶을 원하는지? 질문하고 또 질문해라. 우리가 알고 있는 상식은 어느 순간 변한다.

시행착오는 실패가 아니다. 우리 교육 시스템의 영향 때문일까? '한번 실수하면 끝장이다'라는 생각이 압도적이다. 새로운 것에 도전하라면 너무 겁을 먹는 경향이 있다. 지금 남들보다 앞서 있고 싶다는 생각이 강한 사람일수록, 새로운 것에 도전해야 한다. 매도 일찍 맞는 것이 낫다는 말처럼 언젠가 한번 겪어야 할 문제라면 빨리 경험하는 것이 좋다. 그래야 먼저 선점할 수 있다. 꼭 기억해라. 노력 말고, 먼저 생각 좀 해라. 생각! 좀….

긍정적 마음가짐, 입으로만 하는 것 아니다

·
·
·

"삶의 의미가 무엇인지 묻지 마세요, 당신이 정의를 내리세요."

-Anonymous-

나는 이미 대단한 사람이다. "너는 애가 왜 생각하는 것이 다 부정적이야?"라는 충고, 상대방에게 이런 말을 들으면 기분이 상한다. 기분도 나쁘거니와 왠지 '나'라는 존재가 그렇게 부정적인 사람이었나 하는 의심이 들게 된다. 실제로 많은 TV미디어나 자기계발책에서는 긍정적인 말을 자주 말하는 것이 삶에 도움이 된다고 말한다. "나는 오늘 운이 좋다", "나는 오늘 멋있다" 등 이와 관련된 말이다.

자기 암시적인 말을 되뇌는 것, 성과향상 등에 여러 가지로 도움이 되는 것은 사실이다. 그래서 일까? 많은 사람들이 긍정적인 마음을 갖기 위해 노력한다. '오늘도 힘들지만, 아자! 아자! 파이팅!' 하루하루 긍정의 힘으로 버텨 나간다고 말은 한다.

그런데 긍정적인 사람이 되기 위해 억지로 노력하는 사람일수록 '충동적인 행동'을 하는 경향이 있다. 예를 들어 충동적인 쇼핑이나, 비싼 음식을 자주 먹으러 다니는 것 등과 같은 행동이다. 고생한 자신에게 주는 보상이라는 타이틀로 합리화시켜 돈을 쓴다. "이것이 뭐가 나쁘냐? 내가 번 돈, 내가 쓴다는데" 하고 말이다. 맞는 말이다. 단, 후회를 하지 않으면 전혀 상관이 없다. 그렇지 못하는 사람의 경우는 충동적 행동 후 "내가 왜 그랬을까?" 하고 스스로 자책을 한다. 그리고 한동안 잠잠해진다. 언제 터질지 모르는 폭탄처럼 말이다.

부정적인 감정은, 소변처럼 방류해라

인간은 자연적인 생리현상으로 소변을 보기 위해 화장실에 간다. 그 때 그 때 일정량의 소변을 보지 않으면 사람이 죽을 지도 모른다. 이처럼 부정적인 감정도 그 때 그때 소모해서 없애 버려야한다. 하지만 우리는 '긍정적인 마음가짐'이라는 장벽을 만들어 소모하지 못하게 길을 막아 놓은 상태다. 부정적인 에너지는 소모하지 않으면 없어지지 않는다. 좋지 않다는 것은 알면서도 마치 보인인 것처럼 내 마음 속에 차곡차곡 소중히 쌓아 놓고 있다. 이 상태가 오랫동안 지속되면 '우울'이라는 감정으로 변화한다. 부정적인 말을 하지 않을수록, 나쁜 감정을 감출수록 그 영향은 주변사람에게까지 전해진다. 주위에서는 "무슨 일 있어?"라고 질문 해도, 감정표출에 서툰 사람은 계속 감춘다. 질문하는 사람도, 질문 받는 사람도 점점 괴롭게 되어 결국 오해를 낳게 된다. 안 좋은 일은 한 번에 찾아온다는 말처럼, 계속해서 안 좋은 상황을 만들 것이 뻔하다. 왜냐하면 생각과 다르게 본인의 마음이 그렇게 원하고 있기 때문인지 모른다.

대학선배가 일본 워킹홀리데이로 일 할 때이다. 대학선배는 일본에 가기 전에 목표가 확실했다. 첫째, 일본음식점에서 일하면서 요리를 배운다는 것과 둘째, 자신의 가게를 오픈 한다는 것이다. 일본에 도착한 지 얼마 안 돼서 오전 7시부터 12시까지 일본호텔에서 청소 일을 했다. 오후에는 일본음식점에서 16시부터 23시까지 일을 했다. 주 6일, '사업자금 확보'의 목표를 위해서, 꿈을 위해서 누구보다 쉬지 않고 열심히 일했다. 주변에서 "일을 그렇게 하는데, 힘들지 않냐?"고 해도, "괜찮다. 목표를 위해서라면 이정도의 고생은 당연하지"라며 당당했다. 그러던 어느 날, 술자리에서 대학선배는 말했다. "귀신이 보인다" 그 말을 들은 사람도, 말하는 사람도 참 웃기면서도 왠지 이해가는 말이라서 너무 슬펐다. 도대체 얼마나 힘들었으면 귀신이 보인다는 표현을 했을까하고 말이다. 진짜 문제는 이게 끝이 아니었다. 술기운이 점점 오르면서 어느 순간 갑자기 선배는 돌변했다. 길거리에서 갑자기 소리를 지르는 것이 아닌가? 그리고 욕을 하기 시작했다. 주변사람은 순간 당혹을 감추지 못했다. 이유를 추측하자면, '선배'라는 솔선수범의 이미지를 지키기 위해서 솔직히 표현 못한 점, 그리고 자신이 실제 느끼는 감정을 무시한 것이다. 쉬고 싶은 마음은 굴뚝같은데, 오히려 긍정적인 장벽을 세워 그 부정적인 감정을 소모되지 못하도록 한 것이다.

부정적인 감정을 표현하지 않으면 더 무서운 일이 생길지 모른다. 지나치게 참으면 어느 순간부터 자신의 생각이나 감정을 느낄 수 없게 될지 모른다. 좋고, 나쁨의 판단조차 애매하게 돼버린다. 이것이 습관화되면 자신이 어떤 생각을 가지고 있는지, 무엇을 좋아하는지, 무엇이 슬프고 화가 나는지, 무엇이 즐거운지 조차 알 수 없게 되는 것이다. 말대로 '의욕상실'이다.

부정적인 감정이 생겼다면, 그 때 그 때 말로 표현해 소모시켜줘야 한다. "짜증난다", "화가 난다" 뿐만 아니라 욕을 해도 좋다. 노래를 불러도 좋다. 영화를 봐도 좋고, 자신이 좋아하는 어떤 방법이라도 상관없다. 단. 여기에는 조건이 있다. 마지막에는 긍정적인 말로 끝을 맺어야 한다. 분풀이가 끝났다면, 마지막으로 외치자. "그래 그럴 수 있지!"라고 말이다.

마음을 가라앉히고 주변을 둘러봐라. 당신 방에는 의자, 책상, 컴퓨터 등이 있다. 이 모든 것은 누군가 머릿속에서 그렸기 때문에 제품으로 만들어 졌다. 이와 같이 지금 하는 생각, 고민, 느끼는 감정 모두 다 자기 스스로가 만들어 낸 것이다. 그 감정을 없앨 수 있는 것은 오직 당신뿐이다.

무심코 하는 말에, 함정이 있다

1. 귀찮다

'귀찮다'란 무엇인가 해야만 하는 일인데, 의욕이 생기지 않을 때 자주 쓰는 표현이다. 이럴 때면 복잡한 것보다 좀 더 쉬운 접근방법을 찾고 싶어진다. 계획대로라면 1번을 선택해야 하는데, 때로는 귀찮다는 이유로 2번을 선택하는 경우도 생긴다. 2번이 바로 차선책일 확률이 높다. 우리는 이것을 '가성비'라고 말한다. 싸고 성능이 좋은 것, 하지만 이런 경우 일수록 기본에 충실하지 못하는 경향이 있다. 어떤 한 부분이 어떤 이유에서라도 소홀해 질 수 밖에 없다. 조금 쉽고, 빠른 지름길을 가려다가 다시 되돌아와 처음부터 시작해야 하는 경우 또한 발생한다. 사람들은 기본이 중요하다는 말을 자주한다. 기본이 되어 있지 않는 사람이 기본을 깨뜨리면 우리는 '서투른 장난'밖에 생각하지 않는다. 반대로 기본이 탄탄한 사람이 깨뜨리면 그것은 '혁명'이 될 수 있다. 프로와 아마추어 차이는 무엇일까? 프로는 자신의 일에 목숨을 걸지만, 아마추어는 자신의 일에 변명을 건다. 하려는 의지부터 차이나 난다.

프로는 시간을 관리하고, 아마추어는 시간에 끌려 다닌다. 프로는 '지금 당장'을 좋아하지만, 아마추어는 '나중에'를 좋아한다. 프로가 되고 싶다면, '귀찮다'라는 생각이 든 순간, 이것은 '당장'이라는 신호라고 생각해야 한다.

2. 아무거나 해

'아무거나 해'라는 말은 자칫 습관화되기 쉽다. 이 생각의 전제는 '실수하고 싶지 않다'라는 의지가 강하다. 결국 '아무것도 하지 않는다'는 의미이기도 하다. 좀 더 심각하게 말하면, 내 인생의 선택권을 남에게 주는 것과 같다. 그러면 점점 나의 주체성을 의심하게 될지 모른다. '나는 누구이지?'라는 질문에 답은커녕, 자기 스스로가 자신을 못 믿게 돼버린다. 더 나아가 다른 사람들을 믿지 못하게 돼버린다. 결론적으로 남을 비난하게 된다.

가령 손해 보더라도 하나를 선택하는 연습을 하자. "커피 VS 차 어느것 좋냐?"라는 질문을 들으면, 선택하기 어렵더라도 하나를 선택하자. 내인생의 주체는 무조건 '나'다. 주도권을 점점 되돌려받는 연습이 필요하다.

3. 안 해봐도 안다

말로 하기는 쉽다. 누구나 말로 잘 표현 할 수 있다. 그러나 말뿐이고 행동하지 않는 사람은 신뢰를 잃기 쉽다. 10번의 말보다 단 한 번의 행동이 훨씬 빠르다. 행동을 하면 결과를 알 수 있다. 이에 반해 행동하지 않고 생각하다가는 여전히 두려움의 대상일 수밖에 없다.

어느 사람을 어떠한 이념에 젖게 만들려면 1,000번 정도 반복적으로 말하면 그 이념을 세뇌 시킬 수 있다고 한다. 주변에 "안 해봐도 안다"는 말을 자주 하는 사람을 피하자. 나도 모르게 전염 될 수도 있다. 말뿐인 사람으로 전락하기 쉽다. 혹시 본인 이 말을 하고 있다면, 당장 중단해라. 이 말은 '불안'을 느끼고 있다는 것과 같다. 과거에 실패했던 이력을 가지고, 지금도 실패 할 것이라고 말하면 안 된다. 과거에 성공했다 하더라도, 현재에 반드시 성공 할 수도 없는 것이다. 여기서 두 가지 이야기를 소개한다.

"

첫째 "같은 강에 두 번 발을 담글 수 없다" 그리스 철학자 헤라클레이토스의 말이다. 세월이 흐르면서 자신도 강도 함께 변하기 마련이다.

→ 과거 성과에 연연하지 말고, 매 순간 최선을 다할 수밖에 없다는 의미이다.

둘째 프랑스 마리 앙투아네트라는 왕비가 있었다. 백성들이 먹을 게 없어서 아우성을 치자 "빵이 없으면 케이크를 먹으면 되잖아" 라고 말했다. 그 왕비는 굶어 본적이 없기 때문에 국민들의 고통을 이해 할 수 없었던 것이다. 자신은 특별한 악의가 없었지만 자기도 모르게 상대방에게 상처 입히는 말을 한 것이다. 결국 이 왕비는 단두대에서 처형 받는다.

→ 직접 경험하지 않으면, 아무것도 알 수 없다.

"

긍정적인 생각은 입으로 말한 쪽이 아니라 마음으로 생각한 쪽을 택한다. 아무리 좋은 말, 좋은 조언을 들어도 자신에게는 효과가 없었던 것, 바로 이 이유이다. 자신의 마음은 그것을 거짓으로 이해하는데, 좋아질 이유가 전혀 없다. 부정적인 에너지는 소모 하지 않으면 쌓이기 마련이다. 화가 나면, "화가 난다", 괜찮지 않다면, "괜찮지 않다" 라고 표현하며 내 감정에 솔직해 지자.

'생각 없이 했던 말'이라는 것을 우리는 '실수'라고 표현을 한다. 하지만 틀리다. 이것이 진실일 가능성이 높다. '하고 싶지 않은 심정'이 의지와 다르게 무심코 말로 표출된 것이다. 왜 그렇게 말했는지 이유를 알 필요가 있다. 이유를 알아야 개선 할 수가 있는 것이다. 모두가 옳다는 답, 내게는 틀릴 수 있다.

Chapter 5.

너무 쉽게 일어난 기적

최악의 실패는 성공의 밑거름

•
•
•

"평온한 바다는 결코 유능한 뱃사람을 만들 수 없다."

-영국 속담-

인디언들이 기우제를 지내면 100% 반드시 비가 온다. 왜냐하면 인디언들은 비가 올 때 까지 기우제를 지내기 때문이다. 실패는 "어떤 일에 원하던 결과를 얻지 못하거나 완성하지 못하다"라는 의미를 갖고 있다. 우리는 실패를 부정적으로 판단하는 경향이 있다. "잘못 되면 어떡하지?"라는 걱정이 앞선 나머지 골똘히 생각해보지만, 결국 생각으로 끝난다.

모두가 처음부터 실패에 대한 두려움을 갖고 있지는 않다. 실패 했을 때의 '창피함', 실패 했을 때의 '금전적인 손해', 실패 했을 때의 '시간낭비'라는 경험들이 쌓이게 되면서 두려운 존재로 변했다.

뜻대로 되지 않았을 때, 자신이 "아, 실패했다"라고 정의해 버린 순간부터 그것은 실패가 된다. 하지만 "아, 한 가지 더 배웠네"라고 생각하면 그것은 실패가 아니라, 교훈이다. 완성하지 못 했다는 것은 더 보충해야 할 내용이 있다는 의미일 뿐이다. 이처럼 실패는 성공을 위한 한 과정으로써, 실패를 통해 더 현명해 질수 있다. 성공하고 싶다면 처음부터 확실하게 실패를 맛봐라. 김치찌개에 김치가 들어가지 않으면, 그것은 김치찌개가 될 수 없다. 성공에 실패가 들어가지 않으면, 그것을 성공이라 말할 수 없다.

실패가 던져주는 3가지

'실패'라는 의미는 무엇인가 부족하다는 의미이기 때문에, 그것을 채워주기만 하면 끝이다. 첫 번째로 어떤 것이 부족한지를 분명히 알 수 있게 해 준다. 소프트뱅크 손정의 회장의 말처럼 "오를 산이 정해지면 인생의 반은 결정된 것"이다. 오를 산이 정해지면, 올라가는 것은 문제가 되지 않는다. 어떻게든 올라가게 되어 있다. 평소 산에 올라갈 때 우리는 그 산이 몇 m의 산이며, 어디에 위치에 있고, 정상까지 오르는데 있어 어느 정도의 물과 식량이 필요할지 예상한다. 조사하는 과정 속에 어떠한 어려움이 예상이 될 것이고, 그것을 극복하기 위해 어떠한 방법을 쓸지, 분명히 알고 있는 상태에서 시작한다. 인간은 예상 못한 '불확실성'에 민감하다. 실패는 그 불확실성을 확실성으로 바꿔준다.

두 번째는 실패를 통해 '의욕'이 생긴다. 산을 올라가다보면 그 과정 속에서 여러 가지 생각이 들기 마련이다. 힘들었다가 다시 기분이 좋아진다. 이처럼 감정이 반복적으로 변한다. '정상등반'이라는 하나의 목표를 향해 힘들어도 참을 수 있다. 왜냐하면 산 정상의 아름다움(행복)을 미리 보았기 때문이다. 의욕이 안 생길 수가 없다. 그 정상은 바로 당신의 꿈이다.

세 번째는 '배려심'이 생긴다. 산에 오르다보면, 때로는 부상을 당하기도 한다. 때로는 숨이 턱 밑까지 차올라, 미치도록 힘들게 느껴질 때도 있다. 산에 오르지 않는 사람은 보통 다시 내려올 산 왜 올라 가냐고 반문을 한다. 그래서 오르지 않는 사람은 산을 올라가는 과정 속의 '고통'을 모른다. 정상에 올랐을 때의 '아름다움'도 모른다. 산에 오른 사람은 고통과 아름다움을 모두 경험했기 때문에 알 수 있다. 비로소 다른 사람을 배려 할 수 있게 된다. '아 상대방이 힘들어 하는구나' 하고 말이다. 자신도 그 심정을 알기에 그 상황에서 어떤 것이 필요한지 알 수 있고, 이해 할 수 있다. 바로 '공감'이다. 배려의 시작은 '공감'이다. 따뜻한 한 마디의 힘, 경험하지 못 한사람은 평생 느끼지 못하는 감정이다.

100퍼센트의 법칙

여하불문 모든 사람은 누구나 '나' 자신을 좋아한다. 자신의 휴대폰 사진첩을 보면 알 수 있다. 가장 많은 사진은 바로 본인이다. 1839년 10월경, 미국의 사진작가 로버트 코넬리우스는 최초로 '셀카' 사진을 찍는다. 인류의 최초의 우주 비행사 버즈 올드린 또한 처음으로 우주에서 '셀카' 사진을 찍는다.

자신을 너무 사랑한 나머지, 자신의 잘못을 남의 탓으로 돌리는 경우도 있다. 자신의 잘못을 하나도 인정하지 않는다. 바로 '실패'를 두려워하는 사람이다.

자신을 누구보다 사랑하는 것은 좋으나, 자신의 잘못을 인정하지 않으면 사람은 발전하지 못한다. 1년 전에 나와 지금의 내가 달라 진 게 없는 것이다. 이렇게 생각하는 사람일수록, 시간이 빨리 간다는 한탄 섞인 이야기를 자주 한다. 왜냐하면 너무나도 달라진 것이 없기에 우리의 뇌에서는 하나의 기억으로 1+1묶음해서 저장했기 때문인지 모른다.

우리의 뇌가 느끼는 삶이란 '즐거운 삶'이다. 무엇보다 자신의 잘못을 먼저 인정하는 습관을 가져야 한다. 보통 말싸움을 하다보면, "네가 잘 났네, 내가 잘났다" 하고 싸운다. 결국 도달하는 답변은 50대50으로 잘못을 반반으로 나눠 인정하는 경우도 있다. 자신의 잘못을 50% 인정하고 나머지 50%를 상대편의 잘못이라고 생각한다. 극단적 표현으로 당신은 50%를 상대방에게 지배당하고 있는 것과 같다. 당신의 생각은 어느 비선 실세에 의해 조정당하고 있는 것이다. 모든 책임을 타인에게 넘기면 이번에는 100% 조정당하고 있는 것과 같다.

인생의 주인공인 바로 '나' 자신이 되기 위해서 필요하다. 행복 그리고 불행 모든 원인은 '나' 부터다. 100% 모든 것을 내 탓으로 돌리는 순간, 불명확 했던 '나'에 대해서 알게 된다. 타인에게 간섭받지 않고, 나에게만 집중 할 수 있게 된다. 나를 인정하면, 그때부터 진짜 내 인생이 시작된다. 진지한 자세로 자기 자신과 마주해야 한다.

어제보다 행동하는 사람이 되자

'시간이 빨리 간다'는 말을 자주하는 당신, 과거와 달라진 것이 없다는 증거다. 혹시 하고 싶은 일은 있는데, 어디서부터 시작을 해야 할지 모르고 있는 사람, 계획은 했지만 귀찮다는 핑계로 일을 미루고 있는 사람, 말로는 청산유수인데 두려움 때문에 실행하지 못하는 사람, 처해진 상황에 맞게 자신의 타당성을 주장하고 변명만 하는 사람, 이 모든 사람은 한마디로 '걱정 하는 사람'이다. 생각에만 머물고 있다.

『최고의 리더는 아무것도 하지 않는다』의 저자 후지사와 구미는 1871년 창업한 가키야스 본점(쇠고기음식점)에 대해서 소개한다. 이 회사는 정육 판매를 기간사업으로 해왔는데, 지난 20년 동안 두 번의 위기를 맞는다. 첫 번째는 광우병 사태가 일어나 판매가 감소했을 때이다. 모두가 큰 일 났다며 유난을 떠는 동안, 이 회사는 위기를 기회로 만들자는 발상의 전환을 한다. 쇠고기가 아닌 샐러드 중심으로 한 새로운 비즈니스 모델을 적극적으로 출품하여 흑자유지에 성공한다. 정육점임에 불구하고, 실험적으로 판매 했던 샐러드가 반응이 좋아 메인메뉴로 넣기로 결단한다. 두 번째 위기는 동일본대지진이 발생했을 때이다. 원전사고로 방사능오염이 밀짚까지 퍼졌고, 밀짚을 먹이로 하는 고급 소를 꺼리는 현상이 발생한다. 고급 소를 주력으로 하는 가키야스 본점에는 엄청난 타격이다. 하지만 이 때도 회사는 위축되지 않고, 재빨리 피해대책을 강구한다. 지금은 샐러드를 취급하는 반찬사업으로 쇠고기를 다루지 않는 레스토랑사업을 되살려야 한다는 방침을 세우고, 쇼핑센터를 중심으로 정통과자 판매점을 출품하는 등 점포를 개발하는데 적극적으로 대처를 한다. 쇠고기가 아닌? 갑자기 왠 정통과자를?

창업한지 140년이 넘는 이 회사에는 '전통과 혁신'이라는 말이 있다. 전통이란 당연히 오랜 세월동안 계승해온 격식이며, 혁신이란 늘 새로운 것에 도전하자는 미래에 대한 자세다. 가키야스의 6대 사장인 아카쓰카 야스마사씨는 선대로부터 사장직을 물려받을 때 이런 말을 들었다. "이만큼 변화가 심한 시대이니 바꾸고 싶은 것은 다 바꿔도 된다. 하지만 한 가지만은 절대로 바꿔서는 안 된다. 그것은 경영이념이다"

이 회사의 경영이념은 "맛있는 상품을 실속 있는 가격으로 제공 한다"이다. 여기서 '쇠고기'라는 단어가 등장하지 않는다. 쇠고기 이외의 상품이라도 고객이 맛있다고 생각하는 것을 제공 할 수 있다면 이념을 실천하고 있는 것과 같다.

세계에서 가장 많은 100년 기업이 있는 나라(일본)의 경영방식에는 기업철학과 경영이념을 소중히 여기는 것이 특징이다. 그 진가는 리먼 쇼크 때 나타나 미국 하버드 대학교 등에서 재조명 받고 있다. 왜냐하면 단기적으로 높은 이익을 추구하는 효율적 경영을 내세운 많은 기업이 금융위기와 함께 파산의 길로 몰렸기 때문이다. 효율이야말로 경영의 핵심이라고 믿어온 경영자들이 이 현실을 목격하고 기업의 지속성을 의식하게 된 것이다.

실패는 사람을 성장하게 만들어주는 최고의 영영분이다. 실패가 주는 3가지, 첫째 원하는 목표가 불명확하면, 노력조차 할 수 없다는 것이다. 무엇이 부족한지, 개선 할 과제를 준다. 둘째는 의욕이다. 정상에서 맛볼 아름다움(행복), 생각만으로도 행복하다. 셋째 배려심이다. 다른 사람과 생각의 차이를 이해하는데 큰 힘이 된다.

100퍼센트의 법칙, 모든 것은 내 탓이다. 나를 인정한 순간부터 진짜 인생이 시작된다. 내가 무엇을 좋아하고, 어떤 것을 싫어하는지, 어떤 마음가짐을 갖고 어떤 인생을 살아갈지가 명확해진다. 그 과정 속에 자신이 어떤 마음가짐(철학)으로, 어떤 일(목표)을 하고 싶은지 알게 된다. 단기적으로 높은 이익을 창출 하는 일이 아닌 진정한 나 '자신'이 좋아하는 일을 하면 어떨까? 어른이 된 당신께 다시 질문한다.

"어른이 되면, 어떤 사람이 되고 싶니?"

5-2

생각부터 바꿔야 하는 이유,
목표를 설정하는 것이다

"젊음은 희망을 빨리 갖기 때문에 그만큼 쉽게 현혹된다."

-아리스토텔레스-

21세기는 육체노동의 시대에서 정신노동의 시대로 바뀌었다. "미래를 예측하는 가장 좋은 방법은 무엇일까? 미래를 창조하는 것이다"라는 말은 퍼스널 컴퓨터의 선구자 앨런 케이의 말이다. 누구나 한번쯤 자신의 미래를 생각한다. 한편으로는 걱정스러운 마음이 큰 사람이 있을 것이다. 다른 한편으로 자신의 미래가 기대가 된다고 말하는 사람도 있다. 이 생각의 차이는 왜 발생하는 것일까? 보통 우리는 '준비되어 있는 자'와 '준비되어있지 않은 자'로 구분한다. 그럼 그 준비의 기준은 그럼 무엇일까? 혹시 '돈'을 얼마 저축했는지에 따라 준비가 잘되었다고 말하고 있는 것은 아닐까?

한국경제가 요동치고 있다. '부익부, 빈익빈' 대한민국 경제는 점점 양극화가 심화되고 있는 상황이다. 앞으로도 부자는 더 부자가 되고, 가난한 사람은 더 힘든 삶을 살아갈지 모른다. 과연 단순히 시급을 1만 원으로 올려서 이 문제가 해결될까? 의문이 든다. '기승전닭'이라는 말이 유행한다. 100세 시대를 맞이하여 유행에 민감한 '나', 굳이 경쟁이 심한 치킨집을 차리려고 하는 것은 아닐까? 성급히 '내가 하면 남들과 다를 것'이라고 생각했다면 큰 코 다칠 수 있다. 이것은 마치 한 여름, 어느 한 공원의 전등 밝은 빛을 보며 자신의 몸을 부딪치는 나방과도 같다. 피할 수 있는 시행착오는 피해야 한다.

근본적인 해결책을 주시오!

인생은 모험이다. 『한국경제, 돈의 배반이 시작된다』의 저자 타마키 타다시는 한국경제가 안팎으로 빨간불이 켜졌다고 말한다. 국내는 최순실 사태로 국정이 마비된 상태이고, 미국에서는 보호주의를 강력히 외치는 도널드 트럼프가 대통령에 당선되어 세계 경제는 한 치 앞을 예측하기 힘든 상황이다. 1,300조 원에 달하는 가계부채는 시한폭탄처럼 위협을 가하고 있고, 저성장 기조는 이미 만성화되어 경제성장률은 2015년 말부터 이미 0%대를 기록하고 있다. 2016년 4분기엔 마이너스 성장을 할 거라는 예측마저 나오는 실정이다. 그러나 더 무서운 사실은 이것이 시작에 불과하다는 점이다. 다수의 경제전문가들은 저성장 장기불황의 고통이 이제부터 본격적으로 닥쳐올 것이라고 말한다.

"과거는 바꿀 수 없지만, 미래는 바꿀 수 있다"는 말처럼 다가올 미래는 여러 방면으로 예측되고 있는 상황이다. 이렇게까지 꼭 부정적으로만 볼 필요도 없지만, 미래에 대해 '막연한 희망'을 갖는 것도 주의해야 한다.

왜냐하면 막연한 희망은 잘 이루지지 않는 법이다. 과거에 발생한 문제가 해결되지 않는다면, 미래 또한 쉽게 바뀌지 않을 것이다.

우리가 현재 생각하는 고민들 '조금만 더 공부를 열심히 할 걸', '조금 더 신중하게 생각하고 결정할 걸', '상대방에게 말하기 전에 조금 더 생각하고 말했어야 했는데' 등과 같이 대다수는 '과거'에 일어난 일들이다. 문제는 과거를 바꿀 수 없는 까닭에 고통스러워한다는 것이다.

과거는 바꿀 수 있다. 우리의 기억 속에는 좋은 기억, 나쁜 기억 둘 다 공존하기 마련이다. 현재 일이 잘 안 풀릴 때면, 우리는 일명 '추억팔이'에 빠진다. '아, 그 때가 좋았지' 하면서 다시 그 때로 돌아가고 싶어 한다. 만약 일이 더 악화가 된다면, '자신이 이럴 리가 없다'며 이제는 '자기비하'에 빠진다. 과거는 곧 '후회'로 변한다. 가령 정말 타임머신이 있다 치자. 후회했던 과거로 돌아가 다시 시도하면 정말로 잘 할 수 있을까? 처음에 못했던 일들이 두 번째에는 될 거라는 자신감은 도대체 어디서? 이런 식으로는 곤란하다. 후회해봤자 소용없다.

현실에는 타임머신이 없다. 하지만 과거를 바꿀 수 있는 방법은 있다. 바로 '생각의 전환'이다.

생각을 어떻게 해석하느냐에 따라 과거는 바뀐다. 그 때 그 경험이 없었더라면? 그 때의 창피함이 없었더라면? 지금 현재의 '나'는 없다. 이것은 환상이 아닌 엄연한 사실이다. 후회 할 시간에 그 경험을 어떻게 살릴 것인가를 생각해라. 그 경험은 오직 당신만이 터득한 기술이다. 앞으로 다가 올 위기를 어떻게 능숙하게 대처 할 것인지에만 집중해라. 현재까지의 나를 인정해야 미래도 바꿀 수 있는 법이다. 우리 일상생활에서도 경험 많은 사람을 선호한다. 시행착오를 여러 번 겪었기 때문일까? 좀 더 능숙할 것이라는 기대를 갖고 있다. 경험이 많은 의사, 경험이 많은 기술자, 경험이 많은 운전자처럼 말이다.

이 세상에서 가장 중요한 사람은 누구? 바로 자기 자신이다. 그럼에도 불구하고, 우리는 매일 투덜거린다. 부정적인 시각에서 세상을 보면, 모든 게 부정적으로 보일 수밖에 없다. 왜냐하면 당신이 그렇게 보기를 원하고 있기 때문이다. 『백만장자 성공비법』의 저자 브라이언 트레이시는 "감정의 95%는 스스로에게 어떻게 말하느냐에 의해 결정된다"고 한다. 즉, 부정적인 생각을 긍정적인 생각으로 스스로에게 말하면 된다. 그럼 자신감이 생기고, 자긍심이 올라 갈 것이다.

그래도 부정적인 생각이 나를 괴롭히려고 할 때, '나는 나를 좋아한다'로 의식의 변화를 주자. '어라? 네가 이기나, 내가 이기나 보자'라고 자신에게 승부욕을 일으켜 지속적으로 '나는 나를 좋아한다'라고 크게 말하자. 단 여러 사람 앞에서 말을 하면, 오해를 살 수 있으니, 주의하도록 하자.

사람들과 처음 만날 때면 각자 자기소개를 한다. '○○ 학교, 회사에 다니는 누구입니다'라고 시작 하는 게 보통 일상적이다. 만약 상대방이 좋은 직장에 다닌다고 하면, 그 사람의 기대심리가 상승한다. "학창시절, 열심히 공부했구나", "성실한 사람이겠구나" 하는 생각을 하게 된다. 반대로 소속감이 없으면 불안하다. 사회에서 외톨이가 된 느낌을 받는다. 어느 한 회사에 소속된 사람들이 회사에서 지원되는 혜택들을 자랑 할 때면, 그 외로움은 배가 된다.

그런데 전혀 불안해할 필요 없다. 우리 모두 자영업자이다. '자기 자신' 1명으로 이뤄진 회사의 사장이자, 자신의 서비스를 제공하는 기업의 사장이다. 즉, 내가 다니고 있는 회사는 단지 거래 협력사인 것이다.

회사가 언제까지나 보살핌을 해 줄 것이라는 믿음에서 조금은 벗어 날 필요가 있다. 이제는 스스로가 인생에 있어서 사장이 되어야 한다. '스스로 인생의 책임을 진다'는 마음을 가져야 한다. 앞서 소개한 100퍼센트의 법칙을 활용해, 남의 탓을 하지 않을 것, 변명하지 않을 것, 마음에 들지 않는 부분에 대해서 불평하지 않을 것을 원칙으로 세운 한 회사의 경영자가 되어 보는 것은 어떨까? 자급자족이다. 움직이지 않으면 굶어 죽는다.

과거 말고, 미래

학벌사회, 여기는 대한민국이다. 2016년 8월, 17세 최연소 공무원 합격자가 생겼다. '(경제적으로) 불안정한 회사가 많다는데, 공무원은 안정적으로 살 수 있을 것 같다'라는 것이 시험지원동기다. 대학교를 나와도 취업이 잘 안 되는 것을 보면 탁월한 선택인지도 모른다. 점점 왜 대학을 가야 하는지조차 그 의미가 퇴색 되어만 간다.

취업과 무관하게도, 현실은 아직까지 대학졸업자를 원하는 것 같다. 어느새 우리 일상생활에서도 '어느 대학교 나왔어?'가 일상적인 질문이 되어버렸으니 말이다. 모두가 다 '사정'이라는 것이 있는데, 대학졸업이 당연시 여겨져 왔는지 모른다. 자기 자신이 차별을 당하는 것을 두려워, 가해자의 역할을 하고 있는 것은 아닐까? 약한 자에게 강하고, 강한 자에게 약한 사람이 된 것은 아닐까? 생각 해봐야 한다. 상대방의 배려심이 필요하다.

2015년 5월 알리바바의 마윈 회장이 한국에 방문했다. '글로벌 경제, 아시아 시대를 열다'라는 방송에 참여, 한국청년들에게 미래 30년의 비전과 조언을 제시했다. 마윈은 컴퓨터를 잘 모르는 컴맹임에도 불구하고, 1999년 알리바바를 설립한다. '중국 전자상거래의 제왕' 그 비결이 무엇이냐? 라는 질문에 첫째, 미래에 대한 낙관주의, 둘째, 젊은이들과의 협업, 셋째, 그들에 대한 투자를 제시했다. 알리바바에는 젊은 직원이 3만 4천 명 이상 있다. 마윈 회장은 본인 자신은 모르더라도, 그들이 잘 알고 있으니, 문제 없다고 한다. 그의 목표는 '자신조차 IT분야를 몰랐기 때문에 나와 같은 사람도 이해할 수 있는 사이트'를 만드는 것이었다. 즉 '고객들이 컴퓨터를 손쉽게 사용했으면 했다'고 대답한다. 이에 덧붙여, "아직도 전 세계 사람들의 80%는 컴퓨터에 익숙하지 않죠"라고 말했다.

1994년 영어교사였던 마윈은 24명의 친구를 집에 초대해 2시간동안 인터넷이 무엇인지를 설명한다. 친구들은 그 인터넷을 믿지 않았고, 결국 투표하지만 23명은 포기를 한다. 단 한 명의 친구만이 그의 의견에 찬성한다. 마윈은 인터넷의 발전가능성을 믿었다. 다른 사람들이 믿든, 믿지 않든 간에 말이다.

직원을 채용하는데 있어 가장 중요한 기준이 무엇이냐는 질문에 마윈은 "일자리 구하기란 늘 어려운 것 같아요", "자신이 취업하려던 시절에도 서른 번 넘게 실패했다", "백수가 되는 일이 흔했다"라는 말과 함께 세 가지로 나눠 설명한다.

첫째, 출신대학을 보지 않는다. 학사, 석사, 박사 결국 학위는 교육 받은 것에 대한 영수증이다. 진짜 학교는 바로 사회에 있다. 여러분이 직업을 찾고, 배운 것을 증명 할 때 변화를 만들어 내는 것이다.

둘째, 열정적인 사람을 만나고 싶다. 배우려는 준비가 된 사람들 말이다. 박사라도 더 이상 배울 필요가 없다고 하면 안 된다. 사회는 누구에게나 새로운 것이기 때문이다.

셋째, 미래에 대한 열정, 낙관주의, 배울 준비가 되어 있는 자세, 포기하지 않는 정신, 이것들을 젊은이들이 가졌으면 한다. 좋은 교육을 받은 사람들은 많다. 하지만 우리가 필요한 건 사회에서 살아남는 능력이다.

우리는 심각할 정도 큰 기대심리가 갖고 있다. 오직 "좋은 대학 나와서, 좋은 성적 받으면 좋은 직장에 취업 할 수 있다"는 이 하나의 사실을 믿고 무작정 지금까지 달려왔는지 모른다. 열심히 노력했는데, 돌아오는 답변은 항상 '열정이 부족하다', '배울 자세가 안 되어 있다'는 이 한마디에, '내 노력에 대가가 이정도 밖에 안 돼?' 하며 스스로가 실망하고, 세상 탓으로 책임을 돌린 것은 아닐까?

자신이 무엇을 원하는지 조차 모른 채, 남들의 답안지를 보면서 달려왔는지 모른다. 이제 와서 세상 탓으로 돌리기에는 늦었다. 계속 그 집착에 벗어나지 못하면 도태 될 뿐이다. 선택은 당신의 몫이다. 문제는 시대불문하고 항상 있어왔다는 사실이다. 아직 늦지 않았다. 당신은 자기 자신을 운영하는 사장이다. 무엇이 문제이고, 어떻게 해결할 것이며, 또 어떤 목적으로 이 회사를 운영해 나갈 것인지 생각해라. 계획하고 행동해라. 이것밖에 없다. 성공한 사람들의 공통점이 있다. 자신이 무엇을 원하는지가 명확하다는 것이다.

5-3

성공은 우연이 아니고, 실패도 우연이 아니다

> "여러분보다 더 나은 사람도 더 똑똑한 사람은 없다."
>
> -브라이언 트레이시-

모든 인간이 갖고 있는 재능은 가지각색이다. 사람마다 장점이 있는 반면에, 단점도 갖고 태어난다. '노력'으로 모든 것을 완벽하게 개선 할 수 있다면 좋겠지만, 그것은 불가능하다. 사람의 과한 욕심 때문일까? 억지로 불가능을 가능하게 하려고 하기 때문에 항상 문제가 발생한다.

나도 만능엔터테인먼트

'영어를 잘 못하는 나' 이것을 재능이라고 말 할 수 있는 사람은 과연 몇 명이나 될까? 대다수의 인식에서는 이것은 재능이 아닌 단점이다. 오히려 '영어공부 할 시간에 공부 안하고 뭐했냐?'는 질타과 함께 불성실한 이미지를 갖게 된다. 영어를 잘 하는 사람이 부럽게 느껴지는 순간이다. 많은 사람 앞에서 자신의 의견을 발표 할 때면, 긴장감이 상승하기 마련이다. 다른 사람은 두려움 없이 쉽게 이야기 하는 반면, 첫마디가 쉽게 떨어지지 않는다.

이처럼 자신보다 월등한 재능을 갖고 있는 사람을 보면 똑똑하다고 생각한다. 굳이 비교해 보면, 자신보다 가치가 높다고 생각할지 모른다. 자신의 재능과 비교하면 할수록 자신감이 떨어지는 느낌도 든다. 점점 "뛰는 놈 위해 나는 놈이 있다"는 생각이 강하게 들면서, "에잇, 포기해"라는 말과 함께 포기해 버린다. 현실을 이해하기 위해 가장 먼저 해야 할 질문이 있다. "나는 무엇을 알고 있는가?"

첫째, 영어를 잘 못한다. 둘째, 많은 사람 앞에서 자신의 의견을 말하는 것이 서툴다. 두 가지 사실을 알게 된다. 이런 사실을 통해 자신이 무엇을 못하는지 알았기 때문에, 남도 못하는 것이 있다는 사실을 알 수 있다. 즉 내가 잘하는 것이 있고, 남이 못하는 것도 있다는 것이다. 단지 재능이 서로 다를 뿐이다. 누군가 못하는 것이 있다면 가르쳐주는 것도 좋지만, 그것보다 더 좋은 방법이 있다. 바로 그것을 대신해주는 것이다. 반대로 자신이 할 수 없는 일은 남에게 부탁해서 해결한다. 내가 못하는 것이 있다는 사실을 알면 더 이상 남에게 노력하라고 하지 않는다. 노력해도 할 수 없는 일이 있기 때문이다.

앤드류 카네기를 성공으로 견인한 이론인 "마스터 마인드"는 공동목표를 달성하기 위해 여러 명이 각자의 지식을 바탕으로 함께 협력하며 작업할 때 생기는 시너지효과이다. 앤드류는 '미국 철강왕'으로 불린다. 모든 철이 사용되는 열차제조부터 그것을 활용하는 철도회사 등 차례차례 사업을 일으켜 성공 한다. 그 배경에는 바로 "마스터 마인드"가 있었다. 이것은 각인각색의 능력을 가진 종업원들을 효율적으로 조합하여 프로젝트에

매진 할 수 있도록 하고, 공동의 목표와 유대감을 형성하여 적재적소에 팀을 활용하는 것이다.

동물을 좋아했던 앤드류 카네기는 토끼를 사육하고 싶었다. 많은 토끼를 한꺼번에 기르고 싶었지만, 소년의 신분으로 사료비 지출은 큰 장벽일 수밖에 없었다. 그래서 생각해 낸 것이 토끼에 반 친구들의 이름을 붙인다. 각각 해당하는 친구들에게 친근감을 갖고 사육에 참가 하도록 한 것이다. 혼자가 아니라 친구들이 적극적으로 사료를 가져오게 하는 시스템을 만든 것이다. 물론 친구들이 강요받았다고 느꼈다면 성공하지 못했을지도 모른다. 그는 전략적이었고, 지혜로웠다.

그의 묘비에는 "자기보다 뛰어난 사람들을 일하게 하는 방법을 아는 남자, 여기 잠들다"라고 적혀있다. 성공은 우연이 아니고, 실패도 우연이 아니다. 전화를 할 때 정확한 번호(목표)만 있으면, 누구나 원하는 사람에게 전화를 걸 수 있다. 무작위로 번호를 눌러 하나하나 알아가는 것보다 훨씬 더 좋은 결과를 얻을 수 있다.

실천이 답이다

성공한 사람들의 특징을 보면, 모두가 다 실천 지향적이다. 실천하면 무조건 결과를 얻는다. 성공하거나 실패하거나 둘 중 하나다. 성공하면 지금 방법 그대로 계속하면 된다. 만약 만족한 결과를 얻지 못할지라도 괜찮다. 부족한 점을 배웠기 때문이다. 다음에 성공할 확률은 높아진다. 암웨이 창업자 리치 디보스는 "신속하게 실천 하느냐가 그 사람이 성공할 가능성과 직접적으로 연관이 있다. 24시간 안에 행동을 옮기는 사람은 다른 아이디어들도 계속 실천할 사람이기 때문이다"라고 했다.

또한 『백만장자 성공비법』의 저자 브라이언 트레이시는 "생각은 원인이고, 상황이 결과이다. 모든 종교, 철학, 심리학에서 가장 위대한 발견은 사람의 생각이 그 사람의 인생을 만들고, 생각이 바뀌면 자신의 인생도 바꿀 수 있다는 것이다"라고 했다. "주로 무슨 생각을 하십니까?" 지난 세계 각국의 많은 대기업들은 수백만 달러를 들여서 이 질문에 대한 답을 얻고자 노력했다. 그 중 몇 개 기업에서 2,000만 달러 이상의 공동 자금을 마련, 성공한 기업인과 창업가들은 어떤 생각을 하는지 알고자 했다. 왜냐하면 세일즈맨, 기업인들을 고용할 때 성공한 사람의 특징자료를 토대로 비슷한 인재를 채용하고자 했기 때문이다. 약 35만 명을 인터뷰 했다. 매주 마다 인터뷰를 실시했으며, 6개월, 12개월, 18개월, 24개월 동안 진행했다. 인터뷰의 질문은 오직 하나였다. "평소 어떤 생각을 하나요?" 수개월 동안 진행했다. 조사한 데이터를 각 10% 단위로 나누었다. 제일 아래 10%군부터 그 다음 10%, 최상위 10%까지 나누었다. 그 결과, 가장 행복하고 돈도 많이 벌고 성공한 상위그룹은 오직 한 가지 생각을 매일 해왔다. '자신이 원하는 것이 무엇이고, 이것을 어떻게 하면 얻을 수 있을지?'

성공에 있어서 가장 중요한 것 '어떻게?', '이렇게 시도 해보면 어떨까?'라는 질문을 지속적으로 하는 것이 중요하다. '성공은 자취를 남긴다'라는 성공법칙도 있다. 그 사람의 행동을 그대로 따라 하면 된다. 그것을 가장 알기 쉬운 방법은 '책 읽기'다. 정보 과잉시대에 책이 유일한 답일지 모른다. 네이버나 구글에 검색하면 안 나오는 정보가 없을 정도라서, 때로는 이득을 가져다 주지만, 때로는 오히려 혼란을 가져다 주기도 한다. 인터넷에는 올바른 정보도 있지만 최근에는 과장된 광고가 유독 많아지고 있다. 인터넷 경우, 어떤 비즈니스든 간에 '누구나' 할 수 있다고 주장한다. 자격요건 없이, 제시하는 방법대로 하면 무조건 성공 할 수 있다고까지 말한다. 왜 이렇게 사람을 현혹 하는 것일까? 어쩌면 요즘 생각하기 싫어하는 사람이 너무 많기 때문인지 모른다. 어쩌면 생각하는 것에 익숙하지 않아서 일지도 모른다. 과정은 어떻게 되던 중요시 되지 않았다. 오로지 '결과 위주'로만 생각해 왔기 때문이다.

반면, 책에는 무엇보다 생각의 방향성을 우선시한다. 즉 마음가짐이다. 마음가짐에 따라 행복할 수도, 부를 가질 수도, 그리고 건강해질 수도 있다. 근거를 제시해도 책이 우수하다. 금전적으로 보아도, 효율성을 보아도 말이다. 성공은 이처럼 발자국을 남기는 법이다. 그 발자국대로 따라가면 된다. 그 사람은 어떤 마음가짐으로 도대체 무슨 생각을 하면서 성공까지 이루게 되었을까? 그곳에 힌트와 답이 있다. 다른 사람이 해낸 일이라면, 우리 모두 가능하다.

퍼펙트하게 행복한 사람 되기

성공, 행복 그리고 건강에서 가장 중요한 자질이 미래에 대한 긍정이다. 바로 현실적 낙관주자가 되는 것이다. 세상에 여러 가지 문제가 있음을 인정하지만, 그 문제들을 해결하고, 목표를 달성할 수 있다고 낙관적으로 생각한다.

여름에만 멋진 몸매를 위해 헬스장에 다니는 사람이 있다. 반면, 평소에 꾸준히 자신의 신체건강을 위해 헬스장에 다니는 사람도 있다. 전자에 경우 운동효과가 바로 나지 않으면 금방 그만두는 사람이 많다. 오히려 스트레스까지 덤으로 가져가는 꼴이다. 후자는 자신의 건강을 위해서 매일 꾸준히 운동을 한다. 덤으로 정신적 건강까지 얻는다. 실제로 레몬의 경우 먹지 않았지만 입안에 신맛이 나는 것처럼 느낀다. 이런 생각은 몸에 영향을 미친다. 실제로 일어나지 않은 일에 불안해하면 몸에서는 교감신경 작용을 촉진하는 뇌 호르몬이 분비된다. 혈관이 수축되고, 혈액순환에 영향을 끼친다. 혈액은 신체의 구석구석에 영양분을 나르고, 노폐물을 갖고 돌아오는 작업을 한다. 정신과 신체는 이처럼 관련되어 있다. 신체 운동뿐만 아니라. 정신 건강을 위해서도 운동을 해야 한다. 이것이 '긍정적인 생각'이다.

평소 무슨 생각을 하는지 메모에 글로 적으면 쉽게 알 수 있다. 본인이 싫어하는 것은 무엇이고, 문제는 무엇인지 자신도 모르게, 모든 일을 남의 탓으로 돌리고 있었던 것은 아닌지? 과거에 누가 나에게 상처를 주었는지 똑똑히 기억하고, 그것을 못 잊고 있는 것은 아닌지? 모든 생각이 과거에 머물고 있으면, 생각의 전환이 필요하다.

『괜찮아, 다 잘되고 있으니까』의 저자 사이토 히토리는 모든 책임을 100% 나의 탓으로 돌릴 것을 말한다. 이는 우선 '불확실한' 나에 대해서 알게 해준다. 또 한 가지, 행복하다는 마음가짐을 갖게 해준다. 100% 자신의 책임으로 돌려도, 나쁜 일은 일어나기 마련이다. 보통 나쁜 일이 생기면, 기분이 상한다. "운이 없었다"고 말하는 경우도 있다. 사실 우리에게 일어나는 일을 미리 예상 할 수 없다. 하지만 나쁜 일이 있을 때마다 이런 식으로 반응하면 우리의 행복 또한 단순히 '우연'으로 정의하게 돼버린다. 자신의 인생이 운에 좌지우지 되는 꼴이다. 너무 슬프지 않은가? 막연한 희망을 기달리는 것 보다 희망을 찾아 나서는 것이 빠르다.

행복은 찾는 것이다. 즉 행복이란, 행복하다고 느낄 수 있는 감각이 발달되어 있는지 없는지에 달려 있다. 행복은 주어진 것이 아니라 찾은 것이다. '밥을 먹을 수 있어서 행복하다'와 같은 것이다.

'일을 할 수 있어서 행복하다'와 같이 우리 일상에서 행복을 찾는 것이 몸에 습관화 되었는지가 중요하다. 싫은 일이 일어나도 '이것은 행복의 일부니까'라고 생각하는 사람이 돼 보면 어떨까? 매일매일 우리 일상생활에서 하나하나 찾아보자. 해외에서 먹는 '한국음식의 맛' 이런 기쁨처럼 말이다. 행복은 이미 내 마음속에 있다.

우리 모두 다른 재능을 갖고 태어났다. 재능 없어서 할 수 없다는 말은 변명에 불과하다. 현실을 알기 위해서는 "나는 무엇을 알고 있는지?"를 먼저 메모지에 적어라. 그 다음에 "나는 어떤 것을 원하는지?"를 메모지에 적어라. 그 목표에 도달하기 위해서는 어떤 것이 필요한지, 혼자 할 수 없다면 함께 공유 할 수 있는 목표를 선정하여 '마스터 마인드' 시스템을 구축하라.

성공은 자취를 남기는 법이다. 가장 효율적으로 활용 할 수 있는 방법은 '책읽기'다. 자신의 관심분야 책을 하루에 30분씩 꾸준히 매일 읽어라. 더 많은 행동을 하고, 더 많은 목표를 세우고, 더 많은 시도를 하게 될 것이다. 이처럼 성공과 행복은 자신이 찾는 것이다. 역사는 반복된다. 명심하라, 힌트는 책이다.

후퇴는 없다. 전진 앞으로

●
●
●

"큰 꿈을 가져야 그 꿈에 맞게 우리가 성장할 수 있다."

-조지 비셋-

고민하는 것은 시간낭비다. 본래부터 좋고 나쁨이란 없다. 하지만 '생
각'이 그렇게 만든다. '잘 할 수 있을까?'가 아니라 일단은 하는데, 좀 더
관심을 기울여 보면 어떨까?

무엇을 하고 싶고, 나름의 이유가 충분하다면 그냥 하면 된다. 불법적인
행동이 아니면 된다. 남에게 피해를 주는 행동이 아닌 이상, 누구에게 허
락을 구할 필요가 없다. 창피 당할 것을 겁낼 필요가 없다. 원하는 것에만
집중해라.

시간은 유한적이다. 하루 24시간 모두에게 공평하게 주어진다. '이 시간
을 어떻게 활용 했는가?' 그 차이에 따라 꿈을 이룰 수도 있고, 꿈을 이루
지 못할 수도 있다.

'이렇게 했었어야 했는데'라고 후회 할 시간에 한번이라도 더 실패하고, 한번이라도 더 피드백을 받는 것이 중요하다. 불필요한 시행착오는 없다. 해결책은 무한적이다.

검증된 성공비법으로 인생을 배워라

맑은 하늘, 햇빛을 향해 보면 그림자는 뒤에 생기는 법이다. 인생을 살면서, 우리가 해야 할 일은 햇빛을 향해 밝은 면을 보는 것이야.

첫째, 본인이 원하는 것, 그것을 어떻게 달성 할 수 있는지 항상 생각해라. 먼저 오늘 하루가 끝났을 때, 어떤 기분으로 무엇을 느끼고 싶은지 그려본다. 자신이 무엇을 원하는지 알게 되는 순간, 시간을 헛되이 보내고 싶지 않을 것이다.

둘째, 어떤 상황에서라도 좋은 면을 찾는 것이다. 항상 걱정은 그림자처럼 우리 뒤를 따라 다닌다. 밝은 면을 보더라도 때로는 '신경 쓰이는 일'이 생기기 마련이다. 사소한 일이라며, 일을 처리하지 않은 채, 그래도 방치하게 되면 정작 중요한 일에 방해가 될 우려가 있을 수 있다. 데이비드 알렌 작가가 소개한 GTD(Getting things done)와 같이 "2분 안에 해결 될 일은 우선순위와 상관없이 즉시 처리한다"를 습관화 해보는 것은 어떨까? 또 다른 한 가지는 뭔가 일이 잘못될 때마다 '괜찮아'라고 말하는 습관이다. 좋아하는 사람에게 고백했는데, 거절당했다. 그 상황에도 '괜찮아, 어차피 내 이상형이 아니었어. 뭐'라고 말하는 것이다. 어려운 상황에서도 긍정적인 면을 찾으려 노력하면 찾을 수 있다. 적어도 '후회'는 남지 않는다. 앞으로 전진 할 수 있다.

셋째, 어려움이나 문제가 있더라도 항상 가치 있는 교훈을 찾아내라. 『백만장자 성공비법』의 저자 브라이언 트레이시는 인생이란 원래 문제의 연속이라고 말한다. 이렇게 지속되는 문제의 연속 과정에서 유일한 예외가 있다. '위기'이다. 정상적인 삶을 사는 사람이라면, 두세달에 한 번씩은 위기를 겪게 된다. 문제, 문제, 문제, 위기의 순서로 일어난다. 우리가 갖고 있는 문제를 머릿속에서 나열해 보자. 그 문제들을 수북이 쌓인 접시들로 상상해 보자. 그 접시들 중에 가장 위에 놓인 접시가 있을 것, 그 접시가 인생의 가장 큰 문제이다.

가장 큰 걱정, 이 문제가 바로 우주의 반대편에서 오직 당신을 위해 고안한 것이라고 상상해 보면 어떨까? 우주 반대편에 있는 위대한 힘이 당신의 행복과 성공을 간절히 바라기 때문에 고안한 것이다. 단, 하나의 조건이 있다. 성공하고 행복하기 위해서는 여러 가지 교훈을 배워야만 한다. 사람은 아파 보지 않으면, 그 아픔을 이해하지 못한다. 감정적 고통, 금전적 고통, 신체적 고통을 느껴보지 않아 보면 말이다. 따라서 지금 여러분이 가진 가장 큰 문제는 이 위대한 힘이 고안한 여러분이 성공하고, 행복해지기 위해서 반드시 알아야 할 교훈이다.

이 교훈을 지금 배울 것인가? 아니면, 문제가 커질 대로 커진 후에야 배울 것인가? 처음에는 당신에게 필요한 교훈을 그리 크지 않는 고통을 통해 신호를 보낸다. 하지만, 첫 번째에 교훈을 깨닫지 못하면, 그 다음에는 더 많은 고통을 통해 신호를 다시 보낸다. 그런데도 깨닫지 못 하는 사람에게는 아픔을 주는 큰 고통을 보내서 결국 그 사람이 '더 이상 그만, 이제 정말 깨달았어'라고 할 때까지 계속 보낸다.

만약 다른 사람들에게도 아주 긍정적인 영향을 주고 싶으면 간단한 방법이 있다. 자기 자신이 원하는 바가 무엇인지 분명히 깨닫도록 돕고, 항상 원하는 바를 생각하고, 이야기 하도록 해야 한다는 것이다. 이것은 브라이언 트레이시가 만난 정상에 있는 사람들의 생각이다.

어렸을 때 소풍놀이를 가면 했던 '보물찾기'를 기억하는가? 보물을 찾기 위해 나무 주변을 살핀다. 없으면 바위 밑에 숨겨져 있는 것은 아닐까? 바위도 둘러본다. 지금 장소에는 더 이상 보이지 않으면 장소를 옮겨 찾아보기로 결심한다. 당장 눈앞에 보이지 않지만 왜 이렇게 열심히 찾고 있는 것일까? 그것은 어딘가에는 반드시 보물이 있다는 믿음 때문이다.

지금 겪고 있는 문제와 어려움이 바로 '보물찾기'라고 생각해 보면 어떨까? 보물을 찾을 때에는 보물이 정말 있을까? 하는 의심을 하지 않는다. '있다'는 전제 속에서 찾는 것이다. 이 어려움을 극복할 수 있는 해결책이 '있다'는 전제 속에서 찾는다면, 분명 발견하게 될 것이다.

미래에 대한 낙관적인 생각

낙관주의자들에게는 또 한 가지 특별한 자질이 있다. 현실적 생각도 하지만, 동시에 비현실적인 성공에 대해 기대를 하는 사람들이기도 하다. 자기 자신은 100% 성공할 것으로 기대한다. 어떤 일이 발생해도, 아무리 많은 곤경과 어려움에 처해도 절대 포기하지 않는 것. 자신의 미래에 대해서 '성공'을 단언한다.

『백만장자 성공비법』의 저자 브라이언 트레이시는 "당신의 마음을 '컴퓨터'라고 생각해라. 컴퓨터는 설치하고 프로그램에 따라 운영되는 시스템이다"라고 말했다. 그렇다면 '믿음'을 파는 컴퓨터가게가 있다고 상상해 보자. 왜냐하면, 우리의 마음은 바로 믿음에 의해 돌아가기 때문이다. 긍정적이고, 낙관적인 믿음이 있는 사람은 그 믿음 그대로 돌아갈 것이다. 반면, 부정적이고 두려움에 가득한 믿음이라면, 역시 인생도 그렇게 될 것이다.

특수한 컴퓨터가 있다. 당신이 스스로에게 그 특수한 믿음을 사서 자신의 마음 컴퓨터에 설치를 한다고 한 번 생각해 보자. 당신이 가질 수 있는 최상의 믿음은 무엇일까?

'나의 인생은 정말 성공적이고, 행복한 인생이 될 거야'라는 믿음이면 어떨까? 믿음을 가지면, 당신의 행동도 이 믿음과 일관된 방식으로 하게 된다. 결국 행복하고 성공적인 인생을 살게 될 것이다. 이처럼 믿음을 가지게 되면, 두 가지 행동을 하게 된다.

첫째, 더 많은 시도를 하게 된다. 더 많고 다양한 일들을 시도하게 된다. 더 많은 사람들에게 이야기하고, 더 많은 사람과 소통하게 된다. 다른 사람에게 이야기를 하고 있지만, 결국 나에게 이야기 하는 것과 같다. 말하면 할수록 그 목표가 좀 더 구체화되고 자신의 생각이 정리가 된다. 제3자와의 대화는 타인이라는 거울을 활용한 자기 자신과의 대화이다. 더 많은 행동을 하고, 더 많은 목표를 세우고, 더 많은 시도를 하게 될 것이다.

도전횟수가 많아질수록, 다방면으로 많이 시도할수록 성공의 가능성은 높아진다. 이것을 단순히 운으로 표현하기는 싫다. 더 많은 것을 시도해서 얻은 결과이다. 시도를 많이 할수록, 적시에 적절한 자원을 동원해 적절한 시도를 하게 될 가능성은 높아진다. 몇 가지 밖에 시도하지 않는다면, 성공의 가능성은 낮아진다. 우리는 어떤 시도가 효과적인 것인지, 아니면 그렇지 않은 것인지를 컨트롤 할 수 없다. 어떤 시도가 성공하고, 실패할 것인지도 컨트롤 할 수 없다. 타이밍 보다 해야 할 일 자체에 관심을 갖는 법과 몇 번을 시도 할 것인지가 유일하게 우리가 컨트롤 할 수 있는 것이다. 성공한 사람들은 모두 낙관적이다. 될 때까지 몇 번이고 시도를 한다. 왜냐하면, 반드시 성공할 운명이라고 믿기 때문이다. 둘째, 끈기, 절대 포기 하지 않는다. 몇 주가 흘러도, 몇 달이 흘러도 그리고 몇 년이 걸려도 끝까지 시도를 멈추지 않는다.

성공의 법칙들 중에서 가장 위대한 법칙은 첫째, '더 많은 것을 시도하라', 둘째 '절대 포기하지 마라' 이 두 가지 밖에 없다.

"소 잃고 외양간 고친다"라는 말처럼, 골든타임이라는 것이 있다. 교통사고를 당하고 난 후에서야 응급처치과목을 듣는 것은 이미 늦었다. 교통사고가 발생했을 때 써 먹으려면, 사고가 발생하기 전에 배워야 한다. 인생도 같다. 우리는 앞으로 여러 가지 장애물, 어려움, 일시적인 실패들을 겪게 될 것이다. 일이 발생하고, 어떻게 대처할지를 생각하며 결정한다면 늦다.

예방접종이 필요하다. 다짐이 필요하다. '앞으로 어려운 일이 발생하더라도, 나는 절대 그만두거나 포기하지 않을 거야'라는 자기 선언이다. 돈을 많이 벌기 원한다면, '지금 한 달 소득보다 2배로 올리겠다'고 다짐하자. 그 어떤 어려운 일이 발생해도, 계속 해 나갈 것이라 마음먹을 것, 포기하지 않을 것이라고 인생의 원칙을 세우는 것이다. 이렇게 의식적으로 결심을 하면, 그 결심은 무의식 속의 명령이 된다. 그래서 당신에게 장애물이나 어려움이 닥치더라도, 마음은 이미 프로그래밍이 되어 있어서, 바로 대처가 가능하다. 이 원칙을 잊지 말고 성공 할 때까지 끝까지 여러 번 도전하는 것이 무엇보다 중요하다. 바로 이런 결심을 하는 순간, 성공은 따 놓은 당상이다. '원칙을 깨지 않을 것'을 기억하라.

고민 말고 생각을 하자. 자신이 정확히 무엇을 원하는지 파악할 수 있으면, 앞으로 나아가는 것은 문제가 아니다. 남들이 고민하고 있을 때, 그 시간을 활용해서 방법을 찾아라. 결과가 안 좋아도 상관없다. 그 시행착오가 성공확률을 높여주는 값진 기회이다. 문제가 발생해도 앞으로 나아 갈 수 있다. 그 결과는 인정한다. 교훈을 배웠기 때문이다. 많은 시도를 하는 것은 이처럼 좋은 점 투성이다. 망설이지 말고 도전해라.

원칙을 세워라. 첫째 '더 많이 시도할 것', 둘째 '포기하지 않을 것' 이 두 가지뿐이다. 성공은 자취를 남긴다. 낙관주의자는 자신에 미래를 확신한다. 그래서일까? 실패가 두렵지 않다. 그래서 일까? 포기 하지 않는다. 조금만 더 가면, 원하는 결과를 얻을 수 있다는 사실밖에 남지 않았기 때문이다. 자신 있게 꿈을 펼쳐라. 인생은 마음먹기 나름이다.

후회 없는 인생, '전진 앞으로' 원칙이다.

학문으로 성공하는 것은 마음의 문제다

> "생각이 얼마나 강력한지 깨닫는다면, 부정적인 생각을 결코 하지 않을 것이다."
>
> -피스 필그림-

미래 지향적 사고

성공한 사람들은 첫 번째 '미래 지향적 사고'를 갖고 있다. 가장 중요한 목표, 3가지를 정확히 30초 안에 메모지에 적어보자. 누군가에게 발표하는 것이 절대 아니니, 진심으로 원하는 목표를 쓰면 된다.

우리는 무의식 속에서도 항상 생각을 한다. 그 생각은 돈, 건강, 인간관계, 가족과 관련된 생각일 확률이 크다. 어느 누구에게나 인생에서 중요한 부분을 차지하기 때문이다. 반대로, 가장 큰 문제 3가지를 무엇인지 메모지에 똑같이 적어보자. 가장 큰 문제 또한 돈, 건강, 인간관계, 가족이지 않나? 나도 모르게 의식적으로, 무의식적으로 그 목표를 향해 움직이고 있는 것이다. 최상의 조건에 도달하기 위해서, 최악의 상황을 피하기 위해서 사람은 생각한다. '한 사람의 외부 세계는 항상 그 사람의 내면세계를 반영하는 거울이다'라는 법칙이 있다. 즉, 미래 지향성이다.

『백만장자 성공비법』의 저자 브라이언 트레이시는 "즉, 성공한 사람들 대부분은 항상 미래를 생각한다. 원하는 바가 명확하기에, 질문을 한다. '어떻게?' 그리고 그것이 현실이 되었을 때의 감정을 생각한다"고 말했다. 이와 같이 성공한 사람들은 자신을 위한 완벽한 미래를 상상한다. 행복한 미래를 상상하고, 자신을 위한 이상적인 미래를 그린다.

우리도 똑같은 방식으로 상상해보자. 5년 후의 완벽한 인생에서는 과연 무엇을 하고 있을까? 어떤 집에서 살고, 어떤 차를 소유하고 있나? 은행에는 얼마만큼의 돈이 저축되어 있나? 연봉은 얼마인가? 5년 후에는 어떤 누구랑 지내고 있는가? 누구랑 같이 있지 않을까? 이 질문에 대한 답이 분명하면 할수록, 당신의 생각을 현실로 맞이하게 될 것이다.

LA에서 출발한 비행기에서 "약 12시간 37분 후 서울 도착예정이다"라고 안내 방송을 한다. 비행기는 운항 시간 중 99%의 시간 동안에는 정해진 궤도에 있지 않는다. '99%의 시간 동안에는 장상 궤도에서 벗어나 있다'는 것이다. 비행기는 정상 궤도로 되돌아오도록 조정을 한다. 바람이 비행기를 움직일 수도 있고, 기류나 구름 때문에 왼쪽, 오른쪽, 위쪽, 아래쪽으로 왔다갔다 조정을 하면서 말이다. 여러 가지 일시적인 장애물을 만나지만, 결국 목적지 공항에 도착한다.

반대로 목적지가 정해지지 않는 비행기를 타면 어떨까? 안내방송에서 '우리는 어디로 갈지 모른다. 일단 출발하고, 어디 괜찮은데 있으면 착륙하겠다'고 한다면, 자신이 탑승한 비행기에서 안내방송으로 이런 말을 듣는다고 상상해보자. 말을 듣는 순간, 놀라지 않을 수 없다.

다시 현실로 돌아와 생각해보자. 자기 자신이 무엇을 좋아하는지 그래서 어떤 목적지로 갈지를 명확히 모르는 경우가 있다. 조금 전의 그 상황에 맞춰서, 목적지 없는 비행기에 탑승하고 있는 것과 똑같다. 내 마음의 비행기를 조종하는데, 목적지를 모르기 때문에 하늘에서 빙빙 돌고 있다. 어디로 가야할지? 안내방송이 나올 때까지 말이다. 혹여나 연료가 떨어지면 그 때는 최악의 상황이 발생할지 모른다. 정확하게 어디를 갈지 결정하면, 준비할 수 있다. 연료가 떨어지기 전에 구체적으로 목표를 정하자.

목표 지향적 생각

성공한 사람들의 공통점 두 번째 '목표 지향성'이다. 자신의 목표를 지속적으로 생각한다. 어떻게 달성할 것인지에 대한 목표설정 및 계획은 총 6단계로 구성되어 있다.

• 6단계 방식

1단계. 본인이 정확히 원하는 바가 무엇인지 결정할 것. 막연하게 '돈을 더 많이 벌고 싶다'는 것은 목표가 아니다. 희망사항 또는 환상이다. 목표는 명확하고, 측정 가능해야 한다.

2단계. 목표를 메모지에 적는다. 목표는 글씨로 써야 비로소 이루어진다.

3단계. 기한을 정한다. 목표를 언제까지 달성할지를 정한다. '기한까지 목표 달성하지 못하면 어떡하죠?'라는 걱정은 안 해도 된다. 기간은 새롭게 수정하면 그만이다.

4단계. 리스트를 정리하라. 우선순위에 따라 우선적으로 할 일들을 정한다.

5단계. 계획을 실천에 옮길 것. 지금 당장 할 수 있는 것부터, 실천해 옮겨라. 공자의 말처럼 '천리 길도 한걸음부터'

6단계. 매일 꾸준히 노력해라.

목표를 확실히 정한 사람에게는 꿈이 좀 더 현실적으로 다가온다. 최소 10가지의 목표를 선정하라. 그 중에서 내가 24시간 안에 이룰 수 있다면, 내 인생의 가장 크고 긍정적인 영향을 미치게 될 한 가지는 무엇일지를 정한다. 그리고 기한을 정하고, 그 목표를 달성하기 위해 필요한 것들을 리스트 정리한다. 우선순위와 순서 그리고 그 목표를 향해 행동하고, 매일 무언가를 실천해라. 작은 성공이라도 그것을 지속적으로 이어나가다 보면, '성공했다'는 성취감이 뇌에 척척 스며들며, 자신감을 높여 줄 것이다.

완벽을 노리지 말고, 수정을 포함시켜라. 처음에는 머릿속에 존재하는 '신경 쓰이는 일'이 생길 것이다. 그것에 대해 행동으로써 조치가 필요한지 자신의 내면과 대화를 하는 것부터 시작해라. 『프로페셔널의 조건』의 저자 피터 드러커는 자기 시간의 관리의 중요성을 이야기한다. 시간을 관리하면서 먼저 자신이 시간을 어떻게 보내는지 알아야 한다. 구체적으로는 계속해서 시간을 기록해 그 결과를 매일 확인해야 한다. 최소 매년 2회 정도 3~4주간 기록해야 한다. '할 수 있을까?' 하는 의심이 들지 모른다. 예방접종 차원에서 원칙으로 시간 낭비를 줄이겠다고 다짐해라.

최고가 되라

성공을 위해 최고가 되겠다는 강한 의지를 말한다. 강한 목표의식이 없으면, 포기는 시간문제다. 목표에 대한 갈망은 추진력이 된다. 의도적으로 체험하고 싶은 미래를 목표로 정한다. 어떤 일이든 분야에 상관없이 그 일에서 최고가 되겠다는 결심을 해야 한다.

아직 '최고'라는 개념 자체가 '가장 높음'인 것으로 자신에게 익숙하지 않고, 거창하게 느껴질지 모른다. '최고'라는 말 보다 '최선'이라는 말이 더 친숙하게 느껴지는 것이 사실이다. 우리 일상생활에서도 '최선을 다했다'는 말을 자주 사용한다. 회사의 경우 상사에게 주어진 업무에 있어 '최선'을 다 하는 것보다, '성과' 있게 잘해야 된다고 충고를 받는다. 보통 이런 말을 들을 때면, 속으로 이런 생각하기 쉽다. '연봉이나 더 올려주고 그런 말을 하지!', '상식적으로 그 이상으로 안 되는 것을 어떻게 하라는 소리야?'라고 불평한다.

'최선'은 '가장 좋고 훌륭함'이라는 의미를 갖고 있다. 주관적인 해석이지만, 자신이 지금까지 알고 있는 가장 좋고 훌륭한 방법을 활용한다는 뜻이다. 즉 "내가 알고 있던 방식으로 노력하겠지만, 만약 결과가 안 좋다면, 어쩔 수 없다"라는 뉘앙스가 느껴진다.

그렇다면 반대로 최고는 무엇일까? 『최고의 리더는 아무것도 하지 않는다』의 저자 후지사와 구미는 10분에 1,000엔(만 원) 미용실의 탄생이야기를 소개한다. 미국에서는 당연한 것으로 여기는 10분에 1,000엔 비즈니스 모델이지만, 일본에서는 갖가지 장애물이 있었다. 그 중 하나가 일본 물가 대비 천 엔이라는 낮은 가격으로 어떻게 이익을 올리냐 하는 점이다.

'종업원의 작업을 조금 더 줄이기 위해서는?', '외부로 지출되는 비용을 줄이기 위해서는?' 이런 생각을 아침부터 저녁까지 해오던 창업자는 TV를 보는데 휴대폰이 널리 퍼져서 전화카드를 이용하는 사람들이 급격히 줄어들자 전화카드 판매기를 만드는 회사가 곤경에 처해 있다는 뉴스를 본다. 여기서 떠오른 아이디어는 전화카드 판매기를 가게마다 발매기로 하는 것이다. 돈을 넣어 카드가 나오는 시스템이라면, 손님이 요금을 지불했는지 금방 알 수 있다. 종업원이 계산대에 서 있지 않아도 된다. 게다가 잘 팔리지 않는 기계라면 싸게 구할 수도 있을지 모른다. 즉시 업체와 상담을 했고, 판매기에는 통신기능이 달려 있다는 사실을 알게 된다. 더불어, 판매액의 집계나 관리 외의 부정, 도난 방지까지 할 수 있는 보너스를 얻게 된다. 또한 '지금 머리를 자를 수 있나요?', '죄송한데 15분 정도 기다려야 합니다' 처럼 손님과 대화를 하다보면, 그때마다 작업을 멈추게 되는데 이런 시간을 줄이기 위해서 어떻게 하면 좋을지 생각했다. 어느 날 TV를 보는데 공장의 기계에 이상이 있다는 붉은 신호가 깜빡하는 장면이 나온다. 그는 그것을 본 순간 정신이 번쩍 들었다. 그리고 점포 입구에 램프를 설치한다. 기다리는 시간이 없다면 파란색, 조금 혼잡하면 노란색, 손님으로 꽉 찼다면 빨간색이 들어오게끔 해서 종업원이 손님을 응대하는 시간을 줄였다.

우리는 평소 정보나 영상을 손쉽게 어디서든 접하고 있다. 그것을 힌트로 받아들이는지, 아니면 단순히 일과성으로 흘려보내는지는 평소에 얼마나 생각을 거듭 하느냐에 달렸다. 이것이 '최고'를 지향하는, 생각을 거듭하는 사람이다.

누구나 시작은 어렵다. 시작할 수 있는 용기만 있으면, 모든 배울 수 있다. 당신이 목적지만 정해라. 그 열망이 당신을 목적지에 데려다 줄 것이다. 누군가 해낸 일이라면, 우리 모두가 할 수가 있다. 단 원칙을 지켜야 한다. '포기하지 않을 것'

어느 분야에서든 최고를 목표로 해라. 성공을 위해 가장 큰 도움이 될 기술은 무엇일까? 어떤 기술을 최고수준으로 끌어올리면, 가장 큰 도움이 될까? 상상에 상상을 거듭해라.

"창조적 아이디어는 상관없는 것을 연결하는 것이다."

-스티브 잡스-

Chapter 6.

선택이 곧 행동이다

솔루션1. 전략을 세우고, 도전하라

.
.
.

"늘 명심하라. 성공하겠다는 자신의 결심이 다른 어떤 것보다 중요하다는 것을."

-링컨-

고민도 버릇이 된다. 이 세상에서 어느 한 명이라도 고민 없는 사람이 있을까? 이미 성공한 사람이라면 분명 고민이 하나도 없을 것 같다. 왜냐하면 고민은 괴로움의 존재이지 않은가? 자신이 힘들다고 느낄 때, 고민 없이 평생 편하게 살고 싶다는 환상을 해 본다. 하지만 이렇게 말하는 자신조차도 결국 환상이자 거짓, 진실이라고 믿지 않는다. 믿음이 부족한 쓸데없는 생각은 몰입도가 높다. 생각은 점점 빠져 나오지 못하게 만든다. 더 나아가 '나는 왜 태어났을까?', '내가 항상 그렇지 뭐'와 같이 자신을 한없이 부족하게 만든다. 자존감을 낮추는 행위다.

행운이란, 간절히 바라야만 이루어 질 수 있는 것이라고 믿었다. 보통 TV에서 보면 '운 좋게 성공했다'라는 말들을 자주 접했기 때문일까? 그 행운을 그저 오기만을 기다렸다. 하지만 그 행운은 항상 나만 피해간다. '간절함이 부족한 것일까?' 또 다시 기도해 보지만, 결과는 변하지 않았다. 생각은 또 다른 생각을 낳는다. '정말 태어날 때부터 운명이 정해져 있는 걸까?' 의심가기 시작했다. 이처럼 생각이 삐뚤어지다보니, 세상은 삐뚤어져 있었다.

믿음은 때때로 편견을 만든다. 실패를 자주 겪다보면, '나는 무엇을 해도 역시 안 되는 구나'라는 믿음이 어느샌가 머릿속 깊게 흡수되어 버린다. 무엇할 때마다 미리 겁먹게 돼버린 것이다. '또 실패하면 안 되는데?' 하는 이런 생각은 어김없이 현실로 반영된다.

포기하면 마음이 편하다

모든 것이 귀찮다고 느낄 때 한없이 부정적으로 사람은 변한다. 더 이상 고민하기가 싫어진다. 스트레스도 더 이상 받고 싶지 않다. 성격도 급하다보니 결정을 빨리 하는 습관이 생겼다. 아무리 혼자 고민 해봐도, 주변 친구에게 이야기를 해보아도, 해결되지 않는 것을 자주 경험했기 때문일까? 포기하면 마음이 편해진다. 주위에서 항상 '너 그렇게 한가하게 있을 때가 아닐 텐데?' 하는 질타 비슷한 충고를 듣는다. 그 때마다 자신 있게 '하기 싫어서'라고 말을 했다.

어린 시절에 학원을 다녀도 한 군데만 다니지 않았다. 미술학원, 피아노학원, 태권도학원, 검도학원, 무에타이학원 등 한 곳을 끈기 있게 다니지 못하고 중간쯤 다니다 그만두곤 했다. 그리고 또 시작하고 또 그만두고, 그 패턴이 반복되었다. 왜냐하면 내가 하고 싶지 않아서다.

우리 부모님은 자녀가 '하고 싶은 것'이 있으면 무엇이든 들어주신다. 단 한 번도 반대 하지 않았다. 어머니는 "엄마는 어려서 가정형편이 좋지 못해 빨리 결혼했다. 하고 싶은 것을 하지 못한 것이 한으로 남는다"고 항상 말씀하셨다. 그래서 일까? 무엇을 하고 싶다면 다 하게 해주셨다. 학원을 오래 다니지 못한 이유는 부모가 억지로 시켜서가 아니다. 다른 친구들이 그 학원을 다니기 때문에 "나도 다닐래"라고 말한 것은 나 자신이다. 좋아하지 않아서 다닌 학원은 금방 싫증이 나기 마련이다. 기대 했던 것보다 재미가 없었고, 어려웠다. 한번은 태권도 학원에서 운동할 때, 전면에 보이는 거울을 깬 적이 있다. 학원원장은 괜찮다고 했지만, 그 다음날부터 학원을 가지 않기도 했다. 혼날까 걱정되었고, 책임에서 벗어나고 싶었다. 그래서 도망쳤다. 왜냐하면 고민하는 것이 싫은 '나', 포기하는 것을 무엇보다 잘하는 '나'였기 때문이다.

사람은 위기상황에 직면해야 변한다. 2004년 고등학교 3학년이 되어서도, 대학교 진학에 대해서 깊게 고민하지 않았다. 왜냐하면 내가 좋아하는 '게임'을 하기에도 시간이 부족했다. 당장 눈앞에 있는 즐거움을 찾았지, 미래까지 생각할 겨를이 없었다. 계획이란 안중에 없다. 오직 자신의 즐거움이 우선되어 왔다.

고등학교 3학년 담임선생님과 진학관련 상담을 할 때의 일이다. 선생님은 지금 이 성적으로는 대학을 가지 못한다고 말씀 하셨다. 즐거움을 우선을 생각했던 나였지만 그 말을 직접적으로 들으니 기분이 좋지 않았다. 포기하기를 좋아하는 나지만, 자존감이 무너지는 느낌을 받았다. 지금까지 자신이 했던 행동은 하나도 생각 하지도 않고, 무시당했다는 느낌에 자존심이 상했다. 결론은 수능을 보는 수밖에 없었다. 자존심 회복을 하기 위해서라도, 도전하고 싶었다. 추진력이 강한 나였다. 빨리 시작하고 빨리 포기하는 사람이다. 부모님께 과외를 하고 싶다고 말을 했고, 부모님은 아무 말 없이 도와 주셨다. 한편으로 부모님이 원망스러웠다. '공부 잘 하고 있냐?'는 소리는 했지만, 직접 확인까지는 하지 않으셨다. 나는 그게 갑자기 원망스럽게 느껴졌다. "조금 더 나에게 관심을 가져줬으면, 내 잘못을 지적해줬으면, 이렇게 하라고 가르쳐 줬다면, 내가 이렇게 되지 않았잖아?"라고 말이다. 참으로 뻔뻔했다.

지금 생각해도 말도 안 되는 소리다. 자신의 잘못을 통감한다. 내 감정에 너무 몰두한 나머지, 잊고 있었다. 부모님이 하신 말씀인 "엄마는, 어렸을 때 갖고 싶어도 갖지 못했지만, 우리 자식들에게는 모든 것을 다 해주고 싶다"라는 말을 잊고 있었다. 먹고 살기 바쁜 나머지, 부모님세대는 교육을 우리 시대만큼 제대로 받지 못했기 때문에, 어떻게 교육을 해야 하는지에 대한 방향성을 잘 모를 수 있다는 사실을 이해 못했던 것이다. 부모님의 입장에서 할 수 있는 응원은 단 한마디, '공부 열심 해라'는 것뿐이다. 그 뜻을 그 때는 이해하지 못했다.

사랑받지 못한다고 생각하면, 그 상황에만 눈길이 가게 된다. 행복하지 않다고 생각하면 행복하지 않은 일만 머리에 떠오르게 되는 것이다.

한번 맛 본 느낌, 잊혀 지지 않는다

중학교 무렵, 유일하게 좋아하는 일이 생겼다. 바로 '디아블로2'라는 게임을 하는 것이다. 2000년 무렵 PC방에는 '디아블로2'라는 게임이 한창 인기가 높았다. 캐릭터를 레벨1부터 성장시켜 경험치가 쌓이면서, 아이템을 획득해 나가는 방식이다. 여러 사람 중에 '눈에 띄게 강해지는 것' 게임에서는 마치 사회에서 좋은 직장을 다니고 행복한 삶을 사는 것과 같다. 게임 안의 캐릭터는 '나'라는 존재다. 게임 안에서도 닉네임이 있었고, 그 게임에서 정해진 룰에 따라 살아간다. 게임은 단순했다. 열심히 하면 레벨은 올라간다. 열심히 하면 경험치가 쌓인다. 열심히 하면, 사냥을 쉽게 할 수 있는 아이템을 얻게 된다. 오직 노력 여하에 따라 성장은 보장된 것만 같다. 아침 6시에 일어나 1시간정도 게임을 했고, 학교에 등교하면 친구들과 게임이야기를 했다. 하굣길에는 친구들과 PC방에 가서 게임을 했다. 집에 와서도 게임을 했다. 오르지 게임에만 몰두했다. 내가 투자한 시간만큼, 게임 세상에서는 강해졌다. 게임에서 나는 천하무적이였다. 비록 척추측만증이라는 후유증을 남겼지만, 눈 시력이 나빠졌지만, 그렇게 열정적으로 재미있게 한 것은 내 인생에서 처음 맛보았다.

사회(현실)는 게임(가상)과 다르다. 처음 시작할 때부터 시작점이 다르다. 현실에서는 '노력만으로 성공할 수 있다'는 말에 전혀 공감이 가지 않는다. 게임에서 시작은 누구나 레벨1에서 시작한다. 그래서 노력이 부족했다는 변명이 어느 정도 통할지 모르지만, 현실에서는 노력만으로는 확실히 부족해 보인다. 양심적이고, 성실하고, 머리가 좋다고 해서 반드시 성공하거나 행복한 것은 아니기 때문이다. 현실에서도 노력만으로 승부를 볼 수 있다면, 누구든 쉽게 포기 하지 않을 것이다.

다시 앞 이야기로 돌아가자. 고등학교 3학년 때, 결국 소망대로 영어, 수학 과외를 받았다. 내 실력은? 과외선생도 놀랄 정도였다. 컨츄리(Country)라는 단어가 가수 때문에 시골이라는 뜻이 있는 줄은 알았지만, '나라'라는 뜻도 있다는 것조차 몰랐다. 이만큼 공부에 담을 쌓고 살았다. 도전하기로 용기를 갖게 된 이유는 고등학교 선생님의 전략 때문이다. 실업계 전형으로 수학 6등급, 영어 6등급을 받아, 대학에 지원하자는 것이다. 인문계에서는 6등급이라고 하면 좋지 못한 성적이나, 실업계 고등학생끼리 경쟁할 경우에는 가능성이 아직 있다는 것이다. 믿을까? 망설여지기는 했지만, 한번 도전해보기로 했다. 왜냐하면, 선생님의 조언에서 진심으로 잘되길 바라는 마음이 느껴졌기 때문이다.

게임 이후, 인생에서 두 번째로 열심히 했던 노력이다. 결과는 영어는 6등급을 받았다. 그러나 수학은 그렇지 못했다. 좋지 않은 성적이지만, 그 추억은 내게 소중하다. 왜냐하면 자신이 무엇을 원하는지 정확히 알면, 도전 할 수 있는 사실과 그 때만큼은 포기하지 않는 '나'라는 것을 발견했다는 사실이다.

　여러 대학에 지원을 했고, 결국 보건대에 입학하게 되었다. 학과는 환경보건과다. 나름 조사한 결과, 지구환경은 지속적으로 오염이 되고 있는 상황에서, 환경보건에 대한 수요는 늘어갈 것이라 예상했다. 따라서 취업률이 높을 것 같다는 판단 하에 지원했고 결국 합격했다. 그러나 대학 1학년은 나에게 순탄하지는 못했다. 적성과는 너무 맞지 않았다. 생각과 현실은 달랐다.

　결국 또 다시 포기를 좋아하는 '나'가 되었다. 하지만 분명히 달라지고 배웠다. 첫 번째로 시도조차 하지 않고 포기했다면, 과거와 현재 바뀐 것이 하나도 없었을 것이다. 그 때 영어공부를 시작하지 않았다면, 평생 영어와는 담을 쌓고 살았을지 모른다. 이때부터 '일단 도전 해보고 후회하자'는 좌우명도 생겼다. '포기하지 않는 나'를 발견 했다는 것이 큰 성과다. 내가 좋아하는 일을 찾고 싶다는 갈망이 생겼다. 두 번째는 전략이다. 목표를 이루기 위해서 어떻게 해야 하는가? 어떤 방식으로 접근 하는지?를 배웠다. 무작정 돌진하는 것 밖에 몰랐던 나에게 변화가 찾아온 것이다. 준비하면 할수록, 불필요한 시행착오는 피해 갈 수 있다.

　자신이 무엇을 원하는지 아는 것은 중요하다. '진짜로 이룰 수 있을까?' 고민하는 것은 금물이다. 고민은 두려움을 낳는다. 원하지 않는 모습을 하나하나 포기해라. 그 나머지가 당신이 진짜 원하는 것이다. 자신이 좋아하는 일은 좀처럼 포기 하지 않는다.

확신이 필요하다. 당신이 원하는 미래의 모습을 이미 이루어 진 것처럼 상상하라. 그곳에서 자신이 할 수 있는 것이 무엇인지 생각해라. 그리고 전략을 세워, 지금 당장 할 수 있는 것부터 행동으로 옮겨라. 밑져야 본전이다. 많은 경험은 주저함을 없애준다. 그 경험은 축척된다. 축척된 경험은 불필요한 시행착오가 줄여준다. 한번 맛본 승리에 경험은 쉽게 사라지지 않는다. 자신을 믿고 도전해라. 일시적 고통은 견뎌 낼 수 있다. 희망이 없으면, 바로 끝장이다.

솔루션2. 목숨 걸 각오로, 도전하라

.
.
.

"상황을 가장 잘 활용하는 사람이 가장 좋은 상황을 만든다."

-존 우든-

목숨 걸 각오로, 도전하라

어떤 상황에서도 배울 의지가 있다면 그걸로 충분하다. 우리 기억 속에는 가장 재미있었던 추억과 가장 힘들었던 추억이 공존한다.

군대는 내 인생의 터닝 포인트다. 대학 1학년 수업이 끝나자마자 군대를 가야겠다고 마음먹었다. 2005년 12월 말경 '어떻게 하면 최대한 빨리 갈 수 있을까?' 생각을 했고, 국방부 홈페이지에 접속했다. 다음 해 3월정도 입내 히고 싶은 마음을 맞고 밉맥히게 써먹 꼈다. 그린데 엔길이 0일에는 입대가 불가했다. 그 다음으로 가능했던 달은 6월이었다. 한편으로 '망했다'라는 생각이 들기 시작했다. 하지만 좀 더 자세히 보니, 1월 19일에 입대가

가능한 것을 발견했다. 불과 입대까지 20일도 안 남은 상황이다. 역시 사람마음은 비슷했다. 1월은 부담스럽기 때문에 1~2달 쉬는 동안 아르바이트도 하고 여행도 가면서 입대를 준비하는 것이 최적이라는 마음, 모두가 같은 마음이다. 6월까지 기다릴 수 없다는 생각에 1월 19일에 입대를 클릭해 보았다. 그리고 안내 창을 바로 닫았다. "※지원완료 후 입대 취소 불가"

인생이 마우스 클릭 하나에 바뀔 수도 있다는 것을 처음 알게 된 순간이다. 잠시 고민을 했지만, '이왕 가는 것 빨리 가면 좋다'라는 생각과 '에라 모르겠다'라는 마음으로 지원을 했다. 지원하기 전까지는 망설여지고, 복잡했다. 머리가 깨질 것 같았다. 하지만 결정하고 나서부터는 오히려 마음이 편했다. 군대 입대에 필요한 사전정보를 파악했고, 입대까지의 시간 활용을 위해 계획을 세웠다.

인생에서 할지, 말지를 고민하는 순간은 항상 찾아온다. 어떤 선택을 하든지 24시간 하루를 넘기지 마라. 문제라고 생각했던 것들이 결정한 순간부터는 더 이상 문제가 아니다. 풀어야 할 과제인 동시에, 해결할 방법을 만드는 과정이 된다. 망설이면 앞으로 나아갈 수 없다. 주저하면 그 다음에 할 일을 하지 못한다. 미루면 미룰수록 시간은 촉박해 지고, 그것은 조급함으로 바뀐다. 고민을 없애는 방법은 목표를 1개로 단축시키는 것이다. 먼저 해보는 것이 중요하다. 생각과 현실의 차이를 알아내라.

사람을 이해, 여러 사람을 만나다

2006년 1월 19일에 군대에 입대했다. 다른 사람들은 모두 가족과 연인과 함께였지만, 나는 혼자다. 집은 인천, 전라남도 광주까지 기차를 타고 혼자 왔다. 광주까지 내려와 입대 순간을 가족과 함께 하면 더할 나위 없이 기쁘겠지만, 싫었다. 가족들의 슬픔을 보고 싶지 않았다. 2년 전쯤 친형이 입대할 때 함께 따라 간적이 있다. 5살 나이차가 나는 형은 평소 말수가 적었다. 또한 나이차 때문일까? 어렸을 때부터 공감되는 추억이 많이 없었다. 슬프지 않을 줄 알았다. 막상 군대 입대하는 뒷모습의 형을 보며, 우리가족은 모두 울었다. 그 슬픔은 헤어지고 난 후, 집으로 돌아가는 차 안에서 더 실감이 났고, 더 많은 눈물을 흘린 적이 있었다. 나 혼자 좋다고 내 입장만 생각 할 수 없었다.

'피할 수 없으면 즐겨라'라는 말, 옳은 이야기다. 하지만 이 말에는 인간이 제일 싫어하는 감정인 '불안'이 존재한다. 훈련소는 함께 입대한 동기가 있었기에 견딜 수 있었지만 문제는 자대배치 부터였다. 앞으로 2년간 어떤 일들이 벌어질까 예측이 되지 않은 상황 속에서 '불안'이라는 감정은 점점 증폭되어만 갔다. 결국 그 불안은 현실이 되었다. 2년간 생활할 부대에 배치 받고나서 여러 가지 환경적 요소까지 더해졌다. 모든 것이 낯설게만 느껴졌다. 좋고, 나쁘고의 감정 표출까지 안 되는 상황들의 연속이다. 그때 한 선임이 나를 불러 상담을 했다. '무슨 일 있어? 잠자는데 갑자기 잠꼬대를 하면서 욕을 하네?'

다른 사람과 비교하면 절망이 찾아온다. 첫째는 전역을 앞둔 여러 명의 선임자가 바로 내 눈앞에 있었다. 그 사람들의 고민은 진로문제였다. '전역 후 학원을 다닐 예정이다', '복학 준비 예정이다' 등 나와는 완전히 상반되는 고민들이었다. 마음속으로 생각했다. '부럽다, 나도 학원 열심히 잘 다닐 수 있는데…' 사회에서의 일상들, 모든 것들이 부러웠다. 둘째는 환경적 요소다. 선임들은 입대한지 얼마 안 된 나를 보며 놀리기 시작했다. '2년? 어떻게 군 생활 하냐, 나 같으면 자살했다'

불안이라는 감정 속에 괴로움까지 가중되었다. '얼마나 힘들면 저런 말까지 나올까?' 생각이 들기 시작했다. 군부대 앞에는 바닷가가 있었고, 결정적인 것은 바로 앞에 기차가 다녔다. 일과를 마치면 저녁노을과 함께 눈앞에 지나가는 기차를 보면서 생각했다. '저 기차를 타면, 오늘 안에 집에 갈수 있겠지…' 정말 그 때는 심각했다. 현실에 적응하려 하지 않고, 뜬 구름만 보고 있었던 것이다. '아, 이래서 사람들이 탈영을 하는구나…' 이해되기 시작했다. 현실을 직시 할 필요가 무엇보다도 절실했다.

'뜻이 있는 곳에 길이 열린다'라는 말처럼 반전이 시작 되었다. 입대 후 100일이 되면 휴가를 간다. 휴가를 가기도 전에 후임이 무려 5명이 들어왔다. 작년 12월 입대신청 할 때, 사람들이 몰렸던, 인기가 있던 2월, 3월 입대자 바로 그들이다. 비교를 통해, 나보다 늦게 전역하는 친구들이 있다는 사실에 무엇보다 기뻤다. 또한 내가 하는 고민들이 나뿐만이 아니라, 다른 모두가 함께 풀어가야 할 과제라고 생각하니, 마음이 훨씬 여유로워졌다. 혼자가 아니라는 사실에 용기를 얻었다. 함께 공감할 수 있어서 좋았다. 비교는 상황에 따라 원동력을 만든다.

사람은 비교를 통해 자신의 우월감을 증명하려 한다. 그러나 우월감을 위한 노력들이 때로는 자존감을 낮추는 독약으로 작용하기도 한다. 나에게는 당연한 것들이, 다른 사람들에게는 당연하지 않은 것일 수 있다는 사실을 군대에서 알게 되었다. 대다수는 자신보다 능력이 뛰어난 사람들을 보면 한없이 부러워한다. 하지만 반대로 자신보다 능력 면에서 부족해 보인다고 하면 그 상황을 이해하려 하지 않는다. 오히려 무시하는 경향이 크다.

어렸을 때부터, 유복하지는 못했지만 부모님께서 무엇보다 최우선으로 생각해 주셨기 때문에 하고 싶은 일은 대부분 하면서 살아 왔다고 생각한다. 하지만 그 때는 좀처럼 무엇이 된장이고 무엇이 똥인지 차이를 알아내기 쉽지 않았다. 그 차이를 자신이 경험하지 못하면 어느 순간 그것들이 당연한 것으로 여겨지기 쉽다.

다른 사람과의 비교, 때로는 자신이 처한 상황을 극복하는 원동력이 되기도 한다. 군대에서 정말 여러 사람들을 만났다. 야구를 할 수 있는 상무에 가야하는데, 구단의 서류 제출오류로 현역육군에 입대한 친구, 강을 건너는 다리 공사를 하면서 많은 돈을 벌고 입대한 친구, 미국유학 중 IMF로 경제 상황이 나빠져서 불법 체류하다가 입대하게 된 친구, 인삼 밭에서 일하던 친구, 연극하던 친구, 어느 중견기업의 사장 아들 등 모두가 달랐다. 그리고 이야기를 하면서 알게 되었다. 모두가 고충이 있다는 사실과 각각의 사정이 있다는 사실을 말이다. 환경을 탓하며 불만만 표현 했던 내가 쑥스러워졌다.

자신의 경험에 비춰 다른 사람의 생각을 이해할 수 없다고 단언하지 마라. 함부로 다른 사람의 인생을 판단할 자격, 조언자에는 없다. 모두가 최선을 다하고 있다. 단지 그 방법을 모를 수도 있다. 아니면 알아가는 과정일 수도 있다. 그 원인이 무엇인지 이해하는 데 집중해라. 우리가 할 수 있는 일은 그 사람 입장에서 생각하고, 그 사람을 위한 맞춤형 조언이다. 상대방에게 도움을 주기 위해서 무엇을 해 줄 수 있는지 생각하는 것이 중요하다.

믿음을 생각하다

대한민국 인구의 절반 이상인 56.1%가 종교를 믿고 있지 않다. (2015년 통계청) 과거의 나 또한 종교를 믿지 않았다. 어렸을 때는 친구 따라 먹을 것을 준다기에, 군대 있을 때도 햄버거를 준다기에 다닌 적이 있다. 군대에 있을 때는 일요일에 되면 빠짐없이 다니기도 했다. 마음의 안정감을 주는 느낌이 들었고, 남의 눈치 없이 나 자신에게 하고 싶은 말을 할 수 있는 유일한 시간이다.

어느 날부터 갑자기 종교에 대한 불신이 생겼다. 교회에서 '어렸을 때부터 교회를 다녔냐?'라는 질문에, 안 다녔다고 말을 했다. 내가 아쉬울 때만 교회를 간 것만 같아서 솔직하게 대답을 했다. 그런데 전도사는 갑자기 교회를 안 다니면 성공하지 못한다고 단언을 하는 것이다. 좋은 취지에서 이야기 했다고 생각되지만, '당신이 뭔데 내 인생을 판단 하냐?'라는 불쾌감이 강하게 들었다. 그 때부터 불신감이 들기 시작했다.

서양에서는 한 때 극심한 종교전쟁이 있었고, 중동지역에서는 지금도 같은 민족까지 혹은 이웃나라끼리 전쟁을 벌이고 있다. 모두 다 자신의 종교가 최고이며, 옳다고 말한다. 조금 이상하지 않나?

어느 날 행정보급관이 종교의 중요성을 설명해 준 적이 있다. 실제 전쟁터에 나가면 종교를 믿든, 안 믿든 하느님을 찾는다. "하느님 제발 전쟁에서 안 죽게 해 주세요"라고 말이다. 우리는 극적인 상황에, 위기의 순간에 종교를 믿는다. 자기 자신을 믿는 것이 제일 좋겠지만, 한 사람의 인간은 불완전한 존재다. 위기 상황일수록, 흔들리지 않는 절대적 존재가 필요한 법이다. 그 존재는 신 밖에 없다. 기독교에 들어가 기적을 체험한 사람도 있을 것이다. 뿐만 아니라 불교, 천주교 다양한 종교를 통해 깨달음과 기적을 체험한다.

결론은 어느 종교가 최고라고 말 할 필요도 없다. 판단할 의무도 없다. 우리에게는 오직 '믿음'만이 필요하다. 종교를 통해서 그 믿음을 얻을 수 있다면 그걸로 충분하다. 나 자신을 통해서 믿음을 얻을 수 있다면 더할 나위 없이 최고다. 문제는 많은 사람들이 자기 자신의 인생을 믿지 못하고 불안해 떨고 있다.

그래서일까? 항상 미래가 걱정스럽다. 인생에 있어서 '고통은 여기까지 오면 끝'이라고 누군가 이야기 해 준다면 그 누구도 도중에 포기하지 않는다. 하지만 언제 끝이 날지 모르는 그 불안감은 계속 나를 찾아와 지속적으로 나를 괴롭힐 것이다. 인생에 있어 믿음은 무엇보다 중요하다. 시작할 수 있는 용기를 갖게 해준다. 또 하나, 지속 할 수 있는 용기를 얻는다. 용기는 단순히 '용기를 내자'는 말 한마디에 의해 이루어지는 것이 결코 아니다. 무엇을 원한다면, 남의 눈치 보지 말고 솔직하게 소망해라. 그것은 곧 믿음이다.

우리는 문제를 고민하려고 이 세상에 태어나지 않았다. 문제를 해결하기 위해 태어났다. '자부심을 느낄 수 있는 일', '나에게 맞는 일'들이 스스로 찾아오기를 기다리고 있는 것은 어리석다. 찾아 나서야 한다. 옳고 그름에 대한 판단은 재판관의 업무이지, 우리의 업무가 아니다. 깨달음은 많은 경험을 통해서 얻는다. 고민이나 걱정 자체는 없어지는 것이 아니다. 고민과 걱정을 하더라도 괜찮다고 생각하는 마음, 그것이 믿음이자 깨달음이다. 믿음이 있으면, 두려울 것이 없다.

인간은 불안전한 존재이기에 발전한다. 자기 자신은 느끼지 못 할뿐 사람은 매일매일 앞으로 전진 해 나가고 있다. 단, 조건이 있다. 실패한 경험의 수에 따라 전진해 가는 속도의 차이는 달라진다. 목표지점까지 가려면, 많은 것을 시도해야한다. 그만큼 연료도 필요하다. 그 에너지는 바로 '믿음'이다. 믿음의 크기에 따라, 용량에 따라 선택의 수도 많아진다. 고속도로를 이용해 갈 것 인지, 일반도로로 갈 것인지를 결정하는 것은 본인 몫이니, 잘 선택하길 바란다. 아이디어는 우주에서 얻는 것이다.

솔루션3. 불안한 감정에, 도전하라

·
·
·

"인생에서 가장 즐거운 것은 사람들이 해낼 수 없을 거라 말한 것을 해내는 것이다."

-월터 배젓-

누구나 좋아하는 일이 있다. 일본어를 전공한 나는 일본어가 재미있다. 일본어를 배우게 된 시기는 군대 전역을 앞둔 2007년 12월이다. 전역까지 1개월, '전역 후 무엇을 해야 할까?' 고민했다. 갑자기 과거 전역예정자들을 보고 '부럽다, 나도 학원 열심히 잘 다닐 수 있는데…'라고 말한 자신이 떠올랐다. 그 당시 어느 누구보다도 그들을 부러워했다. 그런데 막상 그 사람의 입장이 돼보니, 이제야 그 사람들의 심정을 이해 할 수 있었다. 화장실 들어 갈 때와 나올 때가 다르다는 말처럼 이미 갖고 있는 것, 경험한 것에 대한 교훈, 소중함을 느끼지 못한 채, 너무 당연한 것으로 느끼고 있는 자신을 또 발견한다.

뜻이 있는 곳에 길이 열린다. 아침부터 저녁까지 매일 한 가지 생각을 했다. "무엇을 하면 좋을까?" 그러던 어느 날 신병이 들어왔고, 그 친구는 일본어 전공자였다. 여러 가지 이야기를 하면서 알게 되었다. '교환유학생제도'라는 것을 말이다. 자격 조건으로 학교성적은 물론, 일본어 자격증 N1이 필요했다. 교수님의 추천으로 2명을 선발해서 3, 4학년 2년간 편입하는 제도였다. 학비 또한 무료였다. 고등학교 때 제2외국어로 일본어를 배운 적이 있던 나는 특히 일본어 성적이 좋았다. 또한 외국어를 배우고 싶다는 생각을 항상 하고 있었다. 초등학교 때, 방학이 되면 몇몇의 친구들은 외국에 있는 친척집에 놀러 갔다 왔다고 자랑을 한다. 그 말을 들을 때마다 항상 부러웠다. "왜 우리 가족 중에 외국에 사는 사람은 없는 거야?"하고 불평한 적이 있다. 어린 시절 그 생각을 잊지 못하고, 마음속에 남아 있었던 것 같다. 그래서 결정했다. 없으면 내가 그 친척이 되어 우리 조카들을 초대해야지 하는 생각을 말이다. 그리고 전략을 세웠다.

우선적으로 해야 할 일은 일본어 자격증이다. 일본어 공부하는 사람들의 특성 상 문법이 한국어와 비슷해 처음에는 쉽다고 느끼지만 점점 한자가 많아지면서 많은 사람들이 포기한다는 사실을 알았다. 포기 하지 않기 위해, 한자부터 공부하자는 두 번째 전략을 세웠다. 흐지부지한 목표는 흔들리기 마련이다. 그래서 한자3급을 취득하기 위해 한자 1,800개 암기를 목표로 공부했다. 합격하면 한자 자격증도 취득하고, 일본어 공부에도 도움이 되는 일석이조의 효과다. 힘들었지만 포기하지 않았다. 나는 알고 있었다. 하고 싶은 일에는 포기하지 않는 '나'를 경험을 통해 알고 있기 때문이다. 그리고 1년 동안 한자 공부와 일본어 공부를 착실하게 준비해 나갔다.

2009년 경상남도에 있는 대학교의 일본어과에 입학하게 되었다. 그리고 전략적으로 움직였다. 입학하자마자, 과대표를 지원했고, 일명 학과장

교수님에게 잘 보이기 위해 나를 어필했다. 처음부터 교환유학생을 하고 싶다고 당당히 말했다. 교환(편입)유학을 하기 위해 인천에서 경상남도로 왔다고까지 말했다. 교수님은 농담 섞인 말로 "먼저 공부나 열심히 해"라고 말씀하셨다. 세 번째 전략은 학생이라면 당연한 이야기이지만, 학기 내내 한 번도 빠짐없이 수업에 참가하고, 항상 제일 앞자리에 앉기 시작했다. 과거에 항상 소심했던 내가 이정도로 적극적으로 변할지는 사실 몰랐다. 한자 공부를 통해, 일본어를 읽고 쓰는 것에는 문제가 없었다. 하지만 듣기와 말하기는 전혀 다른 이야기였다.

언어공부에서 제일 중요한 말하기, 그리고 듣기가 안 된다. 이보다 더 큰일이 있을까? 일본어를 잘하는 친구들에게 찾아가 방법을 알려 달라고 했다. 듣기를 잘하기 위해서는 일본어 드라마를 자주 보라고 하였다. 일명 '쉐도잉' 기법으로 드라마에서 나오는 주인공이 말할 때 동시에 대사를 따라하면서 말하는 훈련이다. 듣기공부 뿐만 아니라 말하기 공부까지 되는 두 가지 효과를 얻을 수 있다. 그 방법이 효과적인지 아닌지 나에게는 중요하지 않았다. 행동으로 옮기는 것이 우선이었다. 일본어가 나오는 것이라면 모든지 열심히 들었다. 입에 침이 마르도록 따라 읽었다. 성과는 완벽하게 만족하는 수준은 아니었지만, 자신이 향상되고 있는 모습을 내 눈으로 직접 확인 할 수 있었다.

외국어는 말하기가 제일 어렵다. 사람들과 말하기를 좋아하는 나였지만, 외국어는 달랐다. '틀리면 어떡하지?' 마치 내 상식수준이 탄로 나는 것만 같은 창피함과 두려움이 찾아 왔다. 일본어 토론시간이면, 특히 다른 사람과 비교가 되는 것이 싫었다. 또 다시 위기가 찾아왔다.

'어떻게 하지?' 다시 생각하기 시작했다. 때마침 옆에 있던 친구에게 물었다. 회화를 잘하려면 어떻게 해야 할까? 그 친구의 조언은 간단했다. 지금 우리가 말하는 대화, '밥 먹었어?', '어떤 음식을 좋아해?', '아, 그렇구나' 등 친구 사이에서 기본적인 일상대화를 일본어로 해 보라는 것이다. 또 기꺼이 자신이 도와주겠다는 것이다.

미국 소설가 에드거 앨런포의 『도둑맞은 편지』의 내용 중 왕비는 비밀 편지를 도둑맞아 곤경에 빠진다. 왕비는 사설탐정 뤼팽에게 편지를 찾아 달라고 의뢰한다. 아무도 찾지 못한 그 편지를 뤼팽은 아주 쉽게 찾았다. 은밀하게 숨겨 놓았을 것이라 생각했던 편지는 바로 눈앞, 누구도 쉽게 볼 수 있는 편지꽂이에 허술하게 꽂혀 있었던 것이다. 왜 이런 일이 일어났을 까? 사람들은 선택적 집중을 하다보면, 시야에 맹점이 생겨 정답은 아주 아까운 곳에 있음에도 불구하고 놓치는, 일종의 착각에 빠진다.

일본어 공부할 때 드라마 보는 것을 추천받아, 드라마를 열심히 보았 다. 대사가 많이 나오는 것이 좋다는 말에 탐정 수사, 법원 드라마를 보았 다. 이런 분류의 드라마는 전문용어가 많이 나온다. 언어 공부 하는 것이 정말 어렵다고 생각했다. 더 열심히 노력해야 한다고 생각했다. 모든 단어 를 완벽하게 다 외워야지만 '나 일본어 잘해'라고 자신 있게 말 할 수 있다 고 믿어 왔다. 가장 기본적인 대화를 건너 뛴 채, 필요 이상으로 불필요하 게 노력하고 있었던 것이다. 친구의 도움으로 착각에서 벗어날 수 있었다. 그리고 일본어로 말하는 것에 대한 두려움을 없애는 데 성공한다. '이렇 게 간단하고 쉬운 방법이 있을 줄이야?'

막연한 상상 그리고 현실

인생에서 항상 좋은 일만 있을 수는 없다. 2년간 다니던 회사를 그만두 고, 2015년 11월경, 호주에 워킹홀리데이를 다녀왔다. 한국은 무엇보다 나 이를 중시한다. '나이에 맞게 행동하라' 나이에 대한 편견 때문일까? 새로 운 도전을 하는 것, 좀처럼 쉽지 않다. 그럼에 불구하고 강행했다. '하고 싶은 일은 한다'는 원칙이 있었다. 직접 해보지 않으면 좋은지 나쁜지 판단하기 어렵다. 하지만 우리는 '잘 안 될 거야'라고 추측한다. 해보기도 전에 미리 결과를 단정해 버린다. 이것은 행동을 단절하는 행위다.

밑져야 본전이다. 내가 상상하는 미래의 모습들이 실제로 실현될 수 있는지, 아닌지 직접 눈으로 확인하기 위해 호주로 떠났다. 가능성을 확인하기 위해서다. 호주 워킹홀리데이를 다녀온 이유는 첫째, 영어에 대한 갈망을 해소하고 싶다는 생각, 둘째, 승마농장에서 일하기 위해, 셋째는 휴식이다.

하지만 생각처럼 호주 생활은 만만치 않았다. 일본유학경험이 있기에 남들보다 더 수월 할 줄 알았다. 하지만 예상 밖이다. 공감되는 문화가 상당히 적었다. 무슨 말로 상대방에게 말을 걸어야 할지 몰랐다. 가벼운 인사 정도 밖에 할 이야기가 떠오르지 않았다.

호주는 지금 생각하면 준비가 부족한 도피성에 가까웠다. 논리와 이유는 끼워 맞추면 얼마든지 만들 수 있었다. 위 3가지 이유는 어쩌면 현실을 탈피하기 위해 꾸며낸 거짓일지 모른다. 그럼 내가 정말 무엇을 원하는 것은 무엇일까?

호주는 일본유학과는 차이가 있었다. '확고한 목표', '구체적인 계획'이 턱 없이 부족했다. 일본어를 전공하고 무역회사에서 일하면서 항상 뒤 따르는 스트레스가 있었다. 바로 '영어'였다.

취업면접 때면, 일본어를 잘하는 사람은 얼마든지 많이 있다는 말이 나를 거슬리게 했고, 일이 안 풀릴 때면, '영어를 더 잘했으면 더 좋은 대우를 받지 않았을까?' 하고 그 책임을 영어문제로 돌렸다.

일본어를 공부를 할 때는 일본인 친구를 사귀고 싶다는 생각이 절실했다. 그 생각은 길을 열어주었다. 스카이프를 통해 친구를 사귀었다. 예전 3.8버전은 친구 찾기를 통해 아이디를 검색 할 수 있던 시절이었다. 나라를 일본으로 검색해 놓고, 무작정 친구 추가를 했다. 하루에 50명씩 추가

했다. 그 중 몇 명만이 '누구?'라고 말을 걸어온다. 그럼 '나는 일본어를 공부하는 한국인이다. 친구가 되고 싶다'고 메시지를 통해 솔직히 표현했다. 의외로 많은 일본인 친구들이 내 말에 응대해주었다. 실제 일본에 가서도 직접 만나면서 교류를 했고, 지금도 연락하고 있다. 그 중 '김연아 선수는 원래부터 예뻤냐?'는 질문이 기억에 남는다.

사실, 영어공부를 할 수 있다면 굳이 호주가 아니라고 해도 상관없었다. 가장 효율적으로 비용이 적게 들뿐만 아니라, 일을 할 수 있다는 점이 무엇보다 매력적으로 들린다. 그래서 많은 청년들이 호주를 택한다. 막연히 '호주에 가면 어떻게 되겠지?'라는 생각을 많이 하고, 준비 없이 떠나는 청년들도 많다. 이번에 내 경우가 그랬다. 잠시 잊고 있었다. 일을 하면서 공부를 하는 것이 상당히 어렵다는 사실을 말이다. 과거 일본유학시절에 절실하게 느꼈으면서, 잠시 자신만만했다. 하지만 후회는 없다. 이 방법은 나와 맞지 않았다는 사실을 알았기 때문에 그것으로 만족한다. 만약 가지 않았으면 계속 괴롭힘을 당하게 뻔했다.

누구나 좋아하는 일이 있다. 좋아하는 일을 위해서는 감당해야 할 임무가 있다. 먼저 부모님의 기대에서 벗어나는 것이다. 부모님은 안정된 길을 원하실 것이다. 자녀들이 고통스러워하는 모습을 보고 싶지 않는 마음이 크다.

하지만 인생에서 본래 안정된 길은 없다. 모험을 하지 않으면 퇴보될 뿐이다. 눈앞에 편지를 찾지 못한 왕비처럼 어떤 착각에 빠질 수 있다. 그 착각을 만들게 하는 원인은 부모님의 영향이 크다. 정답은 이미 내 안에 있다. 그것을 찾으려고 노력해라.

불안의 정체를 먼저 확인해라. 일이 생각대로 잘 안 된다는 것은 정말 멋진 일이다. 생각지도 못한 일들이 당신 눈앞에 펼쳐 질 것이다. 강한 믿음은 현실이 된다.

솔루션4. 생각의 차이, 도전하라

"어떤 상황에서도 계속하는 것, 그것이 보통 사람의 인생을 특별하게 만든다."
-폴 포츠-

　인간관계에서는 상대방과 나 사이에 존재하는 생각의 차이를 이해하는 것이 중요하다. 2010년 일본유학시절, 한 명의 일본인 친구를 만났다. 외국에 한 번도 나가 본적이 없는 친구인데, 갑자기 질문을 한다. "한국에도 음료자판기 있어?"

　너무 당황한 나머지 순간 어떤 말을 해야 할지 멈칫했다. 처음에는 이해 할 수 없었다. 순간 독도가 일본 땅이라고 우기는 상식 없는 일본인이 바로 내 눈앞에 나타났구나 하는 생각을 했다. 다시 생각해도 "한국에 음료자판기가 있어?"라는 질문은 대한민국을 무시한다는 생각밖에 떠오르지 않는다. 싸울 준비를 했다. 그러던 찰나 그 친구는 집에 TV가 없다고 한다. 항상 돈이 없다는 말을 버릇처럼 하는 친구였다. 무시했다라고 볼 수 없는 것이 단순히 일본 이외에 아무런 관심이 없었던 것이다.

일본유학을 마칠 무렵, 친구들이 송별회를 해준다는 이야기에 함께 모임을 가졌다. 그런데 친구들이 대한민국 사람인 나에게 일본 일장기를 주는 것이 아닌가? 대한민국과 일본의 역사관계를 생각한다면, 이렇게 할수 없다고 생각했다. 순간 '대한민국을 모욕하나?'라는 생각까지 들었다. 하지만 또 다시 확대해석을 한 것이었다. 친구들이 나를 위해서 일장기에 메시지를 남겨준 것이다. '일본'이라는 나라를 한국에 돌아가서도 잊지 말라는 의미에서 준 것이다.

'일본 일장기 사건'은 아직도 인상 깊게 내 기억 속에 남아 있다. 우리는 어떤 착각 속에서 세상을 바라보고 있었던 것은 아닌가? 그 차이, 오해는 왜 발생 하는가? 상대방과의 오해를 줄이는 수 있는 방법은 없는지 궁금하기 시작했다.

부모의 기대에서 벗어나라

남의 기대에 부응하기 위한 노력은 지속하기 어렵다. 어느 한 TV방송에서 "후쿠오카 100엔 여자"라는 제목으로 한 여성이 방송에 나온 적이 있다. 그 여성은 2016년 8월부터 약 2개월 넘게 여행으로 온 후쿠오카에서 지낸다. 갖고 있던 물건을 잃어 버렸기에 한국에 돌아갈 수 없다는 이유다. '한국대사관에 찾아가면 되지 않나?'라는 의문이 든다.

문제는 본인이 거부하고 있다는 사실이다. 돈이 없자, 한국 관광객을 상대로 100엔을 구걸한다. "갑자기 몸이 안 좋아서 약을 사먹어야 하는데 100엔만 주실 수 있나요?" 주인공은 42살에 미혼 여성이다. 한국에서는 서울에 모 수학강사로 일했다고 한다. 주변 지인들을 통해서 알게 된 사실은 학창시절에 공부도 잘했던 사람이다. 이렇게 성실한 사람이 일본에서 구걸하는 것을 보면 놀라지 않을 수가 없다.

취재기자는 "한국에 왜 돌아가지 않냐?"라고 질문한다. 처음에는 "짐을 잃어버려서", "돈이 없어서"라고 답을 한다. "부모님께서 이 사실을 아느냐?"라고 하자, 창피해서, 자존심 상해서 말을 못하겠다고 대답을 한다. "부모님께 말하려고 하면 무엇인가 성과를 보여줘야만 한다"는 말을 강조한다. 그 때까지는 말 할 수 없다. 그 여성은 갚아야 할 채무가 있었다. 막연한 외국 생활을 동경해서 기분전환 할 겸 떠나온 여행이지만, 자기 스스로가 돌아가지 않고 있었던 것이다. 생활은 평소 길거리에서 구걸 하며 얻은 100엔 등으로 카페에서 커피를 마시거나, 간단한 주먹밥으로 해결해가며 약 2개월간 지냈다고 한다. 잠자리 또한 새벽 4시까지 하는 심야 커피숍에서 2시간 정도 쪽잠을 청하며 힘든 생활을 이어가고 있었다.

성격리폼

인간은 태어날 때부터 울면서 세상과 마주하고, 아기 때에는 울음으로 감정표현을 한다. 나이가 들면서 우는 것은 창피하고, 눈물을 보이면 나약해지는 일이라고 생각한다. 그래서 힘들어도 참는다. 억울해도 또 참는다.

어느 한 TV프로그램에서 일본의 이색 직업에 대해서 방송된 적이 있다. 그 중 하나가 '눈물 치료 전도사'다. 신청자는 사진을 보고 마음에 드는 사람을 선택할 수 있다. 선택받은 눈물치료 전도사는 지정 장소로 찾아온다. 준비한 마술을 보여주기도, 함께 신나는 노래도 부르면서 즐거운 분위기를 만들어 주는 역할을 하기도 한다. 마지막에는 슬픈 영화를 보면서 눈물을 흘리며, 함께 격려하고, 공감해주는 직업이다. 웃음은 건강에 좋다고 생각하여 일부러라도 웃으려고 노력하고 있는 반면, 눈물은 억지로 참아 왔다.

불쾌한 감정은 해소하지 않으면 사라지지 않는다. 참기 힘들만큼 괴롭고 어렵다고 느낄 때 소리 내어 울면, 머리를 짓누르던 감정이 해소되고 온몸을 감싸고 있던 긴장이 풀리는 효과를 느낀다. 눈물은 체내의 독소를 해독하는 효과가 있다. 기쁠 때 흘리는 눈물보다 슬플 때 흘리는 눈물이, 분하고 억울하여 속이 끓어오를 때 나오는 눈물이 더 효과가 좋다. 눈물 속에는 스트레스 호르몬과 염증물질이 들어있어 울면 밖으로 배출 된다.

스트레스를 풀기 위해 우리는 많은 돈을 지불한다. 대부분이 충동적인 지출이다. 그 방법은 일시적인 방법이다. 임시방편은 또 다른 스트레스를 불러일으키는 원인이 된다. 근본적인 원인을 찾지 않으면 문제는 항상 찾아 올 것이다. 무엇이 원인인지 찾아야한다.

행복은 찾는 것이다. 첫 단계는 자신의 인생에서 주인의식을 갖는 것이다. 모든 책임을 나에게 돌려 불확실했던 나를 알아 가는 단계다. 두 번째는 행복은 단순히 우연이 아니라는 것을 알아가는 단계다. 인생에 있어서, 좋은 일과 나쁜 일은 항상 함께 한다. 행복과 성공은 마음가짐에 따라 달라진다.

배려심을 길러주는 스포츠 '승마'

우리나라에서 '열정'을 쉽게 확인 할 수 있는 장소가 있다. 바로 PC방이다. 게임 중독은 청소년의 성장 및 신체적 저하 뿐만 아니라 사회성을 부족하게 만드는 원인이 된다. 인터넷 및 스마트폰 중독으로 정서적 불안정을 보이는 아동과 청소년들이 많아지고 있다. 이런 현상이 심각해질수록 2016년에 발생한 '강남역 묻지마 사건'이 또 다시 일어나지 말라는 법이 없다는 것을 시사해 준다. 과연 대안은 없는 것일까?

책을 많이 읽지 않는 당신께 추천하는 스포츠가 '승마'다. 2013년 우연한 계기로 승마와 인연을 맺었다. 처음 들어갔던 회사는 반도체 관련 일본무역회사였지만, 별도 비즈니스 모델로 승마관련 사업을 하고 있었다. 신입사원이던 내가 그 담당 업무였다. 승마시합이 있는 날이면 상주 국제 승마장에 내려가 말 영양제를 판매했다. 말 영양제를 팔기 위해서라도 강제적으로 승마에 대해서 공부 해야만 했다. 두 번째 임무는 말 수입이다. 2014년 인천 아시안 게임 출전을 위해 벨기에로 훈련 간 말을 다시 한국으로 들여오는 업무였다. 세 번째는 프랑스 승마용품 업체와의 거래업무였다. 당시 코리안 승마 페스티벌에 참가하여 승마 헬멧 및 승마 안장 등 많은 승마용품을 전시하고 판매하기 위해서였다. 운 좋게 프랑스 출장까지 다녀오는 기회를 얻게 되었다. 일본어를 전공한 내가, 그것도 전공과는 전혀 무관한 승마 때문에 프랑스로 출장을 가게 될 줄은 꿈에도 생각 못했다. 이제 상황을 되짚어보면, 나는 항상 블루오션을 찾으려고 노력을 했다. 남들이 하지 않는 분야에서 일을 하고 싶다고 생각했다. 물론 처음부터 잘되지는 않았다. '이것 괜찮네' 하고 인터넷에 검색해보면, 대부분 이미 경쟁업체가 너무 많았다. 끊임없이 찾고, 포기하고 또 찾고를 반복했다.

승마는 대한민국에서 아직 대중화 되지 않은 운동이다. 비용이 많이 드는 스포츠라는 인식이 사람들에게 있다 보니 접근성이 낮다. 또한 전문 인력이 부족하다는 사실을 발견했다. 승마장의 좋고 나쁨의 평가기준은 시설이 아니다. 그 승마장에 어떤 경력을 갖고 있는 원장이 근무하는지에 따라 달라졌다.

코리안 승마 페스티벌 참가했을 때, 승마용품 샵을 담당하면서 많은 사람을 만났다. 여러 사람들과도 명함을 교환했는데, 참 신기했다. 어느 누구나 할 것 없이 직함이 회장, 사장, 원장들이었다. 승마는 돈이 많이 들어가는 스포츠라는 것을 다시 한 번 깨닫는 순간이었다. 말의 평균 수명은 보통 30년이다. 말은 소화기관이 소와는 다르게, 되새김질을 하지 못하기에 소화가 안 되면 죽을 수도 있다. 따라서 좋은 티모시 풀과 꾸준한 운동이 무엇보다 중요하다.

하지만 일명 돈이 많은 사람들은 말의 먹이에 대해서는 신경을 잘 쓰지 않는다. 오히려 자신의 옷차림에, 브랜드 의류에 더 많은 투자를 하는 경향이 있다.

최순실의 딸 정유라 덕분에 대한민국에서 승마는 돈이 많이 드는 스포츠라는 인식이 더욱 뚜렷해졌다. "말 가격이 저렇게 비싸?"라고 의문이 들수 있다. 실제 상주 국제승마장에서 들은 이야기다. 승마는 원래 기승자와 말과의 호흡이 중요한 경기다. 그런데 비싼 말일수록, 말이 갖고 있는 유전자가 좋다보니 용감하다. 말이 장애물 앞에 오면, 아무런 지시 없이도, 혼자 뛰어넘는다고 한다. 말의 유전자가 좋으면 좋을수록, 가격은 상승한다.

승마스포츠의 효과는 무궁무진하다. 승마는 신체의 유연성, 평형성을 향상시켜주는 운동이다. 신체적인 운동일 뿐만 아니라 말과의 교감을 통해 건전한 사고능력 역시 향상 시켜주는 운동이다. 승마는 말과 사람사이에 소통(협동)이 관건인 운동이기 때문에 말과의 교감을 통해 정확한 동작과 빠른 반응으로 대처하는 것이 승마에 있어 가장 중요하다. 계속 움직이는 말은 기승자에게 균형감각을 계속 요구한다. 이러한 말의 움직임은 기승자의 움직임을 유발해 신체의 다양한 근육을 자극함으로써 몸의 균형감을 잡아주고 근력과 지구력도 향상시켜준다. 승마는 속보와 구보 등 여러 가지 걸음걸이가 있다. 이러한 동작들은 관절이 움직이는 범위를 넓혀주어 혈액순환에 도움이 되고 일정한 호흡으로 폐활량 역시 늘어난다. 성취감과 즐거움이 함께 하는 운동이다. 승마는 몸 전체의 근육을 80% 이상 움직이는 3차원적인 운동으로 하반신 마비, 척추장애, 자폐증 및 정신장애, 발달 및 지체장애 등의 장애를 가진 사람들에게 효과적이다. 영국 등 유럽에서는 교도소 출소 전 범죄자들에게 승마를 가르쳐 범죄율을 낮추고 있다.

승마를 대중화 시켜야 한다. 승마가 신체적 뿐만 아니라 건전한 사고 능력을 갖추는 데 가장 좋은 스포츠라고 생각한다. 농어촌의 제6차 산업 개발을 통해 지역 경제 활성화 효과까지 얻게 된다. 승마 인구는 (2012년) 3.7만 명 → (2013년) 3.8만 명 → (2014년) 4만 명(출처: 마사회)으로 추정된다. 승마 인구가 8만 명으로 증가할 경우, 약 3.2조 원의 경제기여효과가 나타난다. 또한 새로운 일자리를 창출하여 2만 2천 명이 새롭게 일 할 수 있게 된다. 하지만 승마장까지의 먼 거리, 비싼 이용료, 안전 문제 등 앞으로 풀어야 할 숙제가 있다.

승마를 인기 스포츠로 만드는 것이 목표다. '홀스볼'이라는 것이 있다. 양쪽 끝에 농구 골대처럼 생긴 골대가 있으며, 끈이 달린 공을 사용하여, 4대4 편을 나눠, 말을 타면서 골대에 공을 넣는 게임이다. 승마는 아직까지 한정된 인원만이 즐기고 있는 소수만의 리그다. 홀스볼을 통해 스포츠로 활성화 시키고, 다른 스포츠 종목인 야구와 같이 팬들을 유입하여 자연스럽게 대중화 시켜 나가는 것이 전략이다. 아무리 유익한 스포츠라 해도, 많은 사람들이 공감하지 않으면 좀처럼 움직이지 않는다. 2020년까지 달성하는 목표를 갖고 있다.

당신에게도 멋진 꿈이 있는가? 당장 눈앞에 있는 냉혹한 현실 때문에 꿈은 사치라고 생각하는가? 꿈을 실현하고자 하는 사람 앞에 역경 아닌 현실이란 존재하지 않는다. 그들은 현실을 수긍하지 않고, 자신이 하고자 하는 목표를 이루기 위해 방법을 찾는데 집중하는 사람들이다. 현실을 수긍하는 순간, 모든 것이 멈춘다. 당신의 꿈도 목표도 말이다.

대화의 요점을 파악하다보면 상대방의 말한 의도가 무엇인지 알게 된다. '내가 이렇게 생각하니깐, 분명 당신도 이렇게 생각할 것'라는 판단은 삶에 있어서도, 인간관계에 있어서도 최악이다. 내가 남에게 말 못하는 사정이 있는 것처럼, 분명 상대방도 사정이 있다. 그것을 이해 할 수 있어야 한다. 때로는 상대방이 너무 잘못된 방향으로 가고 있다면, 그 잘못이 무엇인지 설명해라. 조언을 말할 때는 앞에 "기분 나쁘게 듣지 말고 들어"를 붙여주는 센스는 잊지 말자.

생각만 하고 행동하지 않으면 불안해진다. 먼저 최악의 상황은 무엇인지 생각하는 것이 우선이다. 원인을 알면 해결책은 무한하다. 그 상황을 피하기 위해서는 어떤 노력을 해야 하는지 계획을 세우면 된다. 그리고 나머지는 실행에 옮기는 것뿐이다. 스포츠를 통해 지속하는 힘을 배워라.

솔루션5. 두려움은 먼저 제거하라

"인생을 사랑한다면 시간을 헛되이 버리지 말라. 왜냐하면 인생이란 시간으로 만들어지기 때문이다."

-밴자민 플랭클린-

　미래가 불안하다? 미래는 예측 할 수 없다. 앞으로 어떤 일들이 벌어질까 반신반의하는 것은 당연하다. 그러나 불안에 집중하면 할수록 심리적으로 더 불안해진다고 느낀다. 무엇인가 해야 할 것 같은 압박감이 찾아온다.

　반대로 멋진 미래가 펼쳐질 것이라 생각하면 어떨까? 그럼 지금보다 하고 싶은 일이 많아질 것이다. 이처럼 생각차이로 인생의 시간투자는 달라진다.

　생각이 복잡할 때면 서점에 간다. 뭔가 하나에 빠져 집중하다보면 "내가 잘 하고 있는 건가?" 하는 의구심이 들 때가 있다. 그럴 때 무의식적으로 서점을 찾는다. 내 마음을 어떻게 알았을까 할 정도로, 내 마음을 이해해 주는 메시지가 담긴 책을 꼭 만난다. 책을 읽다보면 '불안'이라는 감정에서 '할 수 있다'는 용기를 얻고 간다. 각각의 사람들이 생각하는 고민은 생각보다 공통된 부분이 많다. 그리고 반드시 해결해야 할 문제가 아닌 실체를 아는 것, 그리고 이해하는 것만으로도 고민은 사라진다. 대부분의 고민은 우리가 만들어 낸 망상 일뿐, 실제 존재하지 않기 때문이지 않을까?

나태해진 것 같고, 의욕이 생기지 않을 때도 서점에 간다. 동기부여를 얻기 위해서다. 서점을 찾는 사람 모두가 각각 원하는 책은 다르지만, 공통점이 있다. 바로 '자기계발'이다. 어떤 사람은 어학 관련 책을 보고 어떤 것이 유익한지 찾고 있다. 또 다른 사람은 '부'에 관한 자기계발서를 보고 있다. 어느 사람은 기분전환을 위한 여행 책을, 10대 친구는 자격증을 따기 위한 문제집을 찾는 모습을 보면서, 그 긍정적인 에너지를 통해 의욕이 상승되는 효과를 얻는다. 그 중 기억에 남는 친구가 있다. 웃기기도 하면서 슬펐다. 나이는 초등학생 정도로 추정되고, 그 친구가 들고 있는 책 제목을 우연히 보았다. "합법적으로 세금 안 내는 110가지 방법"

새로운 책들이 나오면 직접 내용을 확인 해 보기 위해 서점에 간다. 새로운 책들은 최근 트렌드를 반영하는 책들이 대부분이다. 현재 어떤 것들이 유행하고 이슈화 되고 있는지 알 수 있게 도움을 준다. 사람들과 대화할 때도, 이야기의 소재가 될 뿐 아니라 아는 만큼 상대방에게 도움을 줄수도, 도움을 받을 수도 있다. 처음 만나는 사람과 할 이야기가 없다고 고민된다면 서점에 가라.

우리가 지금 눈으로 보고 있는 상황들은 자기 스스로가 계획 한 인생 설계도다. 지금 생각하고 있는 것, 좋아하는 것, 싫어하는 것 등 우리가 받아들이고 있는 신념이나 잡념들이 마음속 깊은 장소에서 되풀이되고 있다. 이 모든 것이 우리의 인생의 설계도다.

설계도에 어떤 그림 그렸는지에 따라 인생을 달라진다. 이런 저런 방법을 찾느라 신경을 소모하기보다는 소원이 실현된 상황을 머릿속에 그려놓고, 그것이 이루어졌을 때의 기쁨을 미리 느끼고 즐기면 된다. 그 상상들은 곧 현실로 나타날 것이다.

고작 한 번 시도해보고, 효과가 없다고 포기하면 안 된다. 못을 받을 때를 생각하면 쉽다. 딱딱한 벽에 정확히 박아 넣기 위해서는 몇 번씩 망치로 못을 쳐야 한다. 망치로 단 한 번에 못을 박기란 어렵다. 서두르지 않고 차분히 여러 번 할 필요가 있다. 너무 조급할 필요 없다.

머리로는 알지만, 포기

"비뚤어질 테다" 왠지 영화에 나오는 멋진 대사 같다. 마음과 사랑을 받기 위한 노력의 악순환은 사람의 내면을 황폐하게 만든다. 마음을 지치게 만든다. "비뚤어질 테다"라는 말의 뜻은 "내 마음을 좀 이해줘?"라고 상대방에게 표현하는 하나의 메시지일지 모른다. 그런데 상대방은 무응답. 이런 상황이 반복됨으로써 자신과 타인의 사이에 벽을 세우게 된다. 더 이상 상처받고 싶지 않기 때문이다. 이러한 악순환이 계속되다 보면 어느 순간 자연스럽게 습관화된다. 겁먹은 나머지, 다가오기 전에 "오지 마!" 하고 단절 시켜버린다.

고쳐야 한다는 생각은 하지만 좀처럼 고쳐지지 않는다. 그 원인이 내가 아닌 상대방에 있다고 믿기 때문이다. '상대방이 변해야 나도 변할 거야'라고 스스로가 항의를 하고 있는 것과 같다. 이 모든 것은 타인에 의해서가 아니다. 틀림없이 자기 스스로가 만들어 낸 결과이다.

생각은 현실이 된다. 2011년 4월 입학, 일본편입유학이 결정되었다. 고

대하던 일본유학을 한창 열심히 준비하고 있던 순간, 긴급뉴스가 나온다. 2011년 3월 11일 동일본 대지진 뉴스이다. 지진 이후 쓰나미로 인하여 그 피해는 상당했다. 그 당시 지진에 대한 피해 상황으로 많은 한국 유학생들은 학업을 포기하고 한국으로 긴급히 귀국하는 뉴스로 도배가 되었다.

3년간 준비해 온 일본유학프로젝트가 한순간에 날아갈 위기를 맞게 된다. 출국예정일은 3월 31일이다. 지진이 있고 나서 불과 한 달도 지나지 않는 상황이다. 너무 혼란스러운 나머지 판단에 패닉이 왔다. "어떻게 해야 할까?" 당연히 주변지인들과 가족들은 포기하라고 권했다. 추가 지진이 발생할 우려가 있고, 모두가 한국으로 다 귀국하는 상황이다. 그런데 일본을 간다? 상식적으로 말로 안 되는 소리였다.

"내가 이것 때문에 얼마나 고생했는줄 알아?" 사람은 기대에 부응하지 못했을 때 실망한다. 노력한 만큼 보상을 받지 못할 때 실망을 한다. 그럼 어떻게 하라는 소리인가? 흔들리지 않는 뭔가가 필요했다. 믿음이 필요했다. 바로 '원칙'이다.

"밀져야 본전이다. 일단 해보고 후회하자"는 마음과 함께 일본 도쿄지역은 안전에 문제가 없다며 학교에서는 예정대로 오라는 연락이 있었다. 만약 내가 가지 않는다면, 기회가 없어 질 것이 뻔했다. 왜냐하면 내가 포기한다는 의사를 표현했기 때문이다. 그래서 2011년 3월 31일에 일본에 출국하기로 했다. 위험하면 다시 돌아오면 된다고 판단했기 때문이다. 만약 시도조차 하지 않았으면 평생 후회했을 것이다. 지금의 나와 전혀 다른 방향의 인생을 살고 있을지 모른다. 결과적으로 2년간 무사히 공부를 마치고, 너무도 소중한 추억을 쌓고, 지금은 한국에 있다.

'닻 내림 효과'는 어떤 사항에 대한 판단을 내릴 때, 초기에 제시한 기준에 영향을 받아 판단을 내리는 현상을 의미한다. 만약 판단을 해야 할 그 시기에 원칙이 없었다면, 나 자신 또한 당연히 알 수 없는 공포에 겁을 먹고 포기 했을 것이다. 나라는 사람은 끈기부족에다 성격이 급하고, 포기하는 사람으로 남아 있을지 모른다. 인생은 선택의 연속이다. 그 기준점이 되는 원칙을 정해라. '끝까지 포기하지 않는다'는 것을 원칙으로 세워 보는 것은 어떨까? 강력추천이다.

신체건강을 위해서만 영양제를 먹는 나

혼자서 가족과 떨어져 사는 것, 외롭다. 특히 아플 때나 혼자 밥 먹을 때, 또는 힘들게 일하고 퇴근 후 집에 왔을 때 어두컴컴한 집을 맞이하는 자신이 특히 외롭다. 밥 먹는 것도 하나의 일이 된다. 몸이 건강하지 않으면 사람이 부정적으로 변하는 사실을 직접 경험했기 때문이지 않을까? 지금의 내 몸은 자신이 먹은 음식들로 이루어져 있다. 몸에 좋은 음식을 맛있게 먹으면 그것이 행복이다. 그래서 점점 먹는 것에 신경 쓰게 된다. 오늘은 무엇을 먹을까? 점심에 패스트푸드를 먹었으니, 저녁에는 밥 종류로 먹어야지 다짐을 한다. 이처럼 우리의 몸은 먹는 음식으로 유지된다. 음식에 따라 건강해지기도 하고, 잘 챙겨먹지 못하면 병이 나기도 한다.

마음도 마찬가지다. 지금까지 자신이 해 온 생각이나 행동으로 건강해질수도, 병이 날수도 있다. 오늘은 어떤 생각을 할까? 음식과 똑같이 생각하고, 세심하게 고민해야한다. 그래야 건강한 마음을 유지 할 수 있다. 음식섭취는 삶에 있어 생존이다. 마음도 생존이다.

마음 속 불신의 씨앗을 찾아내라

사람들은 같은 상황이라도 각자 마음속에서는 다양한 반응을 일으킨다. 어떤 사람은 "그럴 수 있지"라며 대수롭게 넘어 가는 경우도 있는 반면, 또 어떤 사람은 자신이 바보 취급당했다며 화를 내는 경우도 있다. 우리 주변에서 손쉽게 찾아 볼 수 있다. 난폭 운전자들은 특히 심하다. 그들은 "상대 운전자가 날 무시했다"라는 반응의 씨앗이 있다. 이 씨앗이 마음에 있으면, 무의식적으로 슬픔, 분노, 억울함 등의 부정적 반응을 나타내기 쉽다. 이처럼 자기에 대한 부정적인 고정관념이 이렇게 판단하라, 행동하라 유도를 한다.

나는 무엇을 두려워하고 있나? 반응의 씨앗이 되는 생각들의 정체는 뭘까? 바로 과거 기억이다. 어렸을 때 부모님이나 선생님, 주변 사람들에게 배운 무엇인가, 또는 어린 시절의 경험이라는 기억들이 내 몸속에 몰래 들어와 잠복하여, 자신이 나갈 차례를 기다린다.

"나는 도대체 무엇을 두려워하고 있는 걸까?" 한번 생각 할 필요가 있다. 원인을 알아야 그 문제는 해결 할 수가 있다. 말 한마디에 쉽게 반응하는 사람은 대부분은 그 원인을 밖에서 찾으려고만 한다. 그 답은 내안에 있는데 말이다.

나는 어떤 상황에 반응을 하는지, 나는 무엇에 갑자기 화가 나는지, 나는 어느 때 슬퍼하는지, 그리고 나는 상대방의 말과 행동 중에서 어떤 부분에 반응하는지, 이와 같은 질문을 스스로에게 해 보면 좀 더 그 실체가 명확해진다.

혹시 그가 말하는 내용이 싫었나? 아니면 그가 말하는 태도가 싫었나? 이렇게 스스로에게 묻는 답을 찾다보면 자기가 반응하는 포인트, 반응 패턴을 알 수 있다.

이렇게 말하면, 사고방식을 바꾸려고 아무리 노력해도 좀처럼 잘 안 된다고 말하는 사람이 있다. 하지만 사고방식을 바꾸려고 아무리 노력해도 잘 안 되는 이유 역시 '사고방식을 바꾸려고 아무리 노력해도 잘 안 된다고 생각하는 사고방식'이 있기 때문이다. 여기서 말하는 사고방식이란 어떤 일을 받아들이는 방식인데, 가치관, 신념, 굳게 믿는 것, 생각의 습관이다. 이 고정관념을 지워 버릴 수 있는 키워드가 있다. "과연 진실일까?"를 판단하기 앞서, 자신에게 되물어보는 것이다. 이 세상에는 많은 일들이 넘쳐난다. 쉽게 생각하면 간단한 방법을 어렵게 생각하면 어렵게 다가 올 것이다.

마음의 상처를 입지 않기 위해 철통같은 보안으로 자기를 지키려고만 한다. 그 결과 나쁜 정보뿐만 아니라 좋은 정보까지 받아들이지 못하는 경우가 많다. 두려움 때문에 대인관계를 금방 끝내버리기도 한다. "내가 그렇지 뭐"라는 한탄과 함께 그 인연은 사라진다.

컴퓨터에 보안 프로그램을 너무 많이 설치하면 그 프로그램만으로도 메모리 용량이 너무 많이 차지하게 돼서 정작 필요한 프로그램을 제때 실행 할 수 없는 경우가 발생한다.

상처받는 것이 두려워서 마음의 보안장치를 너무 강화하면 내가 본래 타고난 능력, 재능, 실력을 억누르게 된다.

미래는 알 수 없지만 예측할 수 있다. 실현된 상황을 머릿속에 그려놓고, 그것이 이루어졌을 때의 기쁨을 미리 느끼고 경험해라. 그리고 감사함을 느껴라. 우리가 지금 눈으로 보고 있는 상황들은, 내가 계획한 인생 설계도다. 자신이 계획한 설계도를 믿어라.

건물을 세울 때, 가장 중요한 것이 뼈대다. 기본 축이 흔들려버리면 한 번에 무너질 수가 있어서 가장 주의가 필요하다. 우리 인간의 선택과 판단에 있어 가장 중요한 것은 원칙과 신념이다. 그 생각을 지켜낸다는 일념을 도전하라.

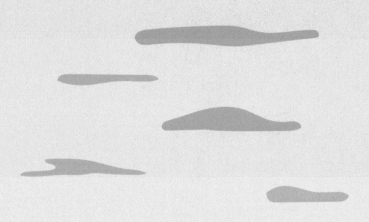

Chapter 7.

존경받아 행복한 나의 5가지 습관

큰 산부터 시작해라

·
·
·

"좋은 책을 읽는 것은 지난 세기의 가장 훌륭한 사람들과 이야기를 나누는 것과 같다."

-데카르트-

부자가 되는 방법은 많다. 땀 흘리며 열심히 일하는 것 밖에 없다는 말은 전적으로 믿을 만한 이야기가 아니다. 세상에는 일주일에 몇 시간만 일하고도 많은 돈을 버는 사람이 있다. 사실 열심히 일하지 않아도 돈이 굴러 들어오게 하는 것이 우리가 가장 선호하는 꿈일지 모른다. 자신이 원하는 일을 하면서 게다가 즐기면서 재미있게 일을 할 수 있다? 돈도 척척 들어온다면 이만큼 이상적인 삶이 또 있을까?

지난 10년 동안 성공 관련 자기계발서만 읽었다. 한 번 읽었던 책은 두 번 읽지 않았다. 시간이 아깝다고 생각했다. 조금 더 새롭고, 조금 더 효율적인 방법이 분명 있을 것이라고 믿었다. 노력 끝에 내가 공감하고, 나와 맞는 방법을 찾는다면, 그 돈은 전혀 아깝지 않다. 배운 내용을 내 것으로 만들 수 있다면, 그 가치는 몇 백배 이상이 될 꺼라 믿었다. "한 가지만 걸려라, 한 개만 걸려라"라고 간절히 찾아 헤매었다.

성공한 사람의 공통적인 습관을 배우자. 책에서 이야기하는 성공방법들, 효율적이고 효과적인 방법은 모두 다 시도했지만 결과는 크게 달라지지 않았다. 긍정적인 말을 자주 하는 것이 좋다기에, "나는 부자다", "나는 풍요롭다"를 입 밖으로 표현했지만 변화는 없다.

사고는 감정에 따라 움직인다. 믿음이 부족했다. 생각과 말은 긍정적으로 해보지만, 마음은 예전 그대로 부정적이다. 말하고 있는 자신조차도 믿음에 대해 의심했다. "그래도 안하는 것보다는 낫겠지"라고 스스로 위안을 했을 뿐이다.

결과적으로 '나는 아직 부족하다 그러니 더 많이 배우고, 열심히 해야 한다'는 생각을 전제로 노력해 왔던 것이다. '없다'고 생각하기 때문에, 계속 다른 방법만 찾았다.

'감사하는 마음을 가져야 하는데…'라는 생각의 바탕에는 나에게는 감사하는 마음이 없다는 전제가 깔려있었다. '남에게 최소한 피해는 안 가게 해야지'라는 생각의 바탕에는 나는 폐를 끼치는 사람이라는 전제가 깔려있다. '이번에는 제대로 내 실력을 보여줘야지'라는 생각의 바탕에는 '나는 무능력하다'라는 것이 생각의 전제다. 즉, 어필하지 않으면 인정받을 수 없다는 집착이 이미 내 마음속에 자리매김하고 있었다.

나는 저 사람과 같은 몰상식한 인간은 안 되고 말테야

'부정명령'이라는 심리학 개념이 있다. 상대방에게 강아지를 떠올리게 만들려면 이렇게 말하면 된다. "강아지를 떠올리지 말라", "멍멍하고 짖는 강아지를 생각하지 마라", "디즈니 구피를 생각하지 마라", "101마리 달마시안을 상상하지 마라" 이처럼 상대방이 생각하기 바라는 것을 "하지 말라"라는 말로 전하면 된다. 그 말을 들은 사람은 더욱 선명하고 자연스럽게 강아지의 이미지를 떠 올리게 된다.

이와 같은 방법으로 '저 사람처럼 되고 싶지 않다'고 생각하면 할수록 오히려 그 사람과 닮아간다. 이를테면, '나는 저렇게 남들을 무시하는 사람이 되지 말아야지' 하고 강하게 마음먹은 사람일수록, 어느새 정신을 차리고 보면 그 사람처럼 똑같은 행동을 하고 있는 자신을 발견한다. 자기도 모르게 '저렇게'의 이미지를 줄곧 머릿속에 반복해서 그려 왔던 것이다. 그럼 어떻게 해야 할까? 부정 하고 있는 것을 허용하는 것으로 바꾸는 것이다.

나는 부족한 인간이다. "그래서 열심히 해야 돼", "인정받고 싶다", "사랑받고 싶다"고 생각하는 사람의 마음속에는 지금 이대로의 나는 인정하지 못하는 사람, 미움받는 사람, 매력이 없는 사람, 사랑받지 못하는 사람이라는 전제가 깔려 있다. 자신이 평소에 하고 있는 행동을 잘 살펴보면 이처럼 자기 생각 속에 깔려 있는 전제가 있다 보니, 자신의 모든 일과 행동이 반영된 것이다.

스스로 운이 없다고 느끼는 사람은 꿈을 실현시킬 수 없다. 실패가 두려워서 시도를 하지 않기 때문이다. 행동하지 않는데, 어떻게 결과가 나올까? 불가능한 일이다.

'없다'를 '있다'로 생각을 바꾸는 순간, 깨닫게 된다. 얻으려는 노력을 그만두는 순간, 그토록 원하던 것들이 이미 자기 안에 있다는 사실을 알게 된다. 자신이 느끼는 감정은 솔직하다. 자기 스스로에게 거짓말을 하면 금방 들통이 나기마련이다.

『커피 한 잔의 명상으로 10억을 번 사람들』의 저자 오시마 준이치가 소개한 자기암시방법이다. 자신에게 거짓말을 하지 않기 위해서는 어떻게 해야 할까? '아침부터 저녁까지 나와 관계있는 모든 분야에서 나는 발전하고 있다'라고 생각한다면 과거형이 아닌 진행형으로 장래의 일이니까 거짓말한다는 기분이 들지 않게 된다. 이처럼 현재 진행형으로 "나는 부자가 되어 가고 있다"라는 말을 하는 것이 제일 안전하며, 실현 가능성을 높여 주는 길이다. 같은 맥락으로 부, 부유함, 풍요로움, 성공, 성취라는 단어는 그 자체가 하나의 낱말에 불과하기 때문에 거짓말이 될 수 없다. 따라서 마음속에 아무런 갈등도 일지 않는다. 내 마음속에 '부'에 대한 감정을 심기 위해서는 부나 성공을 나타내는 낱말을 되풀이 하는 것만으로도 충분하다.

지배하지 않으면, 지배당한다

지구의 약 71%를 바다가 차지한다. 나는 수영을 하지 못한다. 어렸을 때 물속에서 발바닥이 지면이 닿지 않았던 경험과 바닷물 때문에 숨을 쉬지 못했던 공포를 아직도 생생하게 기억한다. 그래서 일까? 물이 무섭다. 한편으로는 아쉽다. 왜냐하면 바다가 주는 즐거움을 못 느낀다. 바다는 두려움의 존재다. 바다를 제외한 29% 내에서 내 삶의 재미와 의미를 찾아가야만 한다.

2015년 대한민국의 1,735만 명은 책을 단 한 권도 읽지 않았다. (출처: 문화체육부) 반면, 운동, 영화, 오락, 여행 등에 지출하는 돈은 매년 꾸준히 늘어나고 있다. 이렇게 독서를 안 하는 이유로는 스마트폰이나 컴퓨터가 발달해서 이동하면서 원하는 정보를 쉽게 얻을 수 있기 때문이라 한다. 독서는 단순히 글을 읽는 거라 생각할 수 있는데 그것이 전부가 아니다. 책한 권을 읽으면서 그 작가가 이 글을 쓰게 된 전반적인 배경과 생각을 읽을 수 있으며, 이로 인해 남을 이해할 수 있는 능력을 갖게 되고, 사고를 넓힐 수 있게 된다. 독서는 뇌의 한부분이 아닌 모든 부분을 활성화 시킨 다는 과학적인 연구 결과가 있다. 두정엽, 측두엽, 전두엽 소뇌 등 모든 뇌 의 부위를 발달 시켜 의사소통이나 머리가 좋아지는 데 영향을 미친다.

"꿈을 크게 가져라", "크게 생각하라"라는 말은 한 번쯤 들어봤을 것이 다. 내일 당장 어떤 일들이 벌어질지도 모르는데 무슨 10년 뒤를 바라본 다는 말이야? 나도 처음에는 이런 생각을 했다. 그러나 책을 읽지 않으면, 책을 통해 얻을 수 있는 지혜를 활용하지 못한 채, 우리는 힘든 고난과 역 경에 맞서 싸워나가야 한다. 인간은 살아가면서 한정된 지역에서 한정된 경험밖에 할 수 없다. 책은 여러 분야에서 이미 다양한 경험을 쌓은 사람 들의 노력과 삶, 그리고 많은 경험을 통해 깨달은 노하우 등을 최단시간 안에 배울 수 있는 장점이 있다. 또한 그것을 배워 어떻게 활용할지에 대 한 다양한 정답지를 보며, 어떤 것이 자신과 제일 적합한지를 비교하고 분 석 할 수 있다.

한정된 지식과 경험으로는 한정된 생각과 판단 밖에 할 수 없다. 우리 는 어렸을 때부터, "안정적인 직장인이 최고다"라는 말을 들어왔다. 기본 으로 "대학은 나와야 한다"고 조언을 들어왔다. 그래서 그것이 정답인줄 알고 직장인을 향해 달려왔다. "첫 단추를 잘 끼워야 한다"는 말에 두려움 을 느낀 나머지 지금 너무 신중에 신중을 기해 온 것은 아닐까?

취업준비 때, 항상 '학벌' 콤플렉스가 따라 다녔다. 지진 및 방사능 위 험을 무릅쓰고 일본까지 가서 유학하고 귀국했던 한국은 나에게 호락호 락 하지 않았다. 왜냐하면 일본유학을 가지도 않은 사람들조차도 일본어 자격증 1급은 기본적으로 취득한 모습을 본 나는 한마디로 절망적이었다. "정말 내가 이러려고 유학까지 갔나?" 할 정도였다. 내 자신이 생각하기에 는 큰 성과 있었던 유학이지만 현실에는 반영되지 않았다. 남들과 비교하면 서류통과조차 어려운 상황에 직면했다.

대학 졸업 후 "나는 누구인가?"를 알기 위해 인도여행을 다녀왔다. 앞으로 어떻게 이 상황을 돌파해야 할까? 많은 고민을 했다. 그 때 항상 따라다닌 것은 '영어 콤플렉스'였다. 내가 잘못되고 있는 원인들이 과거 공부를 하라고 할 때, 제 때 안했던 영어의 탓으로 모든 것이 돌아갔다. 모두가 다 제창하듯 "영어만 잘하면, 좋은 직장에도 들어갈 수 있는데"라는 말에 내 머릿속이 깊이 세뇌 당하고 있었다.

인도 수도 뉴델리역에서 열차를 타고, 바라나시로 향하던 길이었다. 2층 침대 기차 안에서 혼자서 멍하니 있던 순간, 열차직원으로 보이는 사람이 "음식이 필요하냐?"는 듣기 어려운 발음으로 이야기 하며 나에게 다가왔다. 그 중 한 단어만이 뚜렷하게 들렸다. "치킨" 그래서 당당히 YES로 답을 했다.

조금 지나, 그 직원은 나에게 치킨을 주면서 800루피라는 것이다. 우리나라 돈으로 1만 4천 원정도 되는 돈이다. 순간 비싸다는 생각을 했고, 반박하고 싶었다. 순간 당황한 나머지 "영어 못하는 나"라는 생각은, 내 자신을 한마디도 하지 못하게 만들었다. 어쩔 수 없이 돈을 건넸고, 직원은 "저 바보"라는 느낌의 미소와 함께 "Thank you"라는 말을 남기고 사라졌다.

바라나시에 도착하자마자 뉴델리로 다시 돌아가는 표를 예매하기 위해 구매처에 가서 티켓을 달라고 했다. 직원은 5일 후 출발하는 티켓이 있다는 것이다. 긴 영어가 어려웠던 나는 어쩔 수없이 예정했던 날보다 3일 후에 출발하는 티켓을 구매해야했다. 2일 예정이던 기간이 5일로 연장되는 순간이다. 한국인이 자주 찾는 숙소로 도착했고, 숙소에서 만난 한국인들과 인도여행에 대해서 여러 이야기를 했다. "인도 사람들 발음이 너무 나쁘지 않아요? 알아듣지를 못하겠네"

그런데 한 친구도 나와 똑같이 뉴델리에서 바라나시 직행으로 오는 기차를 타려고 했으나, 표가 없어서 다른 제2지역을 경유하고 인도 직원들에게 묻고 물어 바라나시에 도착했다는 것이다. 인도사람이 발음이 나쁘다는 것은 내 착각이었다. 영어를 못하는 나를 인정하는 순간이다. 두 경험을 통해, 모르면 당한다는 사실을 깨달았다. 표가 없다고 하길래 당연히 어쩔 수 없는 것이라 생각했다. 그러나 방법은 한 가지가 아니다.

인도여행 후, 자극을 받은 나는 2개월 필리핀 어학연수를 다녀왔다. '영어 콤플렉스'에 대한 정면 돌파 작전이다. 목표는 분명했다. "영어에 대한 두려움을 없애자"

현재 내가 할 수 있는 것에 집중했다. 첫 번째는 변명의 소지를 제거하기 위해서였다. 영어공부를 안했으면, 이제부터 하면 된다고 생각했다. 두 번째는 남들과 비교했을 때, 도저히 영어점수(토익)로 이길 자신이 없었다.

하지만 영어말하기를 자신 있게, 유창하게 할 수 있다면, 승산이 있을 것 같았다. 이렇게 판단한 계기는 바로 일본어 공부 경험을 떠올렸기 때문이다. 실제 사람과의 대화 속에는 어려운 단어를 많이 쓰지 않는다는 점이다. 만약 직접적인 전문용어의 단어 뜻을 모를지라도, 쉬운 단어를 통해 얼마든지 설명이 가능하다는 것을 몸소 체험했기 때문이다.

"2개월 필리핀 유학으로 뭐가 달라지겠어?"라고 많은 사람들은 생각한다. 2개월 만에 정복한다는 의미는 아니다. 일본어 대화 속에는 자주 쓰는 말, 즉 말하는 패턴이 있다. 영어 또한 크게 다르지 않을 것이라 생각했다. 2개월 동안 자주 쓰는 패턴을 통해 두려움을 없애는 전략이다. 일본어 공부를 통해 어떻게 하면 어떻게 될 것이라는 믿음이 동기부여가 되었다. 이제 영어로 말하는 데 두려움이 없다. 외국인 앞에서 첫마디를 땔 수 있느냐, 없느냐가 중요하다. 그 두려움을 없애는데 최대한 초점을 맞췄다. 2개월은 바뀔 수 있는 충분한 시간이다.

사고는 감정에 따라 움직인다. 지금 당신이 느끼는 감정이 '불안'이라면 먼저 그 이유를 찾아라. 아무리 긍정적인 생각과 불타오르는 열정으로 열심히 노력한다 한들 그 '불안'을 극복하지 못하면, 또 깨닫지 못하면 다 헛수고가 된다. '불안'이 없어질 때, 긍정의 힘의 진가가 드러난다.

한정된 지식과 경험으로는 한정된 생각과 판단을 할 수밖에 없다. 책을 읽어라. 책이 당신을 행동하게 만들 것이다. 그리고 책이 당신을 깨닫게 만들 것이다. 책에는 다양한 인생의 철학과 지혜가 담겨있다. 자신과 어울리는 색이 있는 것처럼, 자신과 꼭 맞는 전략이 있는 법이다. 그것이 당신 인생의 원칙이 될 것이고, 그 원칙이 믿음이 되어 꿈을 실현 할 수 있게 만드는 원동력이 될 것이다. 가장 두렵고 어려운 것을 먼저 해결해라. 그 다음은 쉽다.

7-2

지금부터 5년 뒤가 승부의 타이밍

.
.
.

"진정으로 웃으려면 고통을 참아야 하며, 고통을 즐길 수 있어야 한다."

-찰리 채플린-

'비정규직 임금, 정규직 53%⋯격차 더 커져'(KBS뉴스) 이러한 뉴스를 볼 때면, "나는 왜 이 모양일까?" 하고 고민한 적이 있다. 취업을 해도 적은 임금 때문에 걱정, 그렇다고 취업을 못하고 있어도 걱정이다. 그래서 일까? 많은 사람들은 비정규직에서 일하는 것보다는, 조금 시간이 걸리더라도 정규직을 목표로 하는 것을 더 효율적으로 생각하게 된다. 대학 휴학이나 또는 졸업유예를 통해 스펙 쌓는 청년들이 늘어가고 있다. 그런데 정말 효율적일까?

완벽주의자는 긍정적인 단점라고 생각하는 사람이 있다. '시간이 걸리더라도, 맡겨진 일에 문제없이 책임을 다한다'는 것이다. 그만큼 빈틈없이 하는 것은 좋다. 하지만 시간 또한 중요하다.

완벽주의자는 자꾸만 집에 있는 것을 좋아한다. 완벽하게 준비되어 있지 않다면, 준비를 끝마칠 때까지 시작조차 하지 않으려는 경향이 있기 때문이다. 예를 들어, 헬스장에 가려고 한다. 그리고 생각한다. "운동복이 있나?", "운동신발은?" 결론은 운동 하려면 땀 배출이 잘되는 기능성 소재의 운동복이 필요하다는 것이고, 지금 당장 내 수중에 없다고 판단되면, 운동을 하지 않는다. 이와 같은 습관은 할 일이 있어도 늑장을 피우게 만든다. 그만큼 원하는 기회를 놓칠 가능성이 크다.

과거 몸이 아픈 척해서 약속을 거절 한 적이 있다. 바쁜 척하고 친구와의 모임에 나가지 않는 경우도 있다. 그 이유가 입고 갈 옷이 마땅치 않아서다. 매번 도망치는 습관에 익숙해져버렸다. 그 결과 누군가에 미움 받는다고 느끼면 내 쪽에서 먼저 관계를 끊어 버리는 버릇까지 생겼다. 이런 식으로 대응하다보면 마음은 편하다. 완벽하려고 노력하지 않아도 된다. 상처받지 않아도 된다. 그래서 오늘도 집에 머문다. 그리고 다시 소망해본다. '나는 왜 이 모양일까?' 실천 없는 생각은 악순환을 계속 반복되게 만들 뿐이다.

그냥 하던 대로 하면, 인생도 그냥 별 볼일 없다

좋은 회사의 기준은 뭘까? 많은 사람들은 '연봉'이라고 대답한다. 따라서 돈을 많이 주는 회사는 좋은 회사다. 돈을 많이 준다는 것은 무슨 의미일까? 그만큼 회사에서 투자가치를 인정받는 셈이다. 그런데 정말 우리는 그만큼의 가치를 갖고 있는 걸까?

사회에서는 다재다능한 능력을 가진 인재를 원한다. 컴퓨터도 잘 해야 되고, 언변도 좋아야 하고, 성격도 좋아야 하며, 또 외국어능력까지 갖춰야 한다. 완벽해지기 위해 우리는 끝나지 않는 스펙 쌓기에 열을 올릴 수

밖에 없다고 생각해 왔다.

입사 1년차 퇴사율이 27%이다. 힘들게 취업한 회사임에도 불구하고, 많은 사람들이 이직을 원한다. 이유는 '회식 때의 스트레스'와 '회사에 군대문화가 있어서', '언어폭력을 당한 경험'과 같은 이유다. (출처: 잡코리아) 돈 때문에 버티는 사람이 있는 반면, 이와 같은 스트레스 때문에 퇴직을 한다.

사회초년생의 가장 취약점은 경력이다. 많은 기업에서는 신입보다는 경력을 선호하는 편이다. 그러다 보니 사회초년생에게는 사회에서 경력이 쌓일 기회조차 얻지 못하는 경우도 발생한다. 결국 '경력'이라는 문제를 해결하지 않으면, 어쩔 수 없이 다른 회사를 찾아야한다. 또 다시 시간과 노력을 들여서 경력무관 채용회사를 찾아 나서야 한다. 시간은 사람을 초조하게 만든다. "이러다 취업 못 하면 어쩌지?"라는 생각은 결국 현실이 된다. 아무리 찾아봐도 생각처럼 내가 원하는 회사는 발견하지 못한다.

필리핀 어학연수 후 다시 한국으로 왔다. 본격적인 게임이 시작된다. 취업포털사이트를 검색 해봐도, 내가 원하는 연봉과 조건은 쉽게 찾지 못했다. 괜찮은 연봉이라서 클릭 해보면 집에서 거리가 멀다. 집과 거리가 가까운 회사는 또 연봉이 적다. 둘 다 괜찮다 생각했던 찰나, 경력 2년이 필요하다. "도대체 어찌하라는 말인가…" 아무리 찾아봐도 내가 원하는 곳은 보이지 않았다. 하나가 해결되면 또 하나의 문제가 발생했다. "아, 인생이 이런 것이구나"라는 생각을 하게 만드는 대목이다.

실망 후 마음을 비우자 신기하게 회사에서 면접의뢰가 왔다. 면접을 봤고, 희망연봉에 대해서 사장은 나에 묻는다. 심리적으로 지친 나머지 합격만 시켜주면, 뭐든지 하겠다고 말했다. 경력은 나에게 트라우마처럼 다가왔고, 머릿속에는 온통 '우선 경력부터 쌓자'라는 생각뿐이었다. 절심함이 통해서 일까? 합격을 한다.

회사는 일본무역상사다. 대표님을 모두 포함해 전체 직원 수는 7명인 소규모 회사다. 소규모의 회사이다 보니, 담당부서를 따로 구별 할 것 없이, 모든 일에 가담 되었다. 영업도 나갔다가 회계업무도 했다가, 잡무 이것저것 모든 분야에 가담된다. 각자 담당 업무는 있었지만, 규칙은 잘 지켜지지 않았다. 시간이 남는 사람이 하는 식의 조금은 허술함이 존재했다. 우스겟 소리지만, 취업준비생의 로망이었던 '사원증' 같은 것도 없었다. 점심시간에 나의 소속감을 나타내주는 증표, 바로 그 사원증이다.

시작하는 것이 중요하다. 100% 만족하지 못했지만, 결정한 이유는 있다. 첫째로 일본 해외무역 업무를 배울 수 있다는 점과 둘째로 주5일 근무라는 점이 가장 영향이 컸다. 일도 배우면서 경력도 쌓고 남은 시간을 자기계발에 투자가 가능하다. 자신이 하고 싶은 일을 할 수 있다면, 하나를 포기하는 희생 그리고 고통은 문제가 되지 않는다. 존재하지 않는 두려움을 하나씩 제거함으로써 자신감은 따라온다. 자신감은 사람을 매력적으로 만든다.

생각과 현실의 차이는 존재한다. 취업 준비생일 때, 사회에 한 걸음 내딛는다는 것에 대해 두려움을 갖고 있었다. "남들이 하도 힘들다고 죽는 소리를 하길래" 그 두려움은 증가되었고, 어떤 일들이 벌어질지 예측이 안 되었다. 그래서 남들이 하는 것처럼, 회사에 필요한 워드 및 엑셀, 파워포인트 공부를 했다. 회사에서 사용하는 보고서를 작성하는 법도 미리 예습 했다. 상황파악이 안 되니, '배워놓으면 언젠가는 쓰겠지'라는 막연한 생각으로 이것저것 준비를 했던 것 같다.

그러나 현실은 달랐다. 회사에는 기존에 쓰던 서류양식은 이미 완성 되어 있었다. 따라서 날짜 및 내용만 그 때마다 바꿔 적어 사용하면 끝인 것이다. 필수로 알아 놓아야 할 엑셀 기능을 배운다 치고, 학원도 다니고 혼자서 실습도 했다. 그러나 현장에서는 크게 도움이 되지 않았다. 설령 특정 하나의 엑셀기능이 필요하다면, 그 때 배워 바로 사용하면 끝이다.

정작 진짜 두려움 속으로 들어와 보니, 별거 없었다. 순간 지금까지 시간 낭비를 했다는 생각이 들었다. "이럴 줄 알았으면, 더 빨리 도전 할 걸"

아직도 서점에 가면 많은 청년들이 워드, 엑셀, 파워포인트 책을 보고 있는 모습을 자주 목격한다. 책 내용을 모두 마스터 하기란 시간과 노력, 투자가 필요하다. 그만큼 다른 곳에 시간을 빼앗기는 셈이다. 그 시간 때문에, 진짜 중요한 일에 집중하지 못하고 있는 것은 아닌지 걱정이 된다.

완벽해야 한다는 강박관념 따위는 쓰레기통에 갖다 버려라. 지금당장 그리고 가장 필요한 것은 무엇인지 알아야 할 필요가 있다. 그리고 그 두려움 속에 들어 가야한다. 한번 해보면, 별거 없다. 불구덩이로 들어가라. 거짓도 행동하면 진실이 된다.

30대 중반, 그때가 승부를 볼 타이밍이다

대학 졸업 후 취업만 한다면 모든 것을 다 얻을 수 있을 줄 알았다. 몇 푼 아끼기 위해 지지리 궁상을 떨었던 대학생에서 당장 벗어날 수 있다는 기쁨이라면, 뼈를 묻을 각오가 되어있다. 나의 소망은 내가 번 돈으로, 사고 싶은 것들을 한번쯤은 마음껏 사고 싶다는 것이었다.

생각과 현실은 다르다. 졸업 후 갚아야 할 학자금대출이 우리를 기다리고 있다는 것을 깜빡했다. 3개월 간 수습기간에 받은 한 달 월급은 100%가 아니다. 차비에 식비까지 제외 해보니, 정작 남는 것이 없다. 그럴 때 일수록 이런 생각하기 쉽다. "어차피 돈 많이 못 받는 거, 이왕이면 내가 하고 싶은 것 다 하자!" 그리고 때마침 등장한다. '질러신'이 자꾸 강림한다.

우리는 지금 당장 눈앞에 보이는 급한 불을 끄기 급급했다. 초등학교 때부터 '취업'이라는 목표로 한 레이스가 시작된다. 그리고 힘들게 대학까지 열심히 달려왔다. 포기하지 않는 한, 최종목적지인 '취업'에 골인한다. 그런데 갑자기 혼란이 찾아온다. 내 노력에 비해 낮게 책정된 월급을 보면서 말이다. '겨우 이 정도 받기 위해 지금까지 노력했나 싶나?' 잠시 깊은 생각에 빠진다.

목표는 예전과 달라지지 않았다. 변한 것은 우리 마음이다. 어쩌면 우리는 지금까지 '돈'을 보고 왔기 때문에 이렇게 실망했는지 모른다. 많은 돈을 벌수 있다면, 다른 것은 문제없다고 판단했는지 모른다. 이 처럼 '돈'을 목표로 하면 감정에 흔들릴 수밖에 없다. 나의 가치가 돈으로 환산되어 나타나는 순간이다. 결국 "나는 이 정도 밖에 안 되는 사람이구나…" 하며 실망하게 만든다.

일본무역상사에 다니면서, 참 많은 경험을 했다. 한 때 무역에 대한 막연한 상상을 한 적이 있었다. 서로 다른 언어 환경 속에서 '나'라는 사람을 통해 거래가 이루어진다. 이 얼마나 성취감을 얻는 직업인가? 그래서 무역을 경험하고 싶었다.

생각과 현실은 다르다. 실제 직접 경험한 '무역', 내가 처음 느낀 감정은 '총알받이'다. 항상 문제가 터졌다. 항상 이슈가 되는 것이 '가격'과 '배송'이다. 아무리 좋은 반도체(부품)일지라도 가격이 안 맞으면, 거래가 성사되지 않았다. 배송이 늦으면, 빨리 배송해달라고 계속 요청이 들어온다. 문제를 해결하지 못하는 나를 보며, 오히려 자책감을 느꼈다. 전화벨이 울리지도 않았는데, 귀에서는 벨이 울리는 착각을 자주하게 되었다.

TV에서만 보던 '빚 독촉전화'가 이 정도 압박감의 스트레스인줄은 전혀 예상치 못했다. 그 이후 택배아저씨에게 "언제 오냐?"고 전화 하지 않는다. 그 이후 모르는 번호로 마케팅하는 사람이 전화 오더라도, 최대한 친절하게 대응하게 되었다. 직접 자신이 그 일을 겪어 보지 않으면, 그 일의 고통을 느낄 수 없다.

'해외무역' 거창하게 생각했다. 직접 경험해보니 '해외 직접 구매(직구)'와 크게 다르지 않았다. 단지 기업들이 취급하는 부품의 높은 가격과 대량의 물량 이 두 가지 차이일 뿐, 진행과정은 똑같았다. 별 것 없다. 과거 '불안'이라는 감정을 갖고, 무역용어를 외울 때는 이해가 가지 않았고, 공감하지 못했다. 하지만 직접 일을 하면서 배우니 이해가 쉬웠다. 왜냐하면 그 상황에서 필요한 것만 배울 수 있기 때문이다. 선택과 집중이다.

이것이 족집게 과외다. 처음에는 익숙하지 않은 일 때문에 힘든 것도 당연하다. 적응 안 되고 포기하고 싶었지만, 포기하지 않았다. 왜냐하면 돈 보다 내가 하고 싶었던 일을 선택했기 때문이다. 돈과 비교 할 때면 중간 중간 고비가 찾아온다. 하지만 극복할 수 있었던 이유가 있다. 생각과 현실의 차이를 알게 돼서 부터다. 직접해보지 않았으면 평생 '두려움'의 존재이었을 것들이, 실천에 옮김으로써 '무역'이 무엇인지 그 실체를 알 수 있게 되었다. 원인이 무엇인지 알면 개선 할 수 있다. 하지만 두려움에 직면하지 않으면 평생 두려움의 존재가 된다. 그만큼 당신의 선택의 폭은 점점 없어진다. "해보니 별 것 없다"는 말을 할 수 있는 사람이 돼라.

모든 것이 완벽해지는 시기는 좀처럼 찾아오지 않는다. 당신 이마에 '불안'이라고 써져 있기 때문이다. 16년간 취업을 위해 충분히 노력 해 왔다는 것은 대단한 일이다.

나의 모든 가치는 신입 1년차에 판단되지 않을뿐더러, 자신의 가치는 자신이 판단하는 것이다. 조급할 필요 없다. 조금 더 길게 보면 문제될 게 없다. 그 시점은 30대 중반이다. 어떤 것이든 직접 경험하면서, 그 불안요소를 하나하나 제거해라. 내 자신은 누구보다 강하다.

지금부터 어떤 상황에 처하든 일부러 지금까지 선택하지 않던 쪽에 도전해라. 이 상황에서 무엇을 배울 수 있는지에 집중해라. 배우고 싶다는 의지는 나를 변화시킨다. 실천해보면 결과적으로 알 수 있다. '그동안 이유

없이 두려워했다는 사실'과 '별 것 없다'라는 것을 말이다. 피할 수 없다면 그 상황에 들어가서 고통을 즐겨봐라. 언젠가 한 번 겪어야 할 문제라면, 빨리 경험해라. 항상 고통을 피하려고 하면 감동 없는 인생을 살게 될 뿐이다. 돈이 따라오게 하는 말은 "무엇인가 배워보고 싶다"이다.

7-3

상황은 매번 달라진다

・
・
・

"성공은 과학이다. 성공의 조건들을 갖추면 성공에 이른다."

-오스카 와일드-

　"말 한 마디에 천 냥 빚도 갚는다"는 말처럼 말의 힘은 강력하다. 말 한 마디로 사람에게 감동을 줄 수도, 때로는 상처를 주기도 한다. 말은 신중하게 생각하고 해야 한다는 사실은 머리로 잘 이해하고 있다. 하지만 마음만 급한 나머지 말부터 나와 버리는 경우가 종종 발생한다. 말을 상대방이 기분 나쁘지 않게 받아들이게 하려면 어떻게 해야 할까?

　'오해'를 최소화해야 한다. 무역회사에서 근무 할 때 일이다. 회사 거래처의 엔지니어로부터 연락을 받았다. 구매한 설비에서 문제가 발생했고, 그 해결방법에 대한 피드백 요청이다. 엔지니어는 상황설명을 기술적 전문용어로 사용하여 했고, 긴급하게 일본 쪽에 확인 해달라는 것이다.

그 내용의 취지를 이해하지 못했음에 불구하고, "알겠습니다"라고 대답을 했다. 막상 전화를 끊고 나서보니, 어떤 내용을 요청했는지 정확하게 이해가 안 되는 상황이 돼버렸다. '긴급'이라는 단어가 내 마음을 급하게 만들었고, 일단 일본 쪽 담당자에게 전화를 걸었다. 설명을 하는데, 말하는 자신조차도 횡설수설 무슨 이야기를 하는지 몰랐다. 그 당시 생각에는 엔지니어에게 들었던 전문용어를 섞어서, '대충 말하면 알아듣겠지'라고 조금은 막연히 생각을 했다. 왜냐하면 일본담당자는 '당연히 전문가일 거야'라고 추측성 판단을 했고, '몇 단어만 말하면 이해 할 것이다'라고 생각을 했다. 평소 아무렇지 않게 쓰던 "야, 그거 있잖아?" 처럼 주어와 목적어 없이 말했던 것이 나도 모르게 습관화 되어버린 것이다.

일본 담당자는 곤란한 목소리로 말을 한다. "누가? 언제? 무엇을? 구체적인 상황 설명이 필요하다" 덧붙여 이메일로 그 내용을 정리해서 다시 요청을 하라는 것이다. 사실 느낌상 그 담당자는 어떤 내용인 줄 알았음에도 불구하고, 정확한 내용을 요구하는 것으로 보였다. 마음속으로 "그냥 알아봐 주면 어디가 덧나나?"라고 불만을 가졌다. 왜냐하면 내 잘못을 인정하기 싫었고, 바빠 죽겠는데 다시 물어봐야 한다는 것이 싫었다. 욕먹는 것이 두려웠다.

결국 어쩔 수 없이 엔지니어에게 다시 전화를 걸었다. 문의했던 내용을 다시 한 번 설명 해달라고 말이다. 엔지니어는 "아까 알아들었다고 이야기 했지 않느냐? 아, 바빠 죽겠는데"라고 심하게 불평을 한다. 잘못을 저질렀다는 죄책감이 다시 나를 긴장하게 만들었다. 그 결과 재차 설명을 들었음에 불구하고 이해가 되지 않았다. 그리고 또 다시 "알겠습니다"라는 답과 함께 전화를 끊었다. 위기가 찾아왔다. "어떻게 할까? 어떻게 해야 하지?"

이 문제를 어떻게든 혼자 해결해 보겠다는 마음에 들었던 내용을 최대한 기억해서 일본담당자에게 이메일을 보냈다. 하지만 그 불안은 현실이 되었다. '누가? 언제? 무엇을? 왜?'가 빠졌다며, 다시 확인하고 이메일을 보내라는 것이다. 결국 오해가 발생했다. 한국 엔지니어는 오직 '문제 해결방법' 즉, 핵심만 알고 싶어 했었고, 일본담당자는 '문제의 원인'과 함께 '그 배경설명'이 추가적으로 필요했던 것이다.

문의한 엔지니어에게 배경설명까지 부탁하는 것은 "꼬치꼬치 캐묻는 다"는 인식을 갖게 하는 것 아닌가 걱정한 나머지, 그것이 곧 '실례를 범하라는 것'이라고 생각해서 생략을 했다. 결국 이 문제는 회사 사장님이 알게 되었고, 많은 질타를 받았다. 그리고 사장님이 양쪽에게 자초지종을 설명하고 나서야 해결 됐다. 사장님은 평소 '보고, 연락, 상담'이라는 말을 자주 했다. 그 의미를 문제가 터지고 직접 겪고 나서야 알게 되었다.

정중해야한다는 착각을 버려라. 모르면 모른다고 솔직하면 된다. 잘 이해가 안가면 다른 사람에게 도움을 요청하면 된다. 오해는 항상 거짓말을 할 때 발생한다. "제가 엔지니어가 아니라서 잘 몰라서 그러는데, 다시 한 번 설명해주시겠어요?", "제가 내용을 잘못 들을 수 있으니, 이 내용을 번거롭겠지만 메일로 남겨 주시겠어요? 그래야 더 빠른 답변을 얻을 수 있습니다"라고 솔직히 말하면 쉽게 끝났을 문제였다. 혼자 판단하지 말고, 모르면 물어봐라. 그것이 문제해결의 빠른 지름길이다.

능력조작 금지다

우리는 살면서 다양한 조작을 한다. 상황에 따라 나이를 조작하기도 하고, 경험뿐만 아니라 신체사이즈까지 조작한다. 원인은 모두 다르겠지만, 대부분 마음의 상처나 자신의 부족함을 숨기려는 의도가 있다.

현대는 경쟁사회이다. 따라서 경쟁자보다 앞서가는 것이 곧 성공이자, 기쁨이라고 생각해 왔는지 모른다. 자신의 부족함을 숨기기 위해서 남들이 실패하기를 바라는 질투심이 생기는 것도 어쩌면 당연하다. 그리고 남이 실패하기를 바라는 마음이 자신의 성공을 바라는 마음보다 간절할 때가 있다. "남 잘되는 꼴은 참기 힘들다"는 마음이다.

하지만 타인의 실패를 바라는 마음은 자신이 실패하기를 빌고 있는 것과 같다. 그것은 자신이 그 부분을 좋지 않다고 여기거나 부끄러워 하고 있다는 명백한 증거가 된다. 이런 식으로 나쁜 것을 감추고 있으니 들킬 것 같은 상황에 처하면, 나도 모르게 화를 내 버린다. 일도 실패로 만들어 버린다.

"지금 내 모습에 만족해 버리면, 성장하지 못하고 부족한 인간에 그치고 마는 것은 아닌지?" 또는 "계속 고민해야만 성장 할 수 있다"고 우리는 믿고 있었는지 모른다.

고민과 생각은 다르다. 우리가 지닌 눈동자 크기, 코 높낮이, 얼굴모양, 체형 등 자신의 부족함을 숨기려고 한다. 대한민국은 특히 외모지상주의가 심하다. 항상 남과 비교하고, 자신의 부족함을 계속 찾으려고 하고, 찾게 만든다.

과거 인터넷 쇼핑을 하다가 키가 크는 약을 발견했다는 광고를 보았고 칼슘이 함유된 영양제로, 먹어도 크게 건강에 이상이 없을 것 같아서 호기심으로 구매했다. 갑자기 일본유학시절에 기숙사에 같이 사는 캐나다 친구가 생각났다. 그 친구는 남자가 봐도 키도 크고, 얼굴도 잘생겼다. 학교에서 인기가 상당했다. 어느 날 기숙사 식당에서 밥을 먹고 있는 것을 보았다. 심지어 다 먹은 와인 병에 물을 담아서 먹는 모습을 보면서, 정말 남자가 봐도 멋있다고 생각이 들 정도였다. 그 친구의 옷차림은 흰색 티에 청바지 뿐인데, 그 모습을 같이 봤던 친구가 한마디를 한다. "우리가 백날 꾸미고 다녀봐야 흰색 티에 청바지를 못 따라 가네"라고 말이다. 나도 모르게 추억을 회상했고, 이 부러움과 질투를 잊지 못하고 있었던 것 같다.

과거와 졸업해라. 나는 눈이 작은 편이다. 눈이 작아서 사진을 찍을 때면 항상 눈을 감고 있는 사진이 많다. 제대로 된 사진이 없어 사진 찍는 것을 싫어했다. 이제는 포기했다. 무표정에 눈이 감겨있는 사진이 너무 어색한 나머지, 이제는 사진을 찍을 때면 일부러라도 항상 웃는다. 다행스럽게 이전보다 훨씬 자연스러워졌다.

고민은 이해하는 것이다. 콤플렉스는 감춰야 하는 것이 아니라 어떻게 잘 살려 낼까를 생각하는 것이 중요하다. 나만이 갖고 있는 무기, 매력으로 만들 필요가 있다. 그러면 다른 사람을 질투 할 필요가 없어진다. 그리고 자기가 본래 가지고 있는 재능을 깨달아야 한다. 이 말은 자기가 지닌 건강적인 제약이나 능력적인 한계 또한 '자신의 것'이라 받아들이는 것이다. '나다움'을 발휘하는 것은 곧 그 사람의 매력을 발산하는 것과 같다.

『내가 제일 예뻤을 때』의 저자 고코로야 진노스케는 "한 사람 안에는 다양한 역할과 다양한 얼굴이 있다. 같은 사람이라도 어떤 때는 엄마, 어떤 때는 동생, 어떤 때는 자식, 어떤 때는 상사가 되기도 한다. 누구에게는 가장 사랑하는 사람이 된다. 또 누군가에게는 용서할 수 없는 존재가 되기도 한다"고 했다.

달은 둥글다. 하지만 보는 시기, 보는 각도에 따라 반달이기도 하고 초승달이기도 하며, 월식의 검은 달이 되기도 한다. 지금 우리가 대하고 있는 그 사람도 보는 시각과 각도에 따라 완전히 검을지도 모른다. 하지만 반대편에서 보면 멋진 보름달 일 수도 있다.

여러 가지 면을 다 포함하여 한사람이다. 우리 모두 마찬가지다. 어떤 사람에게는 녹을 듯한 미소를 보여주지만 다른 사람에게는 불평만 늘어놓거나 무시를 하기도 한다. 어두운 모습도, 추한 모습도, 부족한 모습도, 부정적인 모습도, 에로틱한 모습도 전부 나다.

성공은 계획이 완성된 것대로 따라하는 것

원하는 것이 있으면 차라리 솔직하게 소망해라. 거짓은 금물이다. 미국의 석유업을 일으킨 헨리 플래글러는 자신의 성공비결은 계획이 완성된 것을 머릿속으로 보는 능력이라 한다. 그 사람은 눈을 감고 거대한 석유산업을 상상하고, 기차가 레일 위를 달리는 것을 보고, 기적이 울리는 것을 듣고, 연기를 본다고 한다. "미래를 예측 할 수 있다고?" 사업에 성공한 사람은 이전부터 자신의 사업이 번창하는 장면을 머릿속에 그리면서, 그것이 실현된 광경을 머릿속에 계속해서 집어넣어 왔던 사람들이다. 그리고 목표를 향해 이끌리듯이 나아갔던 사람들이다.

『커피 한 잔의 명상으로 10억을 번 사람들』의 저자 오시마 준이치는 다음과 같은 내용을 소개한다. "독일의 화학자 케쿨레는 잠재의식을 이용해 획기적인 발전에 공헌한 사람이다. 그는 오랫동안 벤젠의 구조를 밝혀내기 위해 노력하고 있었다. 하지만 끊임없는 노력에도 불구하고 해결하지 못한 채 정신적으로나 육체적으로나 지칠 대로 지쳐 있었다. 그래서 그는 더 이상 고민하지 않고 그 문제를 완전히 잠재의식에 넘겨 버리기로 한다. 얼마 후 그는 런던에서 버스를 타려고 할 때, 그의 머릿속에 갑자기 뱀이 자기 꼬리를 물고 화룬 불꽃처럼 빙빙 돌고 있는 광경이 떠오르는 것이다. 그의 마음속으로 답을 보낸 준 것이다. 그는 원자를 고리 모양으로 배열하는 화학식을 완성했다. 이것이 바로 현재 '벤젠고리'라고 알려진 것이다.

모두가 간절히 소망을 하는데 왜 누구는 그 소망이 이루어지고, 또 어느 누구는 소원이 이루어지지 않는 것일까? 그 이유는 오랫동안 지속적으로 성공한 자신을 상상하는 사람은 의외로 적기 때문이다. 하루에도 몇번씩 '성공'이라는 추상적인 낱말을 조용히 되풀이함으로써 '나는 반드시 성공한다'는 확신에 이르게 된다. 그들은 나는 반드시 성공한다는 신념이 성공에 필요한 모든 요소를 지녔음을 알았던 것이다"라고 말했다.

위기상황을 피하기 위해서 거짓말을 하는 것은 최악의 선택이다. 또 다른 문제를 불러일으키는 것과 같다. 모르는 것은 잘못이 아니다. 거짓말을 하는 것은 잘못이다. 임시방편으로 당장의 위기는 피할 수 있을지 모르지만, 언젠가는 밝혀지는 것이 진실이다. 솔직해 져라.

사회에서 적을 만들지 않는 비결을 무엇일까? 이 또한 '솔직함'이다. "너 사람이 변했어?"라는 질문을 자주 듣는다면 특히 주의해라. 차라리 처음 만났을 때부터 '나 이런 사람이다'라고 선언하는 것이 오히려 좋다. 돈 있는 척, 능력 있는 척은 신뢰를 잃기 가장 좋은 방법이다. 좋은 사람이 되라.

7-4

시간 활용 교과서

.
.
.

"성공이란 열정을 잃지 않고 실패를 거듭 할 수 있는 능력이다."

-윈스턴 처칠-

여행은 사람을 설레게 만든다. 평소에 잘 먹지 못했던 음식을 먹는다는 생각에, 그것도 고급스러운 프랑스 레스토랑에서 풍미가 좋은 레드와인과 스테이크 먹는 모습을 상상하는 것만으로도 행복감을 느낀다. 도시와 다른 인위적이지 않은 자연 속, 멋진 풍경을 볼 수 있다는 기대감으로도 사람의 행복지수가 올라간다. 이번에 이 여행만큼은 누구의 간섭도 받기 싫다. 이번 한 번쯤은 돈 걱정 없이 여행을 즐기고 싶은 마음, 누구나 경험하고 싶게 만든다. "이 때 아니면 또 언제 이곳에 와 보겠어?"라며 말이다. 그리고 이 여행을 통해 자신의 행복을 증대시킨다.

한편, 좋아하는 음식과 여행 같은 경험 위주보다는, 비싼 명품 옷을 사는 것이 더 효율적이라 생각하는 사람이 있다. 음식의 경우 먹으면 대변으로 나오지만, 옷은 계속 평생 남기 때문이다. 그에 반해 먹는 것에 쓰는 돈은 한 푼이라도 아끼기 위해서 간단한 편의점 음식으로 대신한다. 평소 남에게 보이지 않는 생활필수품들은 최저가를 찾기 위해, 인터넷을 몇 시간씩 검색하고 나서야 결정한다. 일단 장바구니에 리스트를 담는다. 혹시 모를 이보다 더 낮은 최저가가 나올지 모르기 때문이다. 조금 더 신중을 기한다.

명품 구매에 경우 일부러 백화점을 찾는다. 자신의 능력을 과시하기 위해서다. 명품의 가격은 나의 가치와 비례하다고 생각한다. 나는 이정도 가격을 살 수 있는 사람이라고 인정받고 싶은 마음이 크다. 평소 잘 듣지 못한 칭찬을 한 번에 다 받는 느낌이 들게 할 정도로 행복감을 느낀다. "아, 이 맛에 사람들이 명품을 사는구나"라며 다시 한 번 돈의 가치를 깨닫는다. 경험은 다른 사람들에게 눈으로 보여 지지 않기 때문에 그 가치를 지금 당장 알 수 없다. 지금 당장 성과가 나지 없는 경험들은 특히 '시간낭비'로 취급되어 버린다.

반대로 비싼 명품은 중고라고 할지라도 그 가치를 인정받는다. 사용하다가 나중에 되팔 수 있다는 생각에 손해 보지 않는 안정적인 하나의 투자라고 생각을 한다. 아무리 불경기라고 할지라도 희소성의 명품 아이템들은 인기가 끊이지 않고 있는 상황이다. 과연 어느 것이 진정한 행복이라고 정의 할 수 있을까? 정답은 없다. 하지만 공통점은 있다. 타의에 의한 행복이라는 점이다.

하나라도 더 많은 경험 하고 싶은 나 그리고 그 이유

인생에서 많은 경험은 삶을 풍요롭게 만든다. 대학교 1학년 때 생애 첫 아르바이트로 어느 한 추석선물세트 생산 공장에서 일을 한 적이 있다.

각각의 샴푸, 치약, 비누 등으로 구성된 하나의 선물세트를 만드는 곳이다. 선택한 이유는 다른 알바보다 시급이 높았다는 것이다. "편의점 및 호프집보다는 시급이 높았을 뿐만 아니라, 주말에 일하면 1.5배 주말수당까지 받을 수 있다니, 얼마나 효율적인가?"라고 생각했고, 결정했다.

하지만 시급이 높은 이유는 있었다. 컨베이어 벨트 위에 상품이 담길 박스가 먼저 올려 진다. 이 상태에서 각각 생활용품을 정해진 위치에 맞춰 상품을 넣어 하나의 선물세트를 만드는 과정이다. 문제는 빠르게 지나가는 컨베이어 벨트의 속도에 맞춰 상품을 투입하는 '투입자'가 필요했다. 그 뒤에서는 각각 하나의 제품들이 끊기지 않게 보충해주고 준비해주는 '준비자'가 필요했다. 여러 사람의 협력으로 인해, 단 1분 만에 상품들이 완성되는 순간을 목격했다.

하지만 사람이 먼저인지 성과가 먼저인지 모를 정도로 사람에 대한 배려심이 없었다. "시간이 곧 돈이다"라는 인식이 강했다. 잠시라도 생산라인이 끊기기라도 하면, 그 라인을 담당하는 주임은 호통 치기 일쑤였다. '시급이 높다'라는 함정이 사람들을 유혹했고, 그 이유에 대해 불평 없이 사람은 그 속도에 따를 수밖에 없었다. 돈이 아쉬운 사람은 남는 것이고, 싫은 사람은 그만두면 그만이라는 인식을 크게 받았다. 심지어 일이 힘들어 도망가는 사람도 많을 정도다.

모든 상황에서 배울 의지가 있으면 충분하다. '1분 또는 5분으로 무엇을 할 수 있겠어?'라며 평소 시간에 미루던 습관이 있던 나는 시간의 중요성을 처음 알게 되었다. 혼자라면 불가능하게 만들었던 시간을, 여러 명이서 각자의 일을 한다면 그것을 가능하게 만들었다. 5분 안에 최종 완성까지는 되지 않겠지만, 반드시 필요한 준비시간으로 활용하기에는 충분한 시간임을 알게 된다. '시간을 어떻게 활용 할 것인가?'는 일의 성과를 높일 수 있는 질문이다.

일본의 배려문화

일본사람은 모두 친절하다? 빼빼로 과자의 낱개 1개를 일본인 친구에게 건네자, 고맙다고 인사를 했다. 또 다시 빼빼로 과자의 낱개 1개를 동일 인물에게 건넨다. 또 다시 고맙다고 인사를 한다. 하나 하나 받을 때마다 고마움의 인사를 하느냐고 질문을 했다. 대답은 YES다.

일본유학 시절, 일본인이 운영하는 일본인 이자카야 및 레스토랑에서 일을 했다. 일본어 향상의 목표와 함께 일본인이 어떤 생각을 갖고 있는지 그 문화를 직접 체험하고 싶었다.

돈을 많이 벌고 싶어 일했던 곳에서 일주일에 5번 정도 일하길 원했지만, 시프트제도이기 때문에 원하는 만큼 일하지는 못했다. 월 말쯤 15일의 스케줄을 점장에게 제출한다. 자신이 일하고 싶은 시간과 일주일에 몇 번 들어갈 수 있는지를 자신이 직접 정할 수 있는 점은 편리했다. 미리 약속이 있는 날에는 점장에게 찾아가 변명 아닌 변명을 말 할 필요 없이, 언제부터 언제까지는 안 된다고 서류로 표시하기만 하면 끝이었다.

하지만 희망대로 전부 시프트에 들어가지 않는다. 여러 명의 시프트를 받은 점장은 그 자료를 토대로 15일치의 스케줄을 계획한다. 각각 개인들의 평가, 평소 일을 잘하고 못하는지에 따라 희망 시프트는 결과에 반영되었다. 처음에 필요 이상으로 많은 아르바이트생이 있다는 것에 의구심을 갖고 있었다. 한국처럼 아르바이트 고정인원을 2~3명으로 해서 일하는 시간을 늘려주고 책임감 갖게 한다면, 일의 능률이 높아질 것이라고 생각했기 때문이다. 하지만 그 레스토랑의 매뉴얼은 인원부족에 대한 리스크 관리와 상호간 시프트 경쟁을 통해 일의 효율성을 높이고 있었다.

일본음식점은 손님의 대한 배려가 남다르고 오픈키친인 경우가 많다. 직원들이 일하는 시간에 화장실을 갈 때는 "화장실 다녀오겠습니다"라는 말을 금지한다. 대신 "13번 다녀오겠습니다"라고 말한다. 13번이 무슨 의미가 있는지 궁금했다. 그 의미는 손님들이 '화장실'이라는 말을 들을 경우, 음식을 먹는데 불쾌감을 느낄지 모른다는 의미에서 그렇게 말한다는 것이다. 또한 레스토랑은 특정 쉬는 시간 없이 돌아가는 상황이기 때문에 때늦은 식사를 많이 한다. 직원들이 식사할 경우에도 손님들에게 보이지 않도록 주방에서 숨어서, 쪼그려서 밥을 먹는 모습을 보았다. 심지어 점장까지도 말이다. 처음에는 이해할 수 없는 부분이었지만 이 또한 손님에게 불쾌감을 주는 것을 줄이기 위함이라고 한다. 손님이 식사를 마치고 돌아갈 때도 90도로 정중히 인사를 하는 모습을 보았다. 언제까지? 손님이 뒷모습이 안 보일 때까지다. 30초 이상 한참동안 하는 것이다. 내가 보고 느낀 감정은 "저 정도로 할 필요가 있을까?"였다.

처음이라 일본문화가 익숙하지 않았던 나는 설거지 담당을 했다. "외국인이라서 설거지를 시키는 구나"라고 멋대로 생각했다. 한국에 돌아가면, 한국에 온 외국인 노동자들에게 친절하게 대해줘야겠다고 마음을 먹었던 순간이다. 내가 이 고생을 하려고 일본에 왔나 자괴감까지 들기도 했다. 많은 양의 설거지 보면서 "하기 싫다"라는 생각이 강하게 들었다. 그러던 찰나 세제 거품이 내 안경에, 내 눈으로 튀었을 때 그 감정은 절정으로 달아올랐다. "아, 집에 가고 싶다…"

때마침 점장은 나에게 다가와 격려와 함께 자신이 어떻게 효율적으로 하는지 직접 시범을 보여주었다. 그 이후에도 자신이 한가할 때면 항상 와서 도와주었고, 일본문화에 대해서, 음식에 대해서 여러 가지 많은 이야기를 들을 수 있었다. 이 경험 덕분에 일본인이 자주 쓰는 일본어를 배웠다. 처음 보는 사람에게 이 말을 하면 깜짝 놀라기도 한다. 어디서 그 말을 배웠냐고…. 마치 한국에서 외국인이 쓰는 한국 사투리처럼 말이다.

아르바이트를 관둘 때도 그 점장은 지금까지 고생했다면서, 한참동안 90도 인사를 해 주었다. 갑과 을의 입장이 명백하다고 생각했던 한국의 문화에서 조금은 이해되지 않는 상황이다. 물론 '전부 일본이 낫다'라고 생각하지 않는다. 하지만 '배려'에 대해서는 우리가 배울 점이 있다고 생각한다.

일본 백화점에 위치한 한국 레스토랑에서도 일한 적도 있다. 일본식당에서 일할 때, 일하는 중 밥을 먹으면 150엔 정도 지불해야했다. 하지만 한국식당은 공짜다. 그리고 하루 8시간 근무 시 쉬는 시간 1시간에 대해서 시급으로 돈을 지불해준다는 것이다. 한국인의 정을 느끼는 순간이다. 결국 이 말에 현혹되어서 한국식당에서 일했다. 주방 or 홀 서빙 어느 쪽에 일하고 싶냐는 질문에 당당히 주방이라고 했다. 주방에서 일하면 무엇인가 하나라도 더 배울 수 있지 않을까 생각했기 때문이다.

주방에서 일하면서 한국음식을 만드는 데 이렇게 많은 과정이 있는 줄은 처음 알게 됐다. 평소 집에서 먹을 때는 그 과정을 모른 채, 도깨비 방망이를 쳐서 뚝딱 하면 나오는 줄 알았다. 그 때 어머니의 위대함을 다시 한 번 느끼게 된 순간이다.

백화점이다 보니, 주말이나 세일시간에는 굉장히 바빴다. 역시 공짜는 없었다. 그만큼의 이유가 있는 것이다. 그 당시 가게에서는 돌솥비빔밥이랑 부침개 세트가 인기였다. 요리가 나갈 때도 이 두 가지가 동시에 나가야만 한다.

불판은 5개 밖에 없는데, 주문은 점점 밀려온다. 주방에 어느 누구 하나 안 바쁜 사람이 없다. 내가 해야 할 일은 어떻게든 스스로가 해결해야 했다. 처음에 적응이 안 될 때에는 하나 완성하고, 그것이 완성 되고 나서야 그 다음 것을 준비했다. 왜냐하면 다른 것을 보다가 "망치지 않을까?" 라는 불안감이 있었기 때문이다. 한가할 때는 괜찮지만 바쁠 때는 직원들에게 질타를 받았다. 옆에 불이 놀고 있다는 것이다. 최대 5개를 사용 할 수 있는데, 2개만 쓰고 있는 것이다. 몇 번의 실패 끝에 불 5개를 모두 쓰는 방법을 알았다. 바로 "불 조절"을 하면 된다. 2곳에서는 돌솥용기는 데우는 데 시간이 걸리기 때문에 항상 준비를 했고, 3곳에서는 부침개를 했다. 각각 불을 조절하면서 시간을 계산했다. 1초 단위로 상황을 주시해서 보면서 시야를 넓혀야 하는 스킬이 필요했다.

주방은 좁다. 그래서 서로 부딪치지 않기 위해서 뒤로 지나 갈 때는 반드시 말을 해야 한다. 불과 칼 같은 위험한 물건이 있기 때문에 특히 주의가 필요하다. 요리마다 담기는 용기 또한 다르다. 각각의 용기의 위치를 기억하고 그냥 지나가는 것이 아니라 어떤 순서로 그것을 가져올지 미리 동선을 그려 놓는 습관이 생겼다. 한 번 움직일 때조차 무엇을 해서 그 시간을 단축할 수 있을지 생각했다. 왜냐하면 요리 1개가 밀리면 계속 밀린다. 주문받은 것을 해결하지 않으면 끝나지 않는다. 주문이 밀리면 나만 더 힘들다. 힘들다고 불평할 시간조차 없이 바빴다. 자연스럽게 '해야 한다'는 생각에 집중이 되었다. 그 생각은 현실이 되었고, 일은 수월하게 진행되었다. 시간은 생명이다. 한 가지 일을 하면서 동시에 그 다음에 무엇을 할지 미리 예상하면 좀 더 빠르게 일 할 수 있다.

무역회사에서 일하면서, 일본의 문화에 대해 점점 이해되기 시작했다. 모든 비즈니스에 있어서 새로운 제품을 생산라인에 투입하기 위해서는 먼저 테스트가 필요했다. 한국 기업의 경우 샘플을 무료로 제공해주는 곳이 많다. 향후 테스트가 잘 될 경우, 자신의 기업 부품을 써주겠다는데 싫다고 거절하는 사람은 많지 않을 것이다.

특정 일본기업이지만, 일본의 경우 1개의 샘플도 유상으로 대응한다. '아니, 자기네 물건을 써주겠다는데 왜 제공을 안 해주냐?'는 의문을 갖게 만든다. 1개라도 더 많은 매출을 올려야 하는 것이 비즈니스의 목적 아닌가 라고 생각 할 수 있다.

하지만 그 일본기업 담당자의 말은 이랬다. "공짜로 제품을 제공해주면, 평가 우선순위에서 멀어질 수 있는 확률이 있다. 하지만 직접 돈으로 지불해 구매한 제품은 평가 우선순위가 높아진다"는 논리다. 사실 우리는 공짜보다 자신이 직접 돈을 지불한 제품에 대해서 더 소중하게 느끼는 것은 사실이다.

자신의 인생은 자기 스스로가 정의하는 것이다. 남에게 침범해서도 침범당해서도 안 된다. 자신의 가치의 가장 우선순위는 무엇인지 고민이 아닌 생각을 해야 한다.

걱정거리가 있다는 것은 아직 걱정거리가 많지 않다는 증거다. 앞으로 나갈 생각에 집중해라. 해결해야 할 문제라면 언젠가는 반드시 넘어야 한다. 그 시도가 빠를수록 더 이득이다. 인생은 무엇이 없기 때문에 불행한 것이 아니다. 행복은 당신 마음 속 감정과 반응으로 결정된다. 고민이 아닌 생각을 해라. 인생은 경험으로 만들어 지는 것이다.

7-5

성공한 삶, 패턴으로 배워라

"행복은 우리가 경험 하는 게 아니라 우리가 기억하는 것이다."

-오스카 레반트-

"2016년도 청년실업률 역대 첫 100만 명 돌파, 사상 최악"이라는 뉴스가 대한민국을 도배하고 있다. 개개인으로써는 도저히 실감이 되지 않는 숫자다. 왜냐하면 청년실업률은 최근 몇 년간 매해 이슈화된 뉴스다. 정부도 문제 제기만 할 줄 알지, 근본적인 해결책을 내 놓지 못하고 있는 상황이다.

2015년 직장에 다녔을 때, 부품 생산 관련 업체에 방문하면서 경제 대해 이야기를 하면 매번 듣는 소리가 있었다. "요즘 젊은 친구들은 찾아보면 일자리는 많은데, 좀 더 좋으 일기기만 고집이리고 한니"고 를니. 중소기업 생산쪽은 인력난으로 그 자리를 외국인 고용으로 대체되고 있었다.

대한민국 경제도 불황에 직면해 있다. 어느 통신기지국 안테나 회사담당자는 국내 수주물량이 없다보니, '남북통일만이 살길'이라는 말을 한다. 하루하루 위기 속 대안을 찾지만, 전망이 어둡다보니 이런 말까지 나온 것 같다.

이 문제를 해결 할 수 있는 방법은 없는 것 일까? 지금처럼 정부에서 좋은 정책이 나와 주길 마냥 기다리고 있을 수만 없는 일이다. 올해 공무원 채용인원 수를 늘린다는 소리에 '공무원 시험 준비를 해볼까?'라는 식으로 현혹되는 것은 방법이 옳지 않다. 조금 더 근본적인 방법을 찾으려고 노력해보자. 위기가 곧 기회가 된다.

힘든 것은 견딜 수 있다. 그런데 희망이 없다면, 지속하지 못한다. 머리로 생각하는 것과 글로 써서 생각하는 것, 그 차이는 크다. 대학졸업 후 한국 귀국을 앞둔 상황에서 많은 생각을 했다. "한국 돌아가면 무엇을 할까?"로부터 시작된다.

CAN : 내가 할 수 있는 일은 일본어와 아르바이트를 통해 얻은 주방경험이다. 2013년 그 당시에도 사상최악의 취업률 뉴스가 나온 터라, 내 경험을 살려 창업의 꿈을 꾸었다. 먼저 뉴스를 통해 조사를 했다. 창업에 실패하는 원인이 무엇인지? 그 중 하나가 '사전준비 부족'이다. 식당을 오픈한다면 아르바이트 경험이 있는 나로서는 유리한 입장이라 생각했다. 식당 내 직원들의 불화가 발생하는 원인이 있다. "사장과 셰프 간의 커뮤니케이션"이다. 주방에 대해서 잘 모르는 사장이 많다. 그래서 셰프에게 구체적인 지시사항과 불만을 표현 못하는 경우가 많다. 논리적인 설명이 아니라면, 셰프는 "당신이 주방을 아느냐"고 강하게 반론한다. 자신이 그 일을 누구보다 잘 알아야 지시와 지적을 할 수가 있다.

WANT : "일본에서 돈가스 튀기는 법이나 배워 와라" 우리 친형의 말이다. 한국 취업사정이 좋지 못했기 때문에 가족들의 걱정도 심했다. 취업 못할 것 같으면 빨리 식당이나 하라는 것이다. 사실 일본에 있으면서도 여유시간이 있으면, 무조건 도쿄, 신주쿠 부근을 돌아 다녔다. 주로 패션과 음식이다. 패션의 경우 그 당시 엔화도 비쌌고, 가격적인 메리트가 없다고 생각해서 포기를 했다. 그리고 서점에서 하나의 사업 아이템을 발견한다. 프랑스요리, 이탈리아 요리, 스페인 요리 등 국가별 세 나라의 요리를 취급하는 레스토랑이다. 프랑스요리? 왠지 모를 거리감이 느껴진다. 평소에 자주 먹는 음식이 아닌 것은 틀림없다. 익숙하지도 않다. 비싼 돈 주고 고급스러운 레스토랑에 가야만 먹을 수 있는 이미지였다. 삼겹살과 김치찌개를 더 좋아하는 한국 사람에게는 말이다.

그런데 그 식당은 나와 같은 사람을 위해서일까? 일반 선술집 인테리어와 비슷하다. 분위기도 시끌벅적하다. 거리낌 없이 들어 갈수 있다. 게다가 '오늘은 프랑스 요리를, 내일은 스페인 요리를!'처럼 기분에 따라, 선호도에 따라 여러 식당을 다니지 않아도, 한 곳에서 골라 먹을 수 있다는 장점이 있다. 음식메뉴도 한국음식, 중국음식, 일본음식보다 대중성은 낮지만 차별성이 있다고 판단했다. 많은 한국 사람에게 세계의 다양한 음식의 맛을 전달하고 싶은 마음이 생긴다. 대중화 시키고 싶다.

NEED : 레스토랑 창업을 위해서는 비용과 기술이 필요하다. 자본금은 당연히 없다. 그렇다면 기술부터 배워야 한다. 취업 포털사이트를 이용해 스페인 요리 구인광고를 검색했다. 근무시간과 월급을 보고 실망감을 감출 수 없었다.

"내가 일본유학까지 다녀왔는데?"라는 전혀 상관없는 일이지만, 이상하게 이 생각이 먼저 떠올랐다. 부모님께 식당에서 일한다고 말했다. 그러니 엄청난 반발성 꾸중을 들었다. "대학까지 나와서 식당에서 일한다고?" 결국 착한아들로 돌아가 취업을 하게 된다.

부모님의 반대를 무릅쓰고, 잘 할 수 있을지 확신이 부족했다. 배운다는 취지는 좋지만, 적은 금액을 받으면서까지 도전할 용기가 부족했다. "이것이 정말 내가 하고 싶었던 일인가?" 하는 의문이 생겼다.

　내가 할 수 있는 능력 내에서 무엇을 할 수 있을까? 생각해서 도달했던 결과다. 생각과 현실은 엄연히 다르다. 이처럼 구체적으로 적어보면서 자신이 원하는 것인지 아니면 타의의 의해서 정해진 결과인지 아는 것이 중요하다. A4용지에 자신이 원하는 목표 10개와 기한을 정해라.

참고

CAN : 지금 당장 무엇을 알고, 무엇을 할 수 있는지?

WANT : 어떤 일을 하고 싶은지?

NEED : 그 일을 하기 위해서 무엇이 필요한지?

그리고 아래 질문에 글로 적어 보자.

• 경제적 성공을 위한 6원칙

    <질문에 벼락같이 떠오는 답을 적어보자>

    1. 돈에 구애받지 않고, 정말 자신이 하고 싶은 일을 할 용기가 있는가?

    2. 도전하려고 하는 일들이, 내 적성과 맞는가?

    3. 성공할 때까지 포기하지 않을 자신이 있는가?

    4. 하려고 하는 일은 누구를 위한 일인가?

    5. 남들이 기꺼이 도와 줄만큼 가치 있는 일인가?

    6. 남에게 피해를 주는 일은 아닌가?

• 행동력을 끌어당기는 8가지 원칙

<질문에 벼락같이 떠오르는 답을 적어보자>

1. 확실한 목표의식이 있는가?

2. 기회를 얻기 위해, 항상 준비하고 있는가?

3. 실패해도 다시 일어설 용기가 있는가?

4. 운 탓 하지 말고, 스스로의 힘으로 목적을 이룰 수 있는가?

5. 어떤 상황 속에서도 밝고 낙관적으로 대응 할 수 있는가?

6. 시간을 단축하기 위해서, 교육에 투자 할 수 있는가?

7. 상호 간의 이익 창출이 가능한가?

8. 세상에 대한 호기심이 풍부한가?

쓰는 것이 목표가 아니다. 실행이 답이다. 계획을 실천해야만 비로소 결과를 얻을 수 있다. 목표 10개를 정했다면, 우선순위에 따라 우선적으로 할 일들을 정한다. 목표 1개당 어떻게 하면 그 목표를 이룰 수 있는지? 20개씩 행동방침의 답을 적어라. 20개의 답안으로 써야하는 이유는 다음과 같다.

마인드맵을 통해 3~4답은 쉽지만 그 다음은 어렵다. 20개 안에 그 답이 있을 확률이 크다. 그리고 지금 당장 할 수 있는 답들은 실행에 옮겨라. 어떤 방법이 자신에게 가장 잘 어울리는지 알 수 있다. 매일매일 실행에 옮기는 것이 전부다. 밑줄을 그어 가면서 실행해보자. 믿음은 결과에 반영된다. 일단 질러라.

에필로그

후회 없는 솔직한 삶을 살아라

자기 부정에 빠진 사람

오늘 당장은 괴롭다고 해도 돈을 저주해서는 안 된다. 돈만 있으면 모든 것을 다 할 수 있는 나라, 대한민국이다. 이 사실은 누구나 이해하면서도 대놓고 솔직하게 소망하는 사람은 많지 않다. 소망은 새해 첫날 1월 1일 그 날 하루뿐이다. 작심삼일로 목표를 이루기 위해 열심히 노력해보지만, "역시나 내가 그렇지 뭐"라고 너무 쉽게 포기해버린다.

돈은 어떤 의미일까? 돈은 불결한 존재라 여기는 사람이 많다. 돈을 너무 밝히면 아이가 버릇이 나빠진다며 어른들은 돈을 따라가면 안 된다고 조언한다. 하지만 중요한 시기에 돈이 부족해 운을 놓친다. 중요한 시기에 주위 사람이 도와주지 않는다. 부정적인 사람에게 돈은 기회를 빼앗아 가는 존재로 낙인찍힌 지 오래다. 돈을 밝히면 이기적인 사람이라는 이미지를 낳을까 여전히 걱정한다. '이놈의 돈 때문에 행복하지 않다'고 하며 착각 속에 빠진다. 솔직한 심정은 돈을 소망하고 원하면서도 결국 그 돈으로 인하여 자기부정에 빠지는 셈이다. 자기부정은 사람의 생각을 부정적으로 변화시킨다. 부정적인 생각은 실패를 두려워하게 만든다. 실패는 행동을 멈추게 한다. 행동이 없으면 아무런 성장이 없다. 성장을 못하면 사람은 '불안'을 느낀다. 악순환의 시작이다. 이 모든 책임이 고스란히 '돈'으로 돌아가는 순간이다.

실천지향적이고 미래 지향적, 긍정적인 사람

돈은 풍요로움의 상징이다. 솔직하게 돈을 소망하면 된다. 돈은 자신감과 용기를 선물해 운을 좋게 만든다. 돈은 좋은 것이다. 돈은 실패를 줄여주는 역할을 한다. 또한 실패는 또 다른 기회를 낳는 역할을 한다. 더 많이 시도 하고 더 많이 배운다는 마음에 항상 설렘과 호기심을 갖고 있다. 그 결과 돈이 가져다 주는 안도감과 시간의 자유로움을 얻는다. 미래지향적인 사람은 돈을 좋아한다. 돈을 사랑한다.

자신의 미래에는 부와 명예 그리고 성공이 반드시 뒤따라 올 것이라고 가정해보자. 그렇다면 그 누구도 실패를 두려워하지 않을 것이다. 실패는 자신의 생각의 덫을 파괴할 수 있는 유일한 방법이다. 그 뒷받침에는 믿음이 필요하다. 지금 이대로의 나를 인정하는 힘, 이것 미래지향적인 사람이 되기 위한 첫 단추다. 소망하는 것은 곧 기도를 의미한다. 소망이 실현된 상황을 머릿속에 그려놓고, 그것이 이루어졌을 때의 기쁨을 만끽하라. 그리고 감사함을 느껴라. 본래 감사의 기도는 구체적인 형태로 나타나기 전에 하는 것이다. 미래지향적인 사람은 1퍼센트라도 실패한다고 생각을 하지 않는다. 성공이 보장되어 있다는 믿음이 내재되어 있기 때문이다.

이 책 한 권이 모든 세상을 바꿀 수는 없지만, 한 사람의 인생을 바꿀 수 있다고 단언한다. 정답은 멀리 있지 않다. 내가 선택하고 내가 결정한 과정, 그리고 깨달음과 그 경험은 이미 내 마음속에 있기 때문이다. 자신 안에 숨겨진 재능을 발휘하는 것, 자신에게 어울리는 위치에 서는 것, 모두의 행복과 성공에 도움이 되는 기쁨도 우리가 원하는 것임을 알게 될 것이다.

인생은 마음가짐이다.